KB117682

효기심의
권력으로 읽는
세계사

유럽 편

효기심의
권력으로 읽는
세계사

유럽 편

효기심 지음

다산
초당

2022년 5월 10일. 대한민국 제20대 대통령이 취임했다. 이번 대선은 그 어느 때보다 시끄러운 대선이었다. 역대 최악의 비호감 선거라는 낙인이 찍혔다. 수많은 선동과 가짜 뉴스가 난무했고, 양측 지지자들 사이에서는 서로를 향한 욕설이 오고 갔다.

많은 사람들이 이토록 대선 정국에 매몰되어 감정을 이입하고 민감하게 반응하는 이유는 이 세상에 존재하는 많은 문제가 '정치' 때문에 생겼고 '정치'로 많은 문제를 해결할 수 있다고 믿기 때문일 것이다. 2007년의 나도 그렇게 생각했다.

💬 '이 세상이 혼란스러운 건 모두 정치 때문이야!'

2017년 9월, 나는 우연한 계기로 유튜버 활동을 시작하게 됐다.

그로부터 정확히 10년 전인 2007년, 나는 열일곱 살의 나이로 가출을 했다. 나는 가출 당일 무작정 고향 청주를 떠나 서울로 올라왔다. 그리고 강남의 고속터미널 한복판에서 곧장 구인 구직 신문《교차로》를 펴고 숙식이 제공되는 일자리를 찾았다. 당시 새로운 제도가 갓 도입되어 미성년자인 나는 부모 동의서 없이는 일을 할 수 없었다. 그러나 나는 겁도 없이 스물한 살이라고, 주민등록증을 잃어버렸다고 거짓말을 하고 일을 시작했다. 일을 하다 실수를 해 욕을 들었고, 어른들의 이유 모를 짜증도 감내해야 했다. 태어나서 처음 겪어 보는 일들이었다.

나는 서울에 친구가 없었다. 대부분의 시간을 혼자 뉴스를 보며 지냈다. 세월이 흘러 이제는 많은 기억들이 희미해졌지만 그 시절 뉴스에서 본 장면들만은 아직도 생생하게 남아 있다. 당시 뉴스에서는 미국산 소고기 수입을 반대하는 한미 FTA 반대 집회가 매일같이 보도되었다. 몇 달 후 대통령 선거에서 이명박 후보가 당선되었고, 이듬해에는 누군가가 국보 1호 숭례문에 불을 질렀다. 가출한 채로 열여덟 살이 된 나는 같이 어울릴 친구도 없었고 관심을 가질 주제가 사회 문제뿐이었다. 그 시기 나는 불필요할 정도로 사회 문제에 깊이 몰두해 있었다.

🗨 '세상은 왜 이렇게 시끄러울까?'

나는 가출 때문에 동갑 친구들보다 1년 늦게 대학 입시를 치렀다. 대학교 원서를 넣으며 나는 정치외교학을 전공으로 선택했다. 물론 지금은 전혀 그렇게 생각하지 않지만, 그때는 세상이 시끄러운 이유가 '정치'에 있다고 생각했기 때문이다. 나는 대학 면접 때도 앞에 계신 교수님들이 민망해할 정도로 정치인들을 신랄하게 비판했다. 지금 생각해 보면 참 맹랑한 고등학생이었다. 그러나 대학에서 배운 정치외교학은 나에게 세상이 시끄러운 이유를 설명해 주지 못했던 것 같다.

우연히 지인의 소개로 영상 편집 교육을 무료로 받게 되었다. 배운 영상 편집 기술이 아까워서 취미로 유튜버 활동을 시작한 지 벌써 5년이란 시간이 흘렀다. 나는 유명세나 돈에 크게 관심이 있진 않았다. 그런데 갑작스럽게 생각보다 많은 돈을 벌었고, 생각보다 많은 구독자가 생겼다. 그러나 나는 대중을 상대하는 훈련을 받은 적이 없었다. 사람들의 관심과 사랑도 받았지만 미움도 많이 받았다. 겪고 싶지 않았던, 겪지 않아도 될 일들도 겪었다.

나는 오히려 대학보다 유튜버 활동에서 배운 것이 많았다. 유튜버 활동은 내가 '대중'이라는 존재에 대해 배울 수 있도록 해 준 좋은 경험이었다. 그리고 내가 앞으로 무엇을 위해 살아가야 하는지 결정하는 일에도 큰 도움을 주었다. 세상에는 내가 아직 이해할 수 없는 사람들이 많았다. 현재의 나는 그들을 어느 정도 이해하고 있지만, 스물일곱, 스물여덟 살의 나는 그들을 이해할 수 없었다. 내가 유튜브 활동을 처음 시작했던 2017년, 나는 태어나서 처음으로 '정치병'에 걸린 사람들이 얼마나 많은지 체감했다.

─── 효기심은 종북 좌파다.

효기심은 토착 왜구다.

'정치병'은 세상 만물을 '정치'와 연결시켜 해석하는 사람들을 비아냥대기 위해 사용되는 단어다. 이미 주변에 정치 얘기에 환장해 있는 지인이 있는 사람이라면, 굳이 설명하지 않아도 무슨 뜻인지 알 것이다. 그들은 나에게 많은 충격을 주었고 그들 덕분에 나는 현실을 더 잘 이해할 수 있게 되었다.

─── '아무 이유, 근거도 없이 자신들의 생각만으로 멀쩡한 사람을 악마로 만들어 낼 수 있구나?!'

나는 몇 년 전까지만 해도 그저 정치병에 걸린 사람들이 문제라고 생각했다. 그런데 '정치병'은 근본적인 문제가 아니었다. 그저 어느 곳에도 기댈 곳 없는 사람이, 외로운 사람이, 정신적으로 우울증을 앓는 사람들이 사이비종교에 빠지기 쉽듯, 정치병에도 쉽게 빠진다는 사실을 알게 됐다. 처음엔 그들에게 연민을 느꼈고 그들을 도와주고 싶었다. 그러나 그들을 도와주기 위해서는 한 명씩 붙잡고 오랜 시간 정성을 들여야 했다. 효율적이지도 않고, 현실적이지도 않은 방법이라고 생각했다. 그러기에는 나의 인생은 너무나 짧다.

대신 내가 할 수 있는 일이 무엇인지 고민하기 시작했다. 그렇게 나는 책을 써야겠다고 마음먹었다. 유튜브는 사람들의 관심을 끌어

내기 위해 많은 내용을 압축해서 짧은 영상 하나 속에 욱여넣어야 한다. 반면 책에는 내가 하고 싶은 모든 말들을 마음껏 토해 낼 수 있다. 읽는 사람도 그것을 용인해 준다. 그렇기에 책이라는 매체를 통해 그동안 유튜브에서 다루지 못했던 나의 생각을 꾹꾹 담아 보려고 한다.

물론 내가 쓴 책으로 세상이 크게 바뀔 것이라 믿지는 않는다. 내가 신이 아닌 이상 이 세상을 바꿀 수는 없으니 말이다. 하지만 80억 명 중 한 명에 불과한 나지만 죽기 전 이 세상 사람들에게 반드시 알리고 싶은 것이 있다.

─────── '배울수록 정답을 내리기 어렵다는 것'

국가의 정책을 결정하는 일은 물론이거니와 개개인들의 연애나 인간관계, 사회생활에서도 무엇이 정답이라고 확실히 말하기 어려운 문제가 많이 발생한다. 알면 알수록 정답을 내리기 어렵다는 사실을 이미 경험을 통해 알고 계신 분들도 있을 것이다. 그러나 많은 네티즌을 상대해 온 내 경험상 모르는 사람이 더 많은 것 같다.

이 책은 권력자를 중심으로 쓴 역사책이다. 권력자는 인류 역사에서 항상 존재해 왔다. 우리가 살고 있는 민주주의 국가에도 권력자는 존재한다. 우리가 아무리 그들을 싫어해도 그들은 우리가 죽을 때까지 우리의 인생과 함께할 것이다. 대통령, 총리, 왕 등의 모습으로 말이다. 이번 책은 첫 번째 책으로 유럽 역사 속의 권력자들을 다뤘다. 권력자들이 국민을 위한다는 명분으로 얼마나 많은 국민들을 선동해 왔는지 적나라하게 적었다. 앞으로 아시아와 다른 대륙의 권력자들을 다루는 책도 쓸 예정이다.

역사는 현재를 더 잘 이해할 수 있게 해 주는 좋은 도구다. 과거의 인간과 현재의 인간은 입는 옷과 사용하는 물건이 달라졌을 뿐, 단 하나도 변한 것이 없다. 우리는 역사를 통해 조금이나마 현재의 우리를 이해하고 미래의 우리를 예측하며 대비할 수 있다. 그러나 '성역Sanctuary화된 역사'만 배운다면 얘기가 달라진다. 성역이란, 신성한 곳을 의미하는 단어다. 그리고 함부로 언급해서도 안 되며, 감히 문제제기를 해서도 안 되는 것들을 비유적으로 표현하는 단어기도 하다.

이 책에 담긴 주제들은 생소한 것들이 아니다. 기독교 국교화, 신성로마제국, 종교개혁, 흑사병, 러시아정교회, 폴란드 분할, 영국 의회민주주의, 핀란드, 프랑스대혁명, 독일의 통일까지 역사에 관심 있는 사람이라면 누구든 들어 봤을 주제들이다. 그러나 누구나 들어 봤을 사건들에도 잘 알려지지 않은 내용이 많이 있다. 사실 누군가가 굳이 감추진 않았지만 대중들은 '정해진 대로'만 알고 있다 보니 알려져 있지 않은 내용들이다.

나는 그런 내용들이 대중들에게 알려지지 않은 이유가 '성역' 때문이라고 생각한다. 각 국가는 국민들에게 역사의 성역을 제공한다. 그리고 거짓말을 하고 진실을 감춰서라도 국민들이 국가의 역사에 자부심을 느끼게 만들고 싶어 한다. 정수기 필터처럼 말할 수 없는 역사를 걸러 낸 후 말해도 되는 역사만 교과서나 책으로 만들어진다. 그리고 사람들은 그 필터를 거친 역사를 통해 고정관념을 갖게 되고, 들어 본 적 없는 역사를 접하면 꺼림칙하게 여기게 된다.

또 정치인이 문제일지도 모른다. 그러나 애초에 국민들이 자부심을 느끼고 싶어 하니, 당선되고 싶은 정치인들이 국민들의 표를 받아내기 위해 국민들이 원하는 대로 해 줬을 뿐일지도 모른다. 정치인은 민주주의 국가에만 존재하는 것이 아니다. 과거의 황제, 왕, 제후, 영주들도 모두 정치인이었다. 그들이 어떤 방식으로 정치를 펼쳐 나갔는지 살펴보며 현재도 과거와 다를 바가 없다는 것을 우리는 알 필요가 있다.

이 책을 통해 고마움을 표하고 싶다. 나의 전·현직 직원들이자 친구인 이현석, 신윤종, 장진원, 김경수, 송의성, 김성건, 조성우, 한상원. 그들이 없었다면 나는 이 책을 완성하지 못했을 것이다. 그들은 지금까지 나의 활동에 큰 도움을 주었다. 그리고 내 책을 기다려 준 시청자분들에게도 고마움을 전하고 싶다. 사실 이 책은 원래 예정보다 많이 늦춰져 출간된 것이다. 나를 기다려 준 출판사 분들에게도 죄송하고 감사드린다. 그리고 나를 아무 이유 없이 미워했던 수많은 사람들에게도 감사하는 마음이 조금 있다. 지금의 나는 그들의 영향으로 형성되었다고 믿고 있다. 가까이하고 싶지 않은 사람들이지만 그들이 아니었다면 나는 이 책을 쓰지 않고 살아갔을 것이다.

2023년 2월 4일

효기심 씀

차례

제 1 장

종교는 권력의 좋은 재료

로마가 기독교를 국교화한 이유

유럽 역사를 공부할 때 거의 항상 만나게 되는 이름이 있습니다. 바로 '로마'입니다. 현재 '로마'는 이탈리아의 수도인 도시의 이름일 뿐이지만, 머나먼 고대 시대에는 지중해 일대를 지배하던 거대한 제국의 이름이었죠. 로마제국은 유럽의 뿌리와도 같습니다. 로마의 법과 문화, 종교, 정치가 유럽 전체에 영향을 끼쳤죠. 심지어 21세기 한반도에 살고 있는 우리들도 알게 모르게 로마의 영향을 받고 있습니다. '로마에 왔으면 로마법을 따라야 한다!', '모든 길은 로마로 통한다!'라는 말을 쓰는가 하면, 시계에는 로마숫자가 적혀 있기도 하고, 현재 우리가 쓰고 있는 달력도 고대 로마의 달력을 개정한 것이죠.

기원전 8세기에 이탈리아 중부 지방에서 '로마'라는 아주 작은 왕국이 생겨납니다. 로마는 쭉쭉 성장해서 기원전 2세기가 되면 이탈리아 전체를 넘어 지중해 일대를 장악하는 강력한 국가가 되죠. 이후로도 한동안 유럽 최강의 국가였던 로마는 기원후 395년에 서로마와 동로마로 쪼개집니다. 이후 서로마는 100년도 못 가고 476년에 멸망하지만, 동로마는 무려 1453년까지 살아남죠.

로마는 왕국으로 시작됐습니다. 하지만 기원전 6세기가 되면 왕이 없어지고 로마는 공화국이 됩니다. 왕이 혼자서 해 먹는 게 아니라 다양한 정부 기관들이 권력을 나눠 갖게 된 거죠. 고대 국가치고는 꽤 세련된 시스템을 갖추고 있었다고 볼 수 있겠습니다.

그런데 기원전 1세기에 율리우스 카이사르^{Julius Caesar}가 등장합니다. 카이사르는 왕처럼 혼자 모든 권력을 독차지하려다가 암살당합니다. 그리고 카이사르의 아들 옥타비아누스^{Gaius Octavianus}가 권력을 이어받아 황제가 되죠. 로마가 황제의 국가, 즉 제국이 되는 순간이었습니다.

로마는 성경에도 등장합니다. 로마가 예수를 처형해 버리죠. 카이사르 이후로 로마의 황제들은 백성들이 자신을 신으로 떠받들어 모시길 원했습니다. 이 때문에 황제를 거부하고 유일신 여호와만 찾는 유대교와 기독교를 탄압했죠.

그런데 기독교를 탄압하던 로마 황제들이 4세기가 되면 갑자기 기독교를 승인하고 로마의 공식 종교로 지정하기까지 합니다. 이걸 시작으로 전 유럽 사람들이 기독교를 믿게 되었고, 기독교가 전 세계로 퍼질 수 있게 되었죠.

그럼 도대체 로마는 왜 갑자기 기독교를 받아들였던 것일까요?

기독교를 퍼트려 준 일등 공신 로마제국

– 로마제국은 왜 기독교를 퍼트려 줬을까?

효기심이 초등학교 6학년이었던 2003년에 유행하던 노래가 있습니다.

——— 1! 1초라도 안 보이면 2! 2렇게 초조한데

…

5! 5늘은 말할 거야, 6! 60억 지구에서

2000년대 초반만 해도 전 세계 인구는 60억 명 초반이었습니다. 2022년 기준 전 세계 인구는 무려 79억 6000만 명을 돌파했죠. 그런데 이 중 종교를 믿는 종교인의 인구는 얼마나 될까요?

2022년 1월 한국선교연구원 발표에 따르면 전 세계에서 기독교를 믿는 사람은 약 25억 명으로 추정되며, 이슬람교 19억, 힌두교 10억, 불교 5억 명입니다. 전 세계에서 가장 많은 사람들이 믿는 종교는 기독교인 것이죠.

여기서 주의할 점이 있습니다. 한국 사회에서 '기독교'라고 하면 개신교를 떠올리는 경향이 있는데, 기독교는 개신교만을 의미하는 것은 아닙니다. 기독교는 예수 그리스도를 메시아로 섬기는 모든 종교를 포함하는 종교입니다. 현재 한국인들이 많이 믿고 있는 개신교, 한국에서는 천주교라고도 불리는 로마 가톨릭교, 러시아와 동유럽 사람들이 많이 믿는 정교회를 모두 포함하고 있죠. 과거에 하나의 종교였던 그리스도교, 즉 기독교가 현재 여러 갈래로 갈라져 있는 거죠.

기독교 하면 우린 흔히 북미와 유럽을 떠올리곤 합니다. 그런데 기독교의 탄생지는 정작 북미나 유럽이 아닌, 유대교라는 종교가 탄생했던 중동 아랍의 한복판, 현재 이스라엘과 가자 지구가 있는 팔레스타인 지역이죠. 기독교는 현재 팔레스타인 지역을 시작으로 전 세계에 퍼져 있습니다. 그런데 기독교는 어떻게 전 세계로 퍼질 수 있었을까요?

기독교의 시작

기독교가 탄생한 중동 지역에는 원래 유대교라는 종교가 있었습니다. 유대교가 먼저 등장하고, 기독교와 이슬람교가 연이어 탄생하게 되죠. 그런데 사실 유대교, 기독교, 이슬람교 모두 같은 신을 믿고 있습니다.

──── '유대교와 기독교, 이슬람교에서 믿는 유일신은 같은 신이다!'

유대교는 기독교와 비슷한 점이 많습니다. 두 종교 모두 똑같은 신과 《구약성경》을 믿고 있기 때문이죠. 그러나 유대교는 예수를 메시아로 인정하지 않습니다. 당연히 예수 탄생 이후 추가된 《신약성경》도 받아들이지 않죠.

로마제국 시대 유대 지역 지도

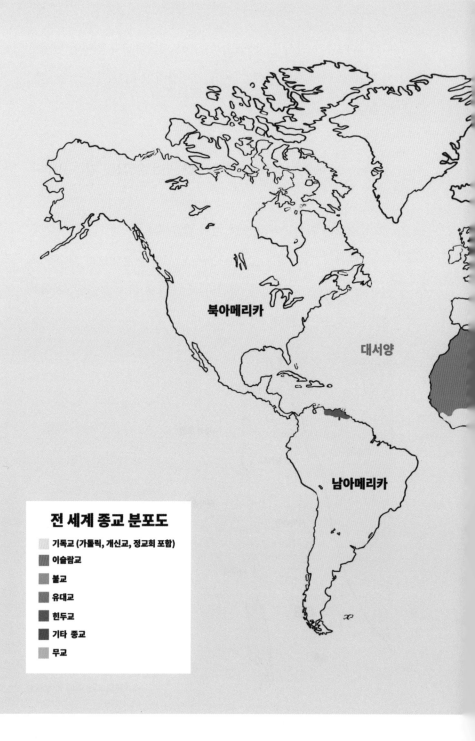

북아메리카

대서양

남아메리카

전 세계 종교 분포도

기독교 (가톨릭, 개신교, 정교회 포함)
이슬람교
불교
유대교
힌두교
기타 종교
무교

유럽

아시아

태평양

드리카

인도양

오세아니아

유대교의 경전 《토라^{Torah}**》.**
《토라》에는 〈창세기〉, 〈출애굽기〉, 〈레위기〉,
〈민수기〉, 〈신명기〉가 포함된다.

이슬람교도 유대교나 기독교와 똑같은 신을 믿습니다. 심지어 예수를 완전히 거부하는 유대교와 달리 이슬람교에서는 예수가 신께서 내려 주신 위대한 예언자인 것을 인정합니다. 다만 메시아는 아니라고 얘기하죠. 이슬람교는 아직까지 메시아가 내려오지 않았다는 교리를 가진 종교입니다. 그리고 신의 말씀을 가장 최신 업데이트된 버전으로 전해 준 예언자 무함마드의 말씀을 따르는 종교죠. 이 종교들은 유일신, 여호와, 야훼, 하느님, 하나님, God, 알라 등 언어에 따라 차이가 있을 뿐 모두 동일한 신입

중세 시대 이란 지역에서 무함마드가 예수, 아브라함, 모세를 기도로 인도하는 모습을 묘사한 그림.
옥스퍼드 대학 출판부, 1998

니다.

그중 기독교는 2022년을 기준으로 신도가 가장 많으며, 전 세계 곳곳에 퍼져 있죠. 기독교는 과거 유럽 국가들의 식민지 개척 과정에서 유럽을 넘어 다른 대륙으로 퍼지게 됩니다. 그렇다면 유럽 국가들로 인해 전 세계로 기독교가 퍼졌다는 건데, 유럽 국가들은 어떻게 기독교를 믿게 된 것일까요? 바로 로마제국의 기독교 국교화 덕분입니다.

'국교'라는 것은 정부가 국가의 공식적인 종교로 지정한 것을 의미합니다. 물론 한국처럼 국교가 없는 국가도 있지만, 국교가 있는 국가들은 국가와 관련된 행사나 의례를 종교적으로 거행하기도 합니다. 기독교를 국교화한 뒤로 로마제국 또한 국가의 행사나 의례를 기독교식으로 거행했죠.

그런데 무언가 이상합니다. 예수를 처형하라 명령한 것으로 알려진 본디오 빌라도Pontius Pilate는 후에 기독교를 국교화했다는 로마의 총독이었으니 말이죠. 로마는 어떤 이유로 기독교를 국교로 선포하게 된 것일까요? 우선 우린 과거 로마로 떠나 봅시다.

🗨 율리우스 카이사르의 등장

효기심은 로마제국 하면 어린 시절에 보았던, 근육질에 글래머러스한 신들이 등장했던 《그리스-로마 신화》라는 만화가 생각납니다. 효기심은 어릴 때 이런 생각이 들곤 했습니다.

——— '도대체 왜! 그리스랑 로마를 엮는 거지?!'

기원전 753년에 로마 왕국이라는 국가가 탄생합니다. 로마 왕국은 현재의 로마 지역 부근만 다스리던 아주 작은 국가였죠. 기원전 509년에 로마는 왕 대신 시민들에 의해 선출된 정치인들이 통치하는 '공화국'이 됩니다. 이후 로마의 영토는 확장되고 그리스 문화권도 대부분 로마의 영토가 되죠. 그 과정에서 로마는 발전되어 있던 고대 그리스의 철학과 정치체제, 문화를 수용하고 이어받아 발전시킵니다. 이렇게 연속적으로 발전한 역사이다 보니 묶어서 '그리스-로마 시대'라고 부르기도 하는 겁니다.[1]

그리스의 영향을 받기 전 로마에는 자신들만의 종교와 신이 있었습니다. 온갖 자연적 현상에 신의 이름을 부여하고, 로마를 건국했다고 알려진 전설적인

> [1] 물론 역사를 공부할 때는 고대 그리스 시대와 로마의 부흥기는 구분해서 봐야 한다.

인물 로물루스Romulus를 신처럼 숭배하기도 했죠. 다만 로마의 신들은 그리스 신화의 신과 달리 체계적으로 정리되어 있지 않았습니다. 세련된 그리스의 신을 접한 로마인들은 기존에 자신들이 믿던 신들을 그리스 신들과 섞기 시작합니다. 그리스의 제우스는 로마에서 주피터, 헤라는 주노, 아프로디테는 비너스로 불렀죠.

로마 공화국은 지중해 세계를 지배하는 강력한 국가로 성장하고 있었습니다. 그러던 로마 공화국에서 기원전 100년 **율리우스 카이사르**(기원전 100~기원전 44)라는 인물이 등장합니다. 아마 로마 역사에

로물루스의 동상.
늑대의 젖을 먹고 자란 쌍둥이 형제로 알려진 전설 속 인물이다. ⓒ Rabax63

관심 있는 분들이라면 대부분 알고 계실 겁니다. 카이사르는 로마의 '황제'가 아니었습니다. 사실상 황제처럼 군림했지만 직책은 정부 고위직이었죠.

카이사르가 로마에서 정부 고위직이었을 당시 갈리아 지역에서 이민족의 반란이 일어났다는 소식이 들려옵니다. 갈리아 지역은 현재의 프랑스와 그 주변 지역을 로마가 부르던 이름입니다. 당시 로마는 갈리아 지역의 일부를 점령하고 주변 지역을 관리하고 있었죠. 로마 입장에서는 자신들이 관리하는 지역에서 감히 이민족들이 대항하여 반란을 일으켰다는 소식을 접한 거죠. 소식을 듣자마자 카이사르는 직접 나서겠다고 합니다.

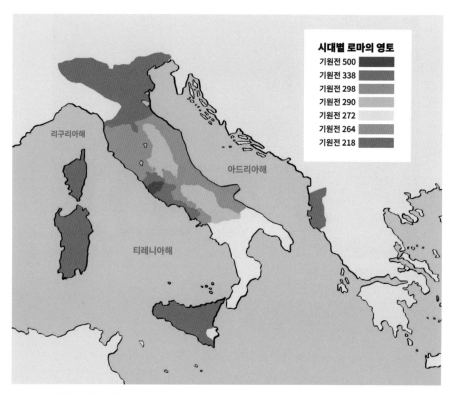

시대별 로마의 영토

시대별 로마의 영토	
기원전 500	
기원전 338	
기원전 298	
기원전 290	
기원전 272	
기원전 264	
기원전 218	

리구리아해

아드리아해

티레니아해

───── "내가 저 전쟁을 모두 정리하고 오겠노라!"

카이사르는 이민족의 반란을 잠재우고 항복을 받아 냅니다. 이
후 카이사르는 갈리아 지역을 모두 확실하게 로마 영토로 만들어 버
리죠. 이 전쟁을 '갈리아 전쟁'이라고 부릅니다. 여기까지 들으면 율
리우스 카이사르라는 인물이 당시 로마에서 위대한 영웅으로 불리
기 시작하며 얼마나 많은 국민적 지지를 받았을지 짐작하실 수 있을

겁니다. 로마의 고위직까지 올라갔던 인물이 '직접' 위험한 전쟁터로 달려가 이민족을 박살 냈으니 말이죠. 그런데 알고 보면 카이사르는 속된 말로 악아빠진 사람이기도 했습니다. 카이사르가 저 전쟁에서 승리하기 전으로 시간을 돌려 봅시다.

전쟁 이전에 카이사르는 로마의 정부 고위직을 순차적으로 밟아 갔습니다. 우선 기원전 69년 재무관Quaestor이라는 직책을 맡았고, 이후 로마의 조영관Curule Aediles으로 선출됩니다. 조영관은 로마에서 공공건물을 관리하고 국가의 축제를 관장하는 권한을 가진 직책이었습니다. 특히 국가 차원에서 특별히 관리하던 축제는 지금으로 따지면 올림픽, 월드컵 정도의 국민적 관심을 받고 있었습니다. 국가 축제 관리자인 조영관이 된 카이사르는 자신의 사비를 털고 대출까지 받아 국민의 환심을 사기 위한 축제를 만들어 줄 정도로 포퓰리즘의 대가였습니다. 이후 카이사르는 로마의 신관Pontifex Maximus, 법무관Praetor ❶까지 차례로 역임한 뒤 현재의 대통령, 총리와 비슷한 로마 집정관Consul이 됩니다. 즉 카이사르는 로마라는 국가에서 차지할 수 있는 자리란 자리는 다 해 먹었던 사

❶
신관은 일종의 종교 지도자, 법무관은 현재의 대법원장에 가깝지만, 둘 다 다양한 정치적 권한이 추가되거나 제거되는 역사적 과정을 거쳤다.

람입니다. 로마의 집정관까지 된 이후 그에게 더 이상 올라갈 높은 직책은 없었습니다. 게다가 집정관은 고작 임기 1년짜리 직책이었죠. 카이사르는 권력 욕구가 강한 사람이었습니다. 고작 1년짜리 집정관을 하고 정치를 그만둘 생각이 없었죠.

그런데 이때 앞서 말한 갈리아 지역에서 이민족의 반란이 터진 겁니다. 북한이 핵실험을 했을 때 한국에서 느끼는 위협처럼 로마에 큰 위협이 되는 사건이었죠. 로마의 재무관, 조영관, 법무관, 신관, 집 정관까지 했던 카이사르는 이제 **'위대한 로마에 대해 반란을 일으킨 이민족'**을 정리하기 위해 스스로 두 발 벗고 달려갑니다. 그리고 승리 하게 되죠. 이미 로마라는 국가 안에서 인지도가 높아질 대로 높아져 있던 그가 갈리아 전쟁에서까지 승리했으니, 로마 국민들이 카이사르 를 어떤 사람으로 인식했을까요?

———   '로마 국민을 위해 자신의 사비까지 털어 축제를 만들어 주 신 분, 종교 지도자, 법무부 장관, 총리까지 역임하신 분이 국가를 위해 위험한 전쟁터로 달려가 승리를 이끌고 개선 영웅이 되어 돌아오다.'

카이사르는 갈리아 전쟁을 성공적으로 마무리하고 수도 '로마'로 돌아와 국민들의 환영식을 받아야 했습니다. 그러나 카이사르는 환 영식을 위해 돌아오지 않았습니다. 갈리아 전쟁에서 자신이 통솔했던 군대를 모두 끌고 로마로 쳐들어와 '카이사르 내전'을 일으켰고, 정치 적 반대파들을 박살 낸 후 로마 전역을 장악했죠.

카이사르는 기원전 46년 로마 공화정에서 가장 권위 있는 기관 인 원로원으로부터 '신God' 급의 명예를 부여받게 됩니다. 이후 로마 는 주피터 신전 맞은편에 카이사르의 전차를 안치했고, 카이사르의

갈리아 족장이 붉은 옷을 입은 카이사르에게 항복하는 모습이 그려진 그림.
리오넬 로이어Lionel Royer, 1899

얼굴을 조각한 조각상들이 로마 시내에 세워지기 시작했으며, 로마 신들의 조각상이 행차하는 로마 건국 기념일 행사에 카이사르의 조각상도 포함되었죠. 이후에는 스스로 '종신 독재관Dictator Perpetuo' 자리에 앉게 됩니다. 로마의 독재관은 전쟁, 재해 등 다양한 국가 위기 상황을 해결하기 위한 임기 6개월짜리 공직이었습니다. 막강한 권력을 휘두를 수 있었던 만큼 임기가 짧았던 거죠.

——— '종신'

갈리아 전쟁 당시 로마가 구분한 갈리아 다섯 곳의 지도

그런데 카이사르는 독재관을 종신직으로 바꾸고 지가 앉게 된 겁니다. 종신 독재관이 된 카이사르는 한국의 계엄사령관처럼 권력을 휘두르기 시작합니다. 그 누구도 함부로 카이사르의 권력에 맞설 수 없도록 했죠. 로마는 당시 세련되고 완벽하진 않았지만 나름 민주주의적인 제도들이 마련되어 있는 국가였습니다. 평민회를 비롯한 다양한 민회, 전직 고위 공무원들이 자리하던 원로원이 있었죠. 이 기관들은 집정관 같은 로마의 고위 정치인들을 감시하고 견제했습니다. 그

러나 카이사르가 앉아 있던 '종신 독재관'은 그 어떠한 기관도 함부로 견제할 수 없었습니다. 게다가 카이사르는 국민들의 지지까지 한 몸에 받고 있었죠. 그런데 여기서 약간 의문인 것이 있습니다.

——— '저런 말도 안 되는 짓을 과연 로마 사람들은 믿고 따랐을까요?'

당연히 2022년 우리의 상식으로는 이해하기 어려운 내용입니다. 사실 전 세계 역사는 종교와 신들의 역사라고 해도 과언이 아닙니다. 하물며 아직 현대 문명이 닿지 않은 외딴 섬의 원주민들도 자신들이 믿는 신이 존재할 테니 말이죠. 고대 그리스와 로마에서는 제우스, 헤라 같은 신만 숭배한 것이 아니라 국가적 영웅까지 신으로 추앙하곤 했습니다. 한국에서 유명한 축구 선수 손흥민, 아니면 임진왜란의 영웅 이순신 장군을 신으로 추대해 줬다고 생각하시면 좋을 것 같습니다. 로마 사람들은 영웅적 인물들이 인간이긴 하지만 평범한 자신들보다 신에 조금이라도 더 가까운 존재라고 생각했습니다. 자신들에게 없는 비범한 능력을 지닌 인간이라고 생각했으니 말이죠. 로마에는 이미 진작부터 인간을 신격화하는 문화가 있었습니다. 그랬으니 높은 직위를 역임했고 갈리아 전쟁의 개선 영웅이기까지 했던 율리우스 카이사르를 신격화하는 것도 무리가 아니었죠.

이후 카이사르의 신격화 작업은 계속해서 진행됩니다. 점차 로마 국민들은 카이사르를 자신들의 '구원자'로 인식하기 시작했죠. 그런

율리우스 카이사르의 죽음을 그린 그림.
빈센조 카무치니^{Vincenzo Camuccini}, 1804~1805

데 가만 생각해 보면 카이사르의 신격화 작업은 약간 허술했습니다. 카이사르는 국민들을 선동하는 데는 성공했을지 모르지만 로마의 다른 권력자들에게는 눈엣가시 같은 존재가 되어 갔죠. 카이사르가 했던 짓을 현재로 비유해 보면 **'인기 있는 대통령이 영원히 대통령을 하기 위해 자신을 메시아로 추앙하도록 국민들을 선동한 것'**이었습니다. 그런데 야당의 대권 주자는 물론이고 여당에서도 대통령을 꿈꾸는 사람들이 있었을 텐데 과연 그들이 카이사르의 신격화 작업을 천년만년 허용해 줄 리 있었을까요? 정치적 반대파들을 제거해 당장은 정

율리우스 카이사르의 장례식에서 슬퍼하는 로마 국민들.
조지 에드워드 로버트슨George Edward Robertson, 1864

적이 없을지 몰라도, 카이사르와 가까운 사람 중에서도 로마의 고위
직을 탐내는 사람은 언제든 생길 수 있었습니다. 결국 카이사르에게
모든 권력과 인기가 모이는 것에 불만을 품고 있던 로마 원로원은 카
이사르 암살을 계획하기 시작합니다. 그렇게 기원전 44년 카이사르
는 허무하게 원로원에 의해 암살당하게 되죠. 그런데 카이사르를 암
살한 로마의 정치인들도 바보 같은 건 마찬가지였습니다. 절대 권좌
를 만들었던 율리우스 카이사르는 사라졌지만, 그를 사랑하고 지지하
던 국민들이 사라진 것은 아니었습니다. 게다가 카이사르는 미리 유
언에 이런 말을 남겨 놨었죠.

─── '양아들 옥타비아누스.'

율리우스 카이사르의 양아들 = 아우구스투스의 등장

율리우스 카이사르는 암살되었지만, 카이사르의 유언장에 쓰여 있던 '양아들' 옥타비아누스(재위 기원전 27~기원후 14)가 남아 있었습니다.[1]

[1] 율리우스 카이사르는 로마법에 적법한 자녀가 없었다. 때문에 자신의 누이(율리아)의 딸(아티아)의 아들이었던 옥타비아누스를 입양하여 후계자로 삼았다. 가계도가 상당히 복잡하다.

옥타비아누스는 자신의 양아버지의 후광을 받아 로마 국민들의 지지를 받으며 권력을 휘두르기 시작합니다. 원로원이 카이사르를 갑작스럽게 암살한 것은 바보 같은 짓이었습니다. 아무리 카이사르가 독재자였다 해도 국민들이 카이사르를 지지하고 있었으니 말이죠. 오히려 카이사르가 사망했다는 소식을 들은 로마 국민들은 북한의 김일성, 김정일이 죽었을 당시의 북한 주민들처럼 펑펑 울며 통곡합니다. 그랬으니 카이사르의 사망 이후 양아들이었던 옥타비아누스는 국민들의 지지와 기대를 온몸에 받게 되었죠. 당시 분위기를 이용해 옥타비아누스는 로마 최고 권력자가 되기 위해 자신의 정적들을 제거하기 시작합니다. 이후 그는 원로원 의원들에게 이런 명령을 내립니다.

─── "죽은 우리 아빠를 신으로 선포해!!"

생명의 위협을 받은 원로원 의원들은 자신들이 살해했던 율리우스 카이사르를 '신'으로 선포합니다.[2] 더불어 율리우스 카이사르가 신이 된다는 것은 그의 양아들 옥타비아누스가 '신의 아들'이 된다는 것을 의미했습니다.[3]

기원전 27년 로마 원로원은 옥타비아누스에게 '존엄한 자'라는 의미의 '아우구스투스Augustus'라는 칭호를 부여합니다. 방금까지 설명한 카이사르의 양아들 옥타비아누스가 로마의 공화 정치를 박살 내고 황제 정치의 문을 연 '아우구스투스'인 것입니다. 그는 로마의 최고 책임자가 되겠다며 원로원을 협박해 본인을 제1시민Princeps Civitatis으로 선포합니다(기원전 29).[4] 로마의 제1시민은 북한으로 예를 들 경우 **'조선노동당 위원장이시며, 조선민주주의인민공화국 국무위원회 위원장이시며, 조선인민군 최고사령관이신, 우리 당과 국가 군대의 최고령도자'** 같은 자리라고 생각하면 될 것 같습니다.

황제가 된 아우구스투스는 자신과 관련된 날을 국가 공휴일, 국가 기념일에 포함시키기 시작합니다. 우선 자기 생일을 로마의 공휴일로 지정하죠. 지금으로 따지면 부처님 오신 날, 성탄절 옆에 아우구스투스 탄신일이 존재한다고 생각하면 되겠습니다. 아우구스투스는 머리가 좋았습니다. 대놓고 '신'이 되겠다고 하지 않고, 국민 여론이 아우구스투스를 지지하게 만들고 신으로 추앙하게 한 후 어쩔 수 없

[2] 율리우스 카이사르는 사망 후 신성한 율리우스라는 의미의 라틴어 Divus Iulius로 불렸다.

[3] 아우구스투스는 신의 아들이라는 의미의 라틴어 Divi Filius로 호칭되었다.

[4] 로마의 제1시민을 의미하는 라틴어 Princeps는 이후 왕자를 의미하는 영어 Prince가 되었다.

이 '신'이 된 것처럼 보이게 설계했죠. 이후 로마 전 지역에는 아우구스투스의 신전이 건립되기 시작했고, 율리우스 카이사르와 아우구스투스를 신으로 숭배하는 행사까지 열리게 되죠.

그리고 아우구스투스는 중국 중원의 황제들이 썼던 방식과 비슷한 외교 방식을 채택합니다. 과거 중국 국가들은 자신들의 황제를 '천자天子'로 선포하고 주변 국가들에게 조공을 바치라고 강요했습니다. 그리고 주변 국가들의 조공 행렬을 중국 국민들이 보게 만들었죠. 그러면 중국 국민들이 자신들의 황제를 신처럼 생각하게 될 테니 말이죠. 아우구스투스도 마찬가지였습니다. 아우구스투스는 주변 국가들에게 로마의 황제를 '신'처럼 섬기라고 강요하기 시작했고, 이를 거부할 경우 당시 강대국이었던 로마와의 무역에서 불이익을 줬습니다.

당시 강대국이었던 로마제국은 영토가 상당히 넓었습니다. 그런데 영토가 넓다는 것이 마냥 좋은 것은 아닙니다. 넓은 영토를 가진 국가들은 다민족, 다문화 국가인 경우가 많습니다. 로마 또한 다양한 민족, 다양한 종교가 뒤섞여 있는 국가였죠. 그렇다 보니 다양한 민족, 종교 간 갈등 또한 존재했습니다. 현재의 미국이나 중국처럼 말이죠. 아우구스투스는 다양한 민족들에게 다양한 종교를 믿을 수 있도록 허용해 줍니다. 이렇게만 보면 상당히 포용적인 정치를 했던 것 같은데, 한 가지 양보할 수 없는 것이 있었습니다.

───── '로마제국 최고 존엄은 황제다.'

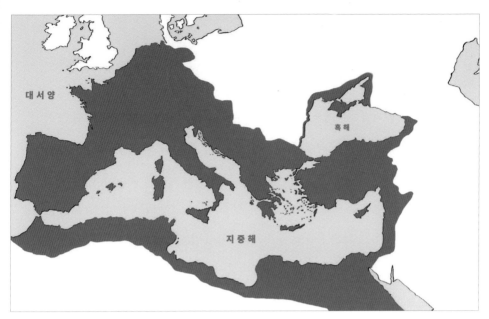

대 서 양

흑 해

지 중 해

기원후 14년의 로마제국 지도

　　너희 민족과 너희 종교를 인정은 해 주겠으나 그럼에도 불구하고
가장 위대한 최고 존엄은 로마 황제라는 것을 인정하란 얘기였죠. 당
시 유일신 여호와를 믿던 유대인들에게 아우구스투스의 주장은 당연
히 받아들일 수 없는 소리였습니다. 유대인들은 '우리의 유일신 여호
와'를 능가할 수 있는 존재는 없으며 로마 황제의 말을 받아들일 수
없다며 대항하기 시작합니다. 아우구스투스가 죽은 후에도 로마의 황
제 숭배는 이어지는데, 이후 탄생한 기독교도 유대교와 마찬가지로
황제 숭배를 받아들이지 않았죠. 이후 로마제국은 유대교와 기독교를
불경스러운 내란 선동 세력이자 국가보안법 위반 범법자로 간주하고
처벌하기 시작합니다. 게다가 예수 그리스도까지 처형하죠.

황제를 거부한 유대인

아우구스투스는 기원후 14년 사망합니다. 예수가 처형당한 건 기원후 33년이죠. 예수는 당시 타락한 유대교 성직자들을 비판하며 일종의 유대교 개혁 운동을 하던 사람입니다. 대표적으로 예수는 유대인뿐 아니라 다른 민족들도 유대교의 신을 믿고 구원받을 수 있다고 주장했죠. 예수를 따르는 사람들, 즉 기독교를 믿는 사람들은 점점 늘어났고, 예수는 기존 유대인 성직자들에게 위협이었습니다. 신도들이 유대교 성직자들의 말을 듣지 않고 점차 예수의 말을 신뢰하기 시작했으니 말이죠. 유대교의 입장에서 예수는 사이비종교의 교주와 같은 존재였습니다. 유대교 성직자들은 로마제국에 이단, 사이비 교주 '예수'를 처벌해 달라고 고소합니다. 그런데 당시 팔레스타인 지역 총독이었던 본디오 빌라도는 예수에게 그 어떠한 범죄와 관련된 혐의점이 없다며 '혐의 없음, 내사 종결'을 결정하죠. 유대교 성직자들은 예수와 그를 따르는 사람들을 와해시키기 위해 **예수를 처벌하지 않으면 민란까지 일으키겠다**며 로마 총독 본디오 빌라도를 협박하기 시작합니다. 당시 총독이자 공무원이었던 본디오 빌라도는 자신의 관할 구역에서 시끄러운 일이 발생하지 않길 바랐습니다. 일 터지기 전에 빠르게 상황을 종결시키기 위해 본디오 빌라도는 예수 처형을 결정합니다. 십자가에 못 박는 방식으로 말이죠. 그런데 예수를 처형한 십자가 위에 '유대인의 왕'이라는 표지판을 광고처럼 걸어 놓습니다. 도대체 왜 본디오 빌라도는 예수 처형 십자가 위에 '유대인의 왕'이라는

본디오 빌라도 앞의 그리스도.
미하일 문카시|Mihály Munkácsy, 1881

표지판을 광고처럼 걸어 놓았을까요?

　이에 대해 학계에서는 로마제국의 입장을 주목하고 있습니다. 당시 로마는 자신들의 황제를 신격화하는 작업에 한창이었습니다. 그런데 이를 유대인들은 거부하고 있었죠. 게다가 유대인들은 자신들의 민족국가, 종교 국가를 건설하는 것을 목표로 하고 있었습니다. 그렇다 보니 로마의 입장에서 유대인들은 언제 쿠데타를 일으킬지 모르는 내란 선동 세력이었죠. 그래서 예수를 처형함과 동시에 유대인들이 로마제국의 황제가 아닌 자신들의 왕을 추대하고 쿠데타를 일으키려는 세력이라는 점을 부각시키고, 유대인이라는 민족에 대해 부정적인 인식을 퍼트리려는 시도였을 것으로 추측되고 있습니다. 즉 예수를 처형한 것은 로마제국이 기독교라는 종교를 탄압하기 위한 목적보다 훗날 내란을 일으킬 수 있는 유대인이라는 세력을 억누르기 위한 것이었다는 거죠.

이를 증명하듯 로마제국은 예수가 처형된 직후부터 대대적인 유대인 탄압을 시작합니다. 닥치는 대로 유대인들을 처벌하고, 유대인을 상대로 로마인의 범죄가 일어날 경우 대충 무마하며 처벌하지 않고 넘겨 버리기까지 했죠. 결국 66년부터 136년까지 로마와 유대인들 사이에 전쟁이 세 차례나 일어났습니다. 그 전쟁을 1차, 2차, 3차 유대 전쟁이라고 부르죠. 유대인들은 자신들의 종교와 민족을 지켜 내기 위해 로마제국에 맞서 싸웠지만, 로마제국의 군대를 막기엔 역부족이

십자가에 못박힌 예수를 그린 그림.
피에트로 페루지노Pietro Perugino, 1482

었습니다. 1차부터 3차까지 있었던 전쟁에서만 유대인들이 최소 80만에서 최대 100만 명까지 사망했을 것으로 추정되기도 하죠.

2017년 5월 미국의 대통령이었던 도널드 트럼프Donald Trump 대통령이 이스라엘에 방문합니다. 방문 당시 예루살렘에 가서 유대인 모자를 쓰고 통곡의 벽을 쓰다듬었죠. 저 통곡의 벽은 유대 전쟁 과정에서 박살 난 예루살렘 성전의 잔해입니다. 전쟁 당시 로마제국의 장군 티투스가 자신이 유대인들을 박살 냈다는 것을 후대에 알리기 위해 일부러 벽 하나를 남겨 두라 했다고 전해지고 있죠. 달랑 벽 하나만 덩그러니 서 있지만 통곡의 벽은 현재 이스라엘 국민들을 비롯한 전 세계 유대인들에게 너무나도 중요한 장소로 여겨지고 있는 것 같습니다. 통곡의 벽이 먼 옛날 자신들의 위대한 성전이 존재했단 걸 보

2017년 5월 이스라엘 통곡의 벽을 방문한 미국 트럼프 대통령

여주는 흔적이면서, 동시에 유대인들이 얼마나 핍박받았는지를 보여주는 건축물이기 때문이겠죠.

로마제국 시기 세 차례의 전쟁과 유대인 박해로 유대인들의 세력은 점차 와해되기 시작합니다. 많은 유대인들이 포로로 끌려가거나 노예로 팔려 갔습니다. 로마로 끌려와 거대한 경기장을 건설하는 데 동원된 유대인들도 있었습니다. 이 경기장이 바로 현재 로마를 상징하는 문화유산 중 하나로도 유명한 콜로세움입니다. 으리으리한 경기장을 보고 있자면 당시 유대인들의 삶이 얼마나 고달팠을지 간접적으로 느낄 수 있는 대목이죠. 노예나 포로로 끌려가지 않은 유대인들은 박해를 피하기 위해 고향을 떠나 떠돌며 살게 됩니다. 로마제국은 자신들의 황제 신격화를 방해하던 유대인 탄압에 성공한 듯 보였습니다. 그러나 산 너머에 또 다른 산이 존재하고 있었죠.

황제를 거부한 기독교

로마제국은 광활한 영토를 지배하고 있던 만큼 제국 내에는 각자의 정체성을 가진 다양한 민족이 있었습니다. 로마 황제들은 그 다양한 민족에게 '신성한 황제의 통치를 받는 위대한 로마제국'이라는 자부심을 느끼게 해 주고 모든 민족을 '로마인'이라는 하나의 정체성으로 묶으려고 했습니다. 속된 말로 백성들이 국뽕을 느껴서 무지성으로 애국심을 느끼게 만들려고 했던 거죠. 무지성 애국은 국민들이 자신의 지식과 경험을 왜곡해서라도 자신의 국가를 사랑하게 만들고 다른 국가를 사탄으로 인식하게 만들어서 국가를 위해 목숨까지 바쳐 싸우게 만들 수 있는 원동력이 됩니다. 그렇기 때문에 아우구스투스 황제 이후에도 로마 황제들은 국민들이 황제를 '숭배'하길 원했고, 황제를 신격화하는 작업을 멈추지 않았습니다. 여기에 반기를 들었던 유대인들은 처참하게 와해될 수밖에 없었죠.

그런데, 로마제국은 눈엣가시 같던 유대인을 와해시킨 것에는 성공했지만, 곧바로 새로운 골칫거리와 마주하게 됐습니다. 바로 '기독교'죠. 의도된 건 아니겠지만 기독교라는 종교는 로마인이라는 정체성, 로마의 국뽕을 약하게 만들 수 있는 종교였던 겁니다.

기독교인들은 유대인들과 달리 자신들만의 국가를 건설하려고 하지는 않았지만, 국가와 민족에 '상관없이' 모두 유일신 여호와와 예수 그리스도를 섬겨야 한다고 믿었습니다. 그리고 로마제국의 종교 행사에도 참여하지 않았죠. 달리 말하면 기독교는 '로마인'이라는 정체성을 거부하고 오로지 예수 그리스도만을 섬기는 종교였던 겁니다. 그랬으니 로마제국의 눈에 기독교인들은 황제가 아닌 다른 존재에게 충성하며 다른 로마인들이 황제를 섬기는 것조차 방해하는 세력으로 보이는 것이 당연했습니다. 로마제국은 기독교를 가만둘 수 없다며 탄압을 시작합니다. 로마제국은 일반 국민들이 '기독교'라는 종교를 믿지 못하도록 법으로 강제했고, 기독교 성직자를 처형했으며, 황제를 포함한 로마의 신들에게 제사를 지내지 않는 자도 처형했고, 기독교인들의 재산을 몰수하기도 했죠.

이랬던 로마제국이 도대체 어떻게 기독교를 국교로 정한 것일까요? 정말 믿기지 않습니다.

─── '기독교를 국교로 정했다고?'

235년 로마제국 황제 세베루스^{Severus Alexander}(재위 222~235)가 살해당한 후 로마에는 군인 황제 시대가 시작됩니다. 말 그대로 군인들이 쿠데타를 일으켜 황제가 되던 시대였죠. 군인 황제 시대는 235년부터 284년까지 대략 50여 년간 이어졌습니다. 50년 동안 로마에는 무려 20명[1]이 넘는 황제가 난립했죠. 한마디로 개판이었습니다.

284년 군인 황제 시대를 끝낸 후 황제가 된 디오클레티아누스^{Diocletianus}(재위 284~305)는 293년 군인들의 반란과 쿠데타를 막기 위한 새로운 정치체제를 창조해 냅니다. 바로 '사두 정치체제'입니다.

─── '사두 정치체제^{Tetrarchy}'

로마제국의 영토는 서쪽과 동쪽으로 넓게 펼쳐져 있었습니다. 워낙 넓다 보니 서쪽 지역에 황제와 부황제, 동쪽 지역에도 황제와 부황제를 두어, 총 4명의 황제가 로마를 다스리는 체제를 도입한 거죠.[2]

디오클레티아누스는 자신을 신격화하며 동쪽 지역의 황제가 되

군인 황제가 난립하는 혼란을 틈타 잠시 로마가 위의 지도처럼 3개로 분할되는 일도 있었다.

디오클레티아누스 시대의 4분할된 영토

2

당시 영토 또한 4분할되었으나 실질적 황제는 디오클레티아누스 한 명이었다. 분할된 영토는 이후 권력 갈등의 씨앗이 된다.

었고 나머지 3명의 황제를 임명했습니다. 그런데 당시 황제가 4명이긴 했지만 실제 황제는 디오클레티아누스 한 명이었습니다. 나머지 3명은 그의 신하일 뿐이었죠. 그의 재위 동안 4명의 황제가 다스린 것은 매우 효과적이었습니다. 넓은 로마의 영토를 4명이 나눠 관리했으니 말이죠. 그러나 305년 디오클레티아누스가 질병으로 은퇴하고 난 후 문제가 생깁니다. 서쪽과 동쪽의 황제, 부황제들이 로마제국의 주도권을 두고 서로 싸우기 시작했죠. 그런데 이 싸움에서 기독교가 중요한 역할을 하게 됩니다.

로마가 기독교를 사랑하기 시작했다
– 콘스탄티누스 황제와 밀라노 칙령

역사에 관심이 많은 분들은 과거 역사 시간에 배운 밀라노 칙령Edict of Milan을 기억하실 겁니다. 로마제국의 콘스탄티누스Constantinus(재위 306~337) 황제가 기독교인들이 자유롭게 종교를 믿을 수 있도록 허용해 줬다는 선언이죠. 그런데 이것은 사실이 아닙니다. 중세 시대 기독교 사학자들에 의해 왜곡된 내용이죠.

사두 정치체제를 시작한 디오클레티아누스는 기독교를 강력히 탄압하던 황제였습니다. 303년에는 그의 명령에 의해 기독교에 대한 탄압의 강도가 더욱 높아지게 되죠. 그는 교회를 파괴하고,《성경》을 불태우고, 교회의 재산을 몰수하고, 기독교인들이 단체를 만드는 것을 금지합니다.

305년 동쪽 지역 부황제 갈레리우스^{Galerius}(재위 305~311)가 디오클레티아누스의 뒤를 이어 동쪽 지역의 황제가 됩니다. 그리고 로마제국 전역의 주도권을 갖게 되죠. 갈레리우스도 처음에는 기독교 박해를 이어 갔습니다. 그런데 311년 갈레리우스는 기독교 박해를 중지하라는 칙령을 내립니다. 바로 **세르디카 칙령**^{Edict of Serdica}이죠. 갈레리우스가 왜 이러한 칙령을 발표했는지는 학자마다 의견이 분분합니다. 그런데 분명한 것은, 시간이 지나면 지날수록 로마제국의 기독교 세력은 탄압으로 와해시키기에 엄두가 나지 않을 정도로 너무 커졌다는 겁니다. 학자마다 의견은 분분하지만, 갈레리우스가 기독교 세력을 탄압하지 않고 자신의 세력으로 편입시키고자 했을 가능성도 충분히 있습니다.

문제는 세르디카 칙령이 발표되고 며칠 지나지 않아 갈레리우스가 사망했다는 것입니다. 갈레리우스 이후 다시 로마제국은 황제들끼리 싸우느라 혼란스러워졌죠. 어떤 황제는 세르디카 칙령에 따라 기독교 박해를 그만두었지만, 어떤 황제는 계속해서 기독교를 탄압하고 있었습니다.

밀라노 칙령이 발표되었다고 알려진 313년 당시 콘스탄티누스는 이제 막 경쟁자를 제거하고 혼자 서쪽 지역의 황제가 되어 있었습니다. 그리고 동쪽 지역에서는 리키니우스^{Licinius}(재위 308~324)와 막시미누스Maximinus(재위 310~313)가 서로 자기가 황제라면서 싸우고 있었죠. 이 상황에서 콘스탄티누스와 리키니우스가 만나 311년에 발표된 세르디카 칙령이 유효하다는 것에 합의합니다. 실제 칙령이 있었던 것은 아니고 단지 과거의 세르디카 칙령을 따르기로 합의한 것에 불과했죠. 이것이 우리가 교과서에서 배운 밀라노 칙령의 실체입니다.

게다가 밀라노 칙령으로 불리는 합의를 주도한 인물이 콘스탄티누스보다는 리키니우스였을 가능성도 큽니다. 실제로 당시 로마제국의 지역 총독들에게 이 합의 내용을 전하는 편지들이 발견되었는데 모두 리키니우스의 것이었죠. 리키니우스는 동쪽 지역에서 자신의 경쟁자인 막시미누스를 제거하고 싶었습니다. 마침 막시미누스가 세르디카 칙령을 무시하고 '기독교인 탄압'에 앞장서고 있었죠. 막시미누스를 제거하려 했던 리키니우스가 자신의 세력 확장을 위해 기독교를 이용한 것으로 추정되기도 합니다.

연구(E. R. Goodenough, R. Macmullen)에 따르면 당시 로마 전체 인구 중 기독교인은 적게는 5%, 많게는 10%로 추정된다고 합니다. 이 추정치가 적게 보일 수 있겠지만 대한민국 5100만 인구 중 무려 255만에서 510만 명에 해당하는 엄청난 인구죠. 기존 대다수 로마 국민들에게 반감을 사지만 않는다면 인구의 10%나 되는 세력의 지지를 추가로 확보한다는 것은 정치적으로 엄청난 성과였습니다.

리키니우스의 설계가 잘 먹혀들었는지 막시미누스는 리키니우스에 대항해 내전을 일으킵니다. 하지만 이미 기독교인들로부터 민심을 잃은 부황제 막시미누스의 쿠데타는 셀프 자폭이나 다름없었죠. 리키니우스는 막시미누스를 무찌르고 동쪽 지역의 유일한 황제가 됩니다.

한편 콘스탄티누스에게는 리키니우스와 달리 기독교를 공인해야 할 정치적인 이유가 딱히 없었습니다. 이미 서쪽의 부황제와 같은 경쟁자를 제거한 상태였죠. 게다가 그의 경쟁자였던 막센티우스 Maxentius(재위 306~312)가 기독교에 관용적이었다는 기록도 존재합니다. 또 애초에 콘스탄티누스가 다스리던 서쪽 지역은 리키니우스가 다스리던 동쪽 지역보다 기독교인이 훨씬 적었습니다. 기독교계에서는 흔히 콘스탄티누스가 312년에 하늘에 십자가가 떠 있는 기적을 목격하고 기독교로 개종했다고 말하지만 역사적 근거는 없습니다. 콘스탄티누스가 한참 후인 326년에 기독교로 개종했다는 기록을 연구한 역사학자들도 있죠. 콘스탄티누스는 313년 이후에도 기독교가 아닌 로마의 전통적인 신들을 모시는 종교들을 후원했으며 유대교에 대한 박해도 완화했다는 점을 볼 때, 그는 그저 다양한 종교에 관대했으며 특정 종교들이 자신에게 대항하지 않도록 관리했을 가능성도 충분히 있습니다.

하지만 동쪽의 리키니우스가 기독교를 이용할 수 있도록 콘스탄티누스가 도와줄 이유는 충분했습니다. 이제 막 권력 싸움을 끝내고 서쪽 지역의 황제에 오른 콘스탄티누스 입장에서는 기존 로마제국의 실제 황제직이었던 동쪽 지역 황제의 '인정'이 필요했습니다. 리키니우스가 콘스탄티누스를 황제로 인정하는 것 말이죠. 그러니 서쪽 지역의 황제로서 리키니우스가 원하는 합의에 동참한 것은 서로에게 Win-Win인 선택이었습니다.

아무튼 위와 같은 이유로 로마의 기독교인들은 종교적 자유를 얻었습니다. 하지만 불과 3년 뒤인 316년부터 콘스탄티누스와 리키니우스는 서로 로마제국 전체를 차지하겠다며 전쟁을 시작하죠. 이 전쟁에서 리키니우스는 패배했고, 콘스탄티누스는 원래 동쪽 황제의 관할 지역이었던 발칸반도의 꽤 많은 땅을 얻어 냅니다. 리키니우스가 전쟁에서 패배했다고 해서 모든 영토를 뱉어 낸 것은 아니었죠. 그런데 이후 좀 어이없는 일이 벌어지기 시작합니다. 과거 정치적인 이유로 기독교를 이용했던 리키니우스가 갑자기 기독교를 다시 탄압하기 시작한 것입니다.

당시 동쪽 로마 지역에는 기독교인들의 수가 계속해서 늘어나고 있었습니다. 그런데 한편으로 동쪽 지역에서 기독교를 믿지 않던 국민들의 입장에서 기독교라는 종교는 혐오의 대상이었습니다. 특히 리키니우스가 제압했던 부황제 막시미누스가 다스리던 지역은 막시미누스가 패배한 이후 기독교 탄압이 멈추자 종교 간의 갈등이 더 심해졌죠. 막시미누스가 관할하던 영토까지 다스리게 된 리키니우스 입장에서는 기독교를 싫어하는 국민들의 눈치도 보지 않을 수 없었던 것입니다.

기독교 공인 파트너에서 기독교 박해자로

기독교인의 존재 자체를 거부하는 수많은 민족, 종교들의 신임을 얻기 위해, 콘스탄티누스와 함께 기독교를 공인해 준 파트너에서 한 순간에 기독교 박해의 상징으로 돌변한 리키니우스. 리키니우스는 자신의 관할 지역에서 기독교 공동체들을 해체하기 시작했고, 남녀가 함께 교회에 다니지 못하게 막기 시작했습니다. 그래도 예전처럼 기독교를 믿는다고 잡아다가 죽이지는 않았죠. 하지만 기독교인들의 민심이 리키니우스를 떠나는 것을 막지는 못했습니다.

콘스탄티누스가 다스리던 서쪽 로마는 상황이 많이 달랐습니다. 동쪽 지역에 비해 기독교인의 숫자 자체가 적다 보니 다양한 종교, 다양한 민족이 있었음에도 상대적으로 동쪽 로마에 비해 종교 간 갈등이 크지 않았습니다. 리키니우스가 기독교인들을 한창 박해하고 있을 당시 콘스탄티누스는 서쪽 지역의 기독교 성직자들의 세금을 면제해 주고 로마제국의 중심지였던 로마 내에 교회 건설을 허용해 주기 시작합니다. 죽어라 탄압당하던 동쪽 지역 로마의 기독교인들 입장에서는 콘스탄티누스가 다스리던 서쪽 지역 로마가 천국으로 보였을지도 모르겠습니다.

———— 그런데

서쪽 지역에도 한 가지 문제가 있었습니다. 당시 북아프리카 지역에서 발생한 기독교 교파 중 도나투스주의Donatism 교회가 있었습니다. 이 교파는 FM이었습니다. 교회를 떠났거나 배신했던 사람들은 어떠한 일이 있어도 용서받을 수 없으며 종교재판으로 처벌해야 한다고 주장했죠. 그런데 저 도나투스주의 교회의 논리를 따르자면 로마제국 안에는 처벌을 받아야 할 사람들이 너무 많았던 것입니다. 로마제국이 기독교를 탄압하는 동안 잠시 교회를 떠났던 사람들이 천지에 널렸을 테니 말이죠.

이러한 상황에서 콘스탄티누스 황제는 자신이 기독교 교파들의 모임에 참석해 교회 내부의 일에 개입하기 시작합니다. 콘스탄티누스 황제의 적극적인 교회 갈등 개입으로 서쪽 지역에서는 기독교 교파들 사이의 갈등까지 줄어들기 시작했고, 서쪽 지역 기독교인들은 콘스탄티누스 황제를 신뢰하기 시작합니다. 이런 상황에서 324년 콘스탄티누스와 리키니우스의 마지막 전쟁인 크리소폴리스 전투Battle of Chrysopolis가 시작됩니다. 당시 전쟁은 이렇게 설명할 수 있을 것 같습니다.

———— 기독교를 공인해 주시고 교파 갈등까지 해결해 주신
콘스탄티누스
VS
기독교를 공인하더니 뒤통수치고 탄압하는
리키니우스

이후 콘스탄티누스는 동쪽 지역의 기독교인들을 수호하기 위해 전쟁에서 승리해야 한다는 명분을 내세웁니다. 그러자 기독교인들은 이 전쟁을 자신들의 종교를 위한 전쟁으로 인식하고 목숨을 바쳐 맞

서 싸웠죠. 아마 당시 기독교인들 입장에서 콘스탄티누스는 기독교의 수호자, 리키니우스는 배신자였을 것입니다. 리키니우스가 전쟁에서 패배하고 325년에 처형되면서 로마제국의 사두 정치체제는 막을 내립니다. 콘스탄티누스 황제 혼자서 다 해 먹을 수 있는, 지배하는 단일 황제 시대가 시작된 거죠.

여기까지 보면 콘스탄티누스가 기독교를 공인했다고 말하기가 참 애매한 것 같습니다. 사실상 기독교를 공인한 것은 갈레리우스의 세르디카 칙령이었고, 이후 콘스탄티누스는 로마제국을 통일할 때까지 기독교를 정치적으로 이용하기만 했죠. 하지만 대중에 널리 알려진 것은 콘스탄티누스의 밀라노 칙령이었습니다.

역사학자들은 가톨릭이 사회를 지배했던 중세 시대의 역사가들이 역사를 왜곡했다고 주장합니다. 중세 시대의 역사가들은 콘스탄티누스가 신실한 기독교인이기를 원했습니다. 왜냐하면 역사의 최종 승자는 콘스탄티누스였기 때문이죠. 로마를 통일한 후 말년에 기독교로 개종한 이야기보다는 신의 힘으로 전쟁에서 승리하고 로마를 통일하는 이야기가 더 매력적으로 보였겠죠. 급기야 16세기에는 밀라노 칙령이라는 가상의 칙령까지 만들어 버린 것입니다.

🗨 로마제국이 기독교를 '국교'로 선포하다

앞서 콘스탄티누스 황제가 동쪽 지역 로마까지 모두 먹어 버렸다고 말씀드렸습니다. 이후 기독교는 로마제국 내에서 점차 지배적인 종교가 되어 갑니다. 그런데 한편으로 기독교 내부에서는 갈등이 일어나고 있었습니다.

현대에 와서 기독교는 정교회, 가톨릭, 개신교 등 다양한 종파로 나뉘어 있습니다. 이들 종파 간에는 각자 다른 교리가 명확하게 존재하지만 같은 기독교에 속하다 보니 서로 같은 교리도 있습니다. 그러나 초기 기독교는 사실상 춘추전국시대였습니다. 기독교를 믿는 지역마다, 각 종교 지도자마다 《성경》과 교리 해석에 대한 입장이 다르고, 신도들도 제각각 자기들 멋대로 교리를 판단하곤 했죠.

특히 가장 거센 논쟁은 삼위일체론을 두고 벌어졌습니다. 기독교 신학에서 얘기하는 삼위일체론은 쉽게 말해 신과 예수와 성령이 각각 셋이면서 동시에 하나의 존재라고 얘기하는 것입니다. 한마디로 모순이죠. 이 모순을 이해하실 필요는 없습니다. 중요한 점은 예수라는 존재가 도대체 '무엇'이냐는 거였죠.

———— 1. 신이 인간 구원을 위해 내려오신 그 자체가 '예수'다.
2. 신이 인간 구원을 위해 신성하게 만들어 낸 창조물이 '예수'다.

당시 기독교의 학파 중 하나였던 아리우스파Arianismus는, 신은 언제 탄생되었는지조차 논할 필요 없는 전지전능한 존재이지만, 예수는 탄생한 연도, 사망한 연도가 있으니 신과 예수가 본질적으로 아예 같은 존재라고 보기는 어렵다는 입장이었습니다. 그러나 다수의 교파들은 신과 예수가 모두 같은 본질이라는 입장이었죠. 그런데 이러한 갈등을 지켜보던 콘스탄티누스 황제는 기독교 내의 갈등이 로마제국 안정에 결코 도움이 되지 않는다고 판단하였습니다.

콘스탄티누스는 325년 동쪽 황제 리키니우스를 처형한 후 니케아, 현재 터키(2022년에 터키의 국명은 튀르키예^Türkiye로 변경되었습니다)의 이즈니크에서 기독교의 정통 교리를 정하는 회의를 개최합니다. 교회의 분열을 막고 더 나아가 국가의 분열을 막기 위해서였죠. 이것을 제1차 니케아 공의회^First Council of Nicaea라고 부릅니다. 당시 공의회에는 각 지역 주교부터 별의별 사람들이 다 참석했고 본격적으로 논쟁이 시작됩니다. 당시 다수의 성직자들은 아리우스파에게 이렇게 얘기합니다.

———　"시작과 끝을 얘기할 필요 없는 창조주 신과 달리 예수님은 시작과 끝(태어난 연도, 사망한 연도)이 있어서 신과 예수가 다르다고?"
———　"그럼 신의 본질이 두 개라는 소리냐? 우리의 창조주 여호와는 유일신이고 항상 한 분이었는데 어떻게 그따위 소리를 내뱉을 수 있어!! 너 다신론자지!!?"

아리우스파는 신으로부터 예수가 탄생했는데 예수와 신을 본질적으로 동일하게 보는 것 자체가 창조주인 유일신 여호와의 신성함

황제(가운데)와 니케아 공의회 주교들을 묘사한 성화

을 침해하는 것이라고 반박했죠. 당시 성직자들은 긴 토론과 논쟁을 거쳐서 (사실 다수파가 힘으로 밀어붙여서) 아리우스파를 이단으로 결정했고, 원래대로 신=예수라는 내용의 삼위일체론을 지지하는 신앙 고백인 **니케아 신경**Symbolum Nicaenum을 발표합니다.

그러나 아리우스파가 이단으로 결정된 뒤에도 아리우스파를 지지하는 기독교 세력과 지지하지 않는 기독교 세력이 계속해서 설전을 벌이면서 기독교 내의 내분이 가라앉지 않았죠. 결국 콘스탄티누스 황제가 사망한 후 아리우스파는 다시 자신들만의 세력을 형성하게 되었고, 심지어 로마제국의 황제가 아리우스파를 지지하기도 합니다.

얼마 가지 않아 쿠데타를 일으켜 스스로 황제라고 하는 사람이 등장하기도 하고, 동쪽 지역과 서쪽 지역에 황제를 따로 두는 제도가 다시 생기는 등 로마는 정치적으로도 다시 불안정해집니다.

347년 현재 스페인 지역인 히스파니아Hispania에서 테오도시우스Theodosius(재위 379~395)라는 인물이 태어납니다. 그가 아직 청년이던 무렵, 378년부터 동쪽 지역 로마는 고트족(고대 게르만계 부족)의 침략으로 박살 나기 시작합니다. 심지어 동쪽 지역의 황제마저 전사하죠. 테오도시우스는 당시 자신의 아버지에 이어 서쪽 지역의 군인으로 명성을 날리고 있었는데, 당시 서쪽 황제였던 그라티아누스Gratianus(재위 367~383)는 전투를 엄청나게 잘하던 테오도시우스를 보고 379년에 그를 동쪽 지역의 황제로 임명합니다.

그런데 테오도시우스가 태어난 히스파니아 지역에서는 신과 예수가 본질적으로 같다고 주장하는 교파가 우세했고, 따라서 테오도시우스도 아리우스파를 이단이라고 생각했습니다. 공동 황제가 된 테오도시우스는 다수파가 원하던 대로 '신=예수'라는 개념이 로마제국 기독교의 중심 교리가 되기를 원했습니다. 테오도시우스는 전쟁도 전쟁이지만 우선 로마제국 내부 기독교인들의 갈등부터 종식시키고 싶었습니다. 고트족과의 전쟁이 아직 끝나지 않았는데도 말이죠.

결국 테오도시우스는 서쪽 지역의 황제 그라티아누스와 함께 380년 테살로니카 칙령Edict of Thessalonica을 발표합니다. 과거 니케아 공의회에 의해 채택된 교리를 따라 로마제국이 통합되어야 한다는 내용입니다. 기독교가 공식적으로 로마제국의 국교가 된 것은 392년이지만, 테살로니카 칙령이 발표된 380년에 사실상 로마제국의 '기독교 국교화'가 이루어졌다고 보죠. 이게 바로 우리가 중고등학교 역사시간에 배웠던 '기독교 국교화'입니다.

그런데 테살로니카 칙령이 발표될 당시 로마제국의 서쪽 지역은 정통 기독교 교리인 반^反아리우스파의 중심지였고, 반대로 테오도시우스가 다스리던 동쪽 지역에서는 신과 예수가 본질적으로 다른 존재라고 주장하는 아리우스파가 득세하고 있었습니다. 즉 어쩌다 보니 서쪽 지역 출신인 테오도시우스가 동쪽 지역의 황제가 되어 아리우스파를 탄압하고 있는 꼴이었죠. 결국 동쪽 지역에서 기독교 교파들 사이에 갈등이 심해집니다.

테오도시우스 황제는 381년에 콘스탄티노폴리스, 현재의 이스탄불에서 제1차 콘스탄티노플 공의회First Council of Constantinople를 개최합니다. 반^反아리우스파를 원하던 테오도시우스 황제는 '당연히' 자신이 원하던 대로 '신=예수'라는 교리로 로마제국 기독교가 통합되어야 한다고 주장하죠. 결국 아리우스파에는 다시 한번 이단이라는 낙인이 찍히게 됩니다. 정치적 권위에다 종교적 권위까지 확보한 테오도시우스는 아리우스파에 대한 대대적인 탄압을 시작합니다. 결국 신과 예수가 다른 존재라고 주장하던 아리우스파는 로마제국에서 박살 나기 시작했고, 이후 일부 게르만 부족들 사이에서 명맥을 유지하다가 8세기 초가 되면 아예 지구상에서 사라지게 됩니다.

***

로마제국의 권력자들은 자신들의 권력 유지를 위해 기독교인들의 마음을 얻고자 기독교를 받아들입니다. 현대사회에서도 정치인들은 자신들의 지지율을 위해 평소 하지 않던 봉사 활동을 하거나 이익집단의 행사에 참여해 지지를 호소하죠. 만약 로마제국에서 기독교인 인구가 증가하지 않았다면 콘스탄티누스와 테오도시우스는 무엇을 국교화하려 했을까요? 지금 대한민국의 정치인들도 자신들의 지지율을 높이기 위해 국교화할 무언가를 찾아 돌아다니고 있진 않을까요?

제 2 장

우리 같이 동업하지 않을래?

신성로마제국의 탄생

'신성로마제국'이라는 이름은 우리나라에서는 좀 생소하게 느껴질지도 모르겠습니다. 지금은 아주 유명한 국가인 독일의 역사인데도 말이죠. 프랑스는 옛날부터 프랑스였고, 영국은 옛날부터 잉글랜드였기 때문이 아닐까 생각해 봅니다.

신성로마제국은 962년부터 1806년까지 무려 844년 동안이나 존재했던 국가입니다. 오랜 세월을 거치면서 영토가 늘었다 줄었다 했지만 대충 오늘날의 독일과 그 주변 지역이 신성로마제국의 영토였다고 생각하시면 됩니다.

신성로마제국 안에는 여러 크고 작은 국가들이 있었습니다. 각 국가마다 왕이 있어서 자기 나라를 다스리고 왕들보다 더 높은 황제가 신성로마제국 전체를 다스리는 형태였죠. 시대에 따라 황제의 힘이 왕들보다 훨씬 강할 때도 있었고, 황제가 별로 힘이 없을 때도 있었습니다.

그런데 사실 독일 지역은 로마의 영토가 아니었습니다. 신성로마제국이 세워지기 전 독일 땅에는 크고 작은 게르만 부족들이 로마와 싸우기도 하고 로마에게서 선진 문화를 배우기도 하며 지내고 있었죠.

이후 게르만족은 로마를 침략하여 멸망시켰고, 게르만 부족 중 하나인 프랑크족이 오늘날 벨기에 땅에 프랑크왕국을 세웁니다. 프랑크왕국은 지금의 프랑스, 독일, 이탈리아 지역을 지배하는 거대한 왕국으로 성장하죠.

잘 나가던 프랑크왕국은 843년에 왕자들끼리 서로 왕이 되겠다고 싸우다가 서프랑크, 중프랑크, 동프랑크로 쪼개집니다. 이 중 서프랑크가 오늘날의 프랑스, 동프랑크가 오늘날의 독일로 발전하게 되죠.

그런데 962년에 로마 가톨릭의 지도자인 교황이 대뜸 동프랑크 왕국의 왕 오토 1세를 황제로 임명합니다. 982년에는 그 아들 오토 2세가 갑자기 본인을 '로마 황제'라고 부르기 시작합니다. 그리고 수십 년이 지나면 또 그 아들 오토 3세가 본인의 나라를 로마제국이라고 부르기 시작하죠. 결국 13세기가 되면 '신성로마제국'이라는 이름이 쓰이기 시작합니다.

역사를 보면 신성로마제국은 로마와 별로 관련이 없어 보입니다. 신성로마제국은 오히려 로마를 무너뜨린 게르만족의 국가죠. 그렇다면 왜 교황은 로마와는 상관도 없는 게르만족 국가의 왕을 로마의 황제로 임명한 것일까요?

신성로마제국의 정체

－나라 이름이 왜 이렇게 거창할까?

중학생 시절 역사 시간에 배운 신기한 이름의 국가가 있었습니다. Holy Roman Empire, 즉 신성로마제국이죠.

———— '나라 이름이 저렇게 거창해?'

신성로마제국이란 이름은 **'과거 엄청난 역사를 지닌 로마제국의 정통 후계자, 동시에 신성한 국가'**라는 의미입니다. 참 이름 하나는 기가 막히게 거창한 것 같습니다. 대부분의 교과서에는 962년부터 1806년까지 무려 844년 동안 존속한 국가로 설명되어 있습니다.

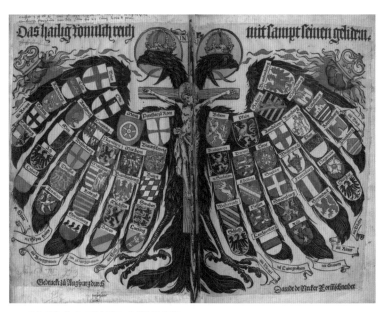

1510년 판화에 새겨진 신성로마제국의 상징.
다양한 국가, 가문이 신성로마제국에 속해 있는 것을 나타내고 있다.

또는 800년 12월 25일부터 1806년까지로 보기도 하니, 한반도 역사에서 역사가 긴 것으로 유명한 천년 사직 신라보다도 긴 역사를 지닌 국가였죠. 도대체 저렇게 거창한 이름의 신성로마제국은 어떻게 탄생한 것일까요? **신성로마제국은 로마 교황과 황제의 컬래버레이션으로 만들어진 하나의 사업체라고 생각하시면 좋을 것 같습니다.**

―――― 교황 曰

"신의 이름으로 당신을 황제로 임명하노라!"

황제 曰

"로마 교황의 영향력이 이 국가에서 쑥쑥 커질 수 있도록 보호하고 돕겠소!"

신성로마제국의 역사를 살펴보기 전에 우선 '교황'의 탄생부터
알아봅시다.

교황과 가톨릭에 대한 오해

앞 장에서 설명했듯이 로마제국은 4세기 초 콘스탄티누스 황제
시기부터 기독교 박해를 멈추게 됩니다. 이제 로마제국에서 기독교는
당당하게 믿어도 되는 종교가 된 것이죠. 그런데 이후 로마제국의 수
도는 **콘스탄티노플**^{Constantinople}'로 옮겨집니다. 콘스탄티노플은 원래
'비잔티움^{Byzantium}'이라는 곳이었는데, 콘스탄티누스 황제가 이곳을
로마제국의 새로운 수도로 정하면서 '새 로마^{Nova Roma}'라는 이름을
붙여 줬습니다(324). 몇 년 뒤 '콘스탄티누스의 도시', 즉 콘스탄티노
플이라는 이름으로 또 변경되죠. 이 콘스탄티노플이 현재 터키의 이
스탄불^{Istanbul}입니다.

콘스탄티누스 황제는 **콘스탄티노플**을 전략적으로 아주 중요한
도시로 생각하고 있었습니다. 앞으로 로마제국의 번영을 위해 이베
리아반도와 유럽이 아닌 동방의 페르시아, 중동 아랍, 아시아 쪽에 신
경을 써야 한다고 생각했기 때문이죠. 그렇게 324년부터 계획도시로
서 콘스탄티노플이 건설되기 시작했고 330년 완공됩니다. 그런데 로

과거 콘스탄티노플이 있었던 터키 이스탄불의 파티흐^{Fatih} 지역

마제국의 수도 이전은 이후 기독교라는 종교의 갈등을 불러일으키다 못해 아예 갈라지게 만드는 불씨가 되었습니다.

로마제국의 영토는 광활했습니다. 동시에 기독교라는 종교가 퍼진 지역도 광활했죠. 기독교는 모든 지역을 하나의 기관으로 관리하기 힘들었습니다. 그래서 다섯 지역에 기독교 지부를 두게 됩니다. 로마^{Rome}, 안티오키아^{Antiochia}, 예루살렘^{Jerusalem}, 알렉산드리아^{Alexandria}, 그리고 콘스탄티노플이었죠. 이 다섯 지부를 관리하는 지부장들은 당시 기독교의 주교^{Bishop}들 중에서도 중요한 역할을 한다고 하여 5세기 무렵부터는 특별히 '총대주교^{Patriarch}'라고 호칭하기 시작합니다. 이 다섯 총대주교들 중 콘스탄티노플 총대주교의 입지는

현재의 로마, 안티오키아, 예루살렘, 알렉산드리아, 콘스탄티노플(현재의 이스탄불) 지역

점점 강해졌습니다. 제국의 수도가 로마에서 콘스탄티노플로 이전되자, 다른 지역 총대주교들보다 새로운 수도 콘스탄티노플의 총대주교를 치켜세워 주고 그를 이용해 종교 정치를 시작하려 했던 거죠.

하지만 인생이란 원래 자기 뜻대로 되지 않는 법입니다. 당시 기독교인들 사이에서는 이미 콘스탄티노플 총대주교가 아닌 로마 총대주교의 위상이 하늘을 찌르고 있었으니 말이죠. 도대체 왜 다른 총대주교들보다 로마의 총대주교가 유독 기독교인들에게 칭송받았던 것일까요?

바로 베드로Petros 때문입니다. 물고기를 잡던 어부 시몬Simon이 이름을 베드로로 바꾸고 예수의 제자가 되죠. 예수의 열두 제자를 기

중세 시대 천국의 열쇠를 들고 있는 베드로를 그린 그림.
페테르 파울 루벤스Peter Paul Rubens, 1610~1612

억하실 겁니다. 그중 베드로는 예수의 제자들 중 기독교인들 사이에서 가장 유명한 존재죠. 베드로는 예수 처형 이후 기독교 포교를 위해 로마로 건너갑니다. 즉 로마 지역의 제1대 기독교 지도자가 된 거죠. 이 로마 지역 기독교 지도자가 현재의 '교황'입니다.

여기서 잠시 이 '교황'이라는 단어에 대한 오해를 풀고 갑시다. '교황'은 구한말 한반도에서 교화황敎化皇으로 불리던 단어를 현재의 교황敎皇으로 변경한 겁니다. 영어와 라틴어로 각각 Pope, Papa라는 단어를 번역한 거죠. 그런데 Pope, Papa는 사실 과거 기독교의 총대주교뿐 아니라 모든 주교들을 지칭하는 단어였습니다. '교황'이라는 부담스러운 의미를 가진 단어가 아니라 그저 존경하는 마음을 담아 부르는 존칭이었죠. 그런데 유독 한국에서 '교황'이라는 상당히 거창한 단어로 번역되면서, 로마의 종교 지도자는 어딘가 위대하고 높은 지위인 것 같다는 느낌을 팍팍 주게 되었습니다. 실제 한국에서 '교황'으로 번역되는 로마 총대주교는 현재 가톨릭에서 아주 중요한 자리이긴 합니다. 그런데 앞서 설명했다시피 과거 기독교

66

에선 현재의 교황을 포함해 5명의 총대주교가 있었고 모두 동등한 지위를 갖고 있었죠. 그럼 도대체 왜 한국에서 '교황'으로 번역될 정도로 유독 로마 총대주교만 위대한 사람처럼 칭송받는 존재가 된 것일까요?

로마 지역 1대 기독교 주교였던 베드로는 자신이 로마 지역의 기독교 지도자였지만, 그렇다고 자신을 우월하고 특별한 존재라고 얘기하지 않았습니다. 그런데 베드로의 사망 이후 로마 주교, 총대주교들은 자신들이 예수의 열두 제자 중 첫 번째 제자인 베드로의 정통 후계자라는 점을 지속적으로 부각하기 시작합니다.

─────── "우리가 바로 베드로의 정통 후계자다!"

베드로라는 인물을 지속해 강조하면서 로마 주교(총대주교)라는 자리를 성역화하고 기독교인들 사이에서 위대한 존재로 인식하게끔 만들어 갔죠. 그 전략은 아주 성공적이었습니다. 콘스탄티노플, 안티오키아, 예루살렘, 알렉산드리아의 주교들과 함께 동등한 기독교 지도자였던 로마 총대주교는, 기독교인들 사이에서 베드로의 정통 후계자이자 기독교의 주교들 중 가장 높은 지위인 것처럼 인식되어 갑니다. 많은 기독교인의 칭송을 받는 존재이다 보니 다른 지역 주교들이 감히 로마 주교보다 우위에 서려는 생각을 하지 못했죠. 그렇게 기독교의 지도자였던 다섯 총대주교 중 로마 총대주교가 가장 강력한 총대주교가 되면서 실제로 한국에서 번역된 종교계의 황제, '교황'과 같은 존재가 되어 갑니다. 물론 효기심은 현재 온 세상의 평화를 위해 부단히 노력하시는 교황의 모습을 존경해야 한다고 생각합니다. 하지만 교황의 위상이란 게 역사적 과정에서 인위적으로 형성된 점이 있다는 것은 부정할 수 없는 사실이죠.

한편 헷갈리는 단어가 또 하나 있습니다. 바로 **가톨릭**이죠. 현재 한국뿐 아니라 대부분의 국가에서 가톨릭^Catholic이라고 하면 로마 교황이 다스리는 '천주교'를 떠올립니다. 하지만 과거에는 모든 기독교를 가톨릭이라고 불렀죠. 가톨릭이라는 단어는 고대 그리스어 Katholikos에서 나온 말입니다.

─── '만인에게 너무나 당연하고 보편적인 진리'

가톨릭이란 단어는 '만인에게 너무나 당연하고 보편적인 진리'를 의미합니다. 테오도시우스 황제가 기독교를 국교화하면서 기독교를 당연하고 보편적인 진리라며 가톨릭^Catholic이라고 명명했던 거죠. 게다가 당시에는 현재처럼 기독교가 정교회, 개신교, 가톨릭으로 갈라진 형태도 아니었으니, 단순하게 기독교라는 종교의 명칭 자체가 가톨릭^Catholic으로 바뀌었을 뿐이라고 생각하시면 되겠습니다. 그런데 이후 기독교가 갈라지게 되면서 일이 상당히 복잡해집니다.

로마 교황 vs 동로마제국 황제

우리는 중학생 때 1054년 동서 교회 대분열East-West Schism이라는 사건을 배운 적이 있습니다. 하나였던 기독교가 로마 가톨릭, 정교회로 나뉜 사건이죠. 사실 현재의 정교회도 가톨릭입니다. 현재의 로마 가톨릭과 구분 짓기 위해 동방정교회Eastern Orthodox Church라고 부르고 있지만, 실제 사용되는 풀네임은 동방정통가톨릭교회Eastern Orthodox Catholic Church죠. 앞서 말한 것처럼 원래는 기독교 그 자체였던 '가톨릭' 로마 교황에 의해 장악

2022년 기준 콘스탄티노플 세계 총대주교인 바르톨로메오 1세Bartholomew I의 모습

되자, 동쪽 지역 주교들은 자신들이 원조라며 '정통'이라는 말을 붙였던 겁니다. 나아가 콘스탄티노플의 총대주교를 '콘스탄티노플 세계총대주교Ecumenical Patriarch of Constantinople'로 추대했죠.❶ 그러다가 11세기에 완전히 갈라져서 서쪽은 로마의 교황, 동쪽은 세계총대주교 및 다른 기독교 주교들의 세력으로 나뉘게 된 것이죠. 현재 한국에서 천주교로 불리는 가톨릭은 이때 등장했다고 볼 수 있습니다. 이와 같이 기독교가 전격적으로 둘로 갈라진 건 로마 교황과 다른 총

> ❶
> 2022년 기준 콘스탄티노플 세계 총대주교는 바르톨로메오 1세이다.

대주교들 사이에 수백 년간 쌓여 온 갈등, 그리고 동로마제국 황제의 정치 공학적 계산 때문이었습니다.

로마제국은 서로마제국과 동로마제국으로 갈라져 있었습니다. 기독교 국교화를 한 로마제국의 테오도시우스 황제는 죽기 전 자신의 자식들에게 로마제국 영토를 분할 상속합니다. 그의 사망 후 395년부터 로마는 서로마제국과 동로마제국으로 아예 갈라지게 되죠.❶

당시에는 기독교가 아직 가톨릭과 정교회로 갈라지기 전이었습니다. 그러나 로마 교황과 다른 주교들 간의 세력 대결이 한창이었죠.

이때 동로마제국은 독자적으로 기독교 주교들을 불러 모아 451년에 칼케돈 공의회Council of Chalcedon를 개최합니다. 이 자리에서 동로마제국은 자신의 영토에 포함되어 있던 콘스탄티노플 총대주교가 로마 총대주교의 다음가는 권위를 가진다는 것을 '자기들끼리만' 재확인하죠.

───── "로마 총대주교(교황)가 짱인 건 알겠는데 그다음은 콘스탄티노플 총대주교야!"

실제 기독교인들 사이에서 가장 높은 권위를 갖는 주교는 로마 교황이었습니다. 그래서 동로마제국 황제도 함부로 교황의 권위를 끌

칼케돈 공의회를 그린 그림.
바실리 수리코프^{Vasily Surikov}, 1876. 451년 동로마제국 황제 마르키아누스^{Marcianus}에 의해 칼케돈 공의회가 개최됐다. 520명의 주교가 참석했다고 전해진다.

어내릴 수는 없었죠. 그래서 2인자 자리라도 차지하겠다고 일단은 선포한 겁니다. 그런데 로마 교황은 2인자라는 존재가 있는 것 자체를 상당히 거북해 합니다.

───── "어차피 기독교에서 최고 권위를 가진 주교는 로마 교황인데, 왜 그 다음가는 자리를 정하냐?"

로마 교황은 모든 기독교의 주교들이 베드로의 정통 후계자 로마 교황의 권한 아래에 있다는 것을 재차 강조했습니다. 내가 1인자인 건 당연하고, 2인자라는 존재에 대해서는 논할 필요조차 없다고 얘기한 거죠.

그런데 기독교의 1인자를 자부하던 로마 교황의 생명은 점차 위태위태해졌습니다. 이민족 '훈족Huns'이 동유럽으로 쳐들어왔기 때문이죠. 당시 훈족의 침략을 피해 기존 동유럽에 살고 있던 게르만족은 살아남기 위해 서로마제국이 있던 곳까지 도망쳐 내려오기 시작합니다. 문제는 그냥 도망쳐 내려온 것이 아니라 서로마제국을 박살 내며 내려오기 시작했다는 거죠.

게르만족의 등장, 서로마제국의 멸망

게르만족의 침략으로 476년 서로마제국은 멸망하게 됩니다. 서로마제국을 등에 업고 권위를 유지해 오던 교황은 게르만족이 앞으로 자신의 목숨을 어떻게 처리할지 몰라 불안에 밤잠을 설쳤을지도 모르겠습니다. 게르만족 중에는 아직 기독교를 믿지 않는 자들이 많았고, 그나마 기독교를 믿는 게르만족은 당시 기독교에서 이단으로 규정한 '아리우스주의'를 신봉했던 것으로 알려져 있습니다. 동로마제국은 이런 모든 상황을 정치적으로 이용하기 시작했죠.

─── '이번 기회에 로마 교황 좀 길들여 봐야겠다!'

서로마제국이 멸망한 후 동로마제국의 유스티누스 1세Iustinus

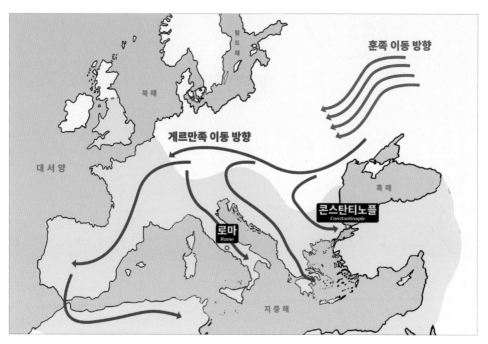

게르만족의 이동도

I(재위 518~527)는 523년 동로마제국의 아리우스파들을 때려잡기 시
작합니다. 앞 장에서 말씀드렸듯 아리우스파는 이미 제1차 니케아 공
의회에서 이단으로 낙인찍힌 집단이었으니 말이죠. 유스티누스 1세
의 행동은 역사에서 흔히 볼 수 있는 이단 척결 운동일 수도 있겠지
만 여기에도 정치적 계산이 있었던 것으로 추정됩니다. 당시 서로마
제국을 박살 낸 동고트왕국Ostrogothic Kingdom의 왕 테오도리크Theodoric
the Great(재위 493~526)가 아리우스파를 믿고 있었으니 말이죠. 동로
마제국 유스티누스 1세의 아리우스파 척결 소식은 유럽 전역으로 전
해집니다. 이는 아리우스파를 믿고 있던 동고트왕국과의 전쟁이 임

동고트왕국의 최대 영토

박했음을 의미했죠. 동고트의 왕은 동로마제국과의 전쟁을 막기 위해 자신들의 영토에 속해 있던 로마의 교황 요한 1세^{Joannes I}(재위 523~526)를 동로마제국에 사절로 보냅니다.

유스티누스 1세는 요한 1세를 아주 극진히 맞이했습니다. 파티에서 콘스탄티노플 총대주교보다 더 높은 자리에 앉게 하며 선물까지 줬죠. 심지어 자신의 대관식까지 부탁합니다. 유스티누스 1세는 이미 콘스탄티노플 총대주교에게 대관식을 받은 지 오래였습니다. 그런데 그보다 더 높은 권위를 가진 로마 교황을 인정해 주기 위해 또 대관식을 받은 거죠.

유스티누스 1세가 교황 앞에서 한 수 접는 듯한 모습을 보인 것도 정치적 술수였던 걸로 추정되고 있습니다. 자신이 교황과 친해짐으로써 서로마 지역을 장악하고 있던 동고트왕국 내에 친동로마제국 세력을 만들려고 했던 거죠. 실제로 이후 동고트왕국의 테오도리크 왕은 교황이 동로마제국의 프락치질이나 했다며 감옥에 가둬 버립니다. 그리고 교황 요한 1세는 그대로 요단강을 건너 버리죠. 동고트의 왕 테오도리크는 선 넘는 짓을 한 것이었습니다. 동고트왕국의 영토는 대부분 이전 기독교인이 많이 살던 서로마제국 지역이었습니다. 그런데 순식간에 무고한 교황을 죽인 인간이 되어 기독교인들의 민심을 잃어버린 거죠. 이렇게 교황이라는 존재의 중요성을 알게 된 동고트왕국은 어떻게든 자신들의 입맛에 맞는 교황을 앉히려고 시도합니다. 어쩌다 보니 교황은 동로마제국과 동고트왕국 양쪽에서 러브콜을 받는 상황이 되어 버렸죠.

동고트왕국과 동로마제국 모두 교황과 친해지려는 것이 정치적인 이유에서라는 것을 교황은 잘 알고 있었습니다. 때문에 교황은 자신의 권위를 지켜 주고 동시에 안전을 보장해 줄 세력을 하루빨리 찾아야 했죠. 원래부터 몸담고 있던 로마제국의 정통성만 생각해 보면, 갈등이 다소 있어도 동로마제국과 손을 잡는 그림도 꽤 괜찮았습니다. 그러나 동로마제국이 교황의 지위를 계속 유지시켜 줄 생각이 없었으니 동고트왕국과 함께하는 것도 생각해 볼 만했죠. 그런데 다행인지 아닌지, 526년에 동고트왕국의 왕이었던 테오도리크가 사망하면서 동고트왕국은 왕위 후계자 문제로 분열되었고, 그 틈을 타 동로마제국은 535년 동고트왕국을 침략합니다. 이후 동고트왕국은 553년 멸망하게 되죠. 교황이 동로마제국 황제와 손을 잡지 않는다면 앞으로 무슨 일을 당할지 모르는 일이었습니다. 교황은 어쩔 수 없이 동로마제국 황제와 손을 잡게 되죠.

그런데 553년부터 유스티누스 1세는 갑자기 로마 교황을 차갑게 대하기 시작합니다. 더 이상 교황의 뒤를 봐줄 세력이 없다는 것을 잘 알고 있었던 동로마제국 황제는 로마 교황 선출 과정에 적극적으로 개입하기 시작합니다. 교황 즉위에는 동로마제국 황제의 승인이 필요하게 되었고, 동로마제국 황제의 입맛에 맞는 교황이 앉혀지게 되었죠. 이런 현실을 교황이 그냥 받아들일 리 없었습니다. 아마 당시 교황은 속으로 이런 생각을 했을지도 모르겠습니다.

───── '언젠가는 동로마제국이 아닌 다른 세력과 손을 잡고 나의 영향력을 되찾아 내겠어!'

🗨 교황의 줄 갈아타기

교황은 동로마제국의 간섭에서 벗어나기 위해 새로운 세력과 손을 잡아야 했습니다. 당시 교황 눈에 들어온 휘황찬란한 국가가 있었습니다. 바로 481년에 탄생해 843년까지 존속한 프랑크왕국Kingdom of the Franks이었죠. 프랑크왕국은 지금의 프랑스, 이탈리아 중부와 북

814년 프랑크왕국의 영토

부, 현재의 독일과 동유럽까지 아우르는 엄청난 영토를 가진 국가였습니다. 이처럼 큰 영토를 만들 수 있었던 비결이 여러 가지가 있었겠지만 그중 하나가 기독교라는 종교였죠. 당시 프랑크왕국의 영토가 확장될 시기 유럽에는 그들과 대결할 만한 세력이 없었습니다. 프랑크왕국은 민심만 잃지 않는다면 강력한 국가로 번성해 갈 수 있는 유리한 상황에 놓여 있었죠. 프랑크왕국은 자신들이 점령해 가던 서유럽과 남유럽에 기독교인들이 많이 분포되어 있는 점에 주목했습니다.

기독교인들을 프랑크왕국의 국민으로 포섭하기 위해 국가 차원에서 기독교를 수용하였죠. 그런데 동로마제국의 상황은 프랑크왕국과는 완전히 달랐습니다.

동로마제국은 아래로부터 중동 아랍의 이슬람 세력이 올라오고 있었고, 옆으로는 앞서 설명한 프랑크왕국이 생겨나 샌드위치 상태였죠. 게다가 695년부터 717년까지 23년간 동로마제국 황제가 6명이나 뒤바뀌면서 '20년의 무정부 상태Twenty Years' Anarchy'라고도 불리는 정치적 혼란기가 시작됩니다. 너무나 혼란스러웠죠.

그런데 717년에 동로마제국의 황제가 된 레오 3세Leo III the Isaurian(재위 717~741)가 730년부터 기독교의 모든 우상 숭배를 금지하라는 '성상 파괴 운동Iconoclasm'을 오더 내리고 있었습니다. 로마제국 역사 동안 예수 그리스도의 형상은 그림과 조각들로 널리 퍼지고

9세기 제작된 것으로 추정되는 《클루도프의 시편Chludov Psalter》에 나오는 동로마제국의 성상 파괴 운동

있었습니다. 레오 3세는 그림과 조각들에 담겨 있는 예수 그리스도의 모습, 즉 '성상'들을 모두 파괴하라는 명령을 내린 거죠. 당시 레오 3세가 왜 예수 그리스도의 그림과 조각들을 파괴하라고 지시했는지는 아직까지도 불분명하며 학자들도 추정할 수밖에 없습니다. 기독교뿐 아니라

다양한 종교들이 예배 드리는 장소를 웅장하고 아름답게 디자인하고 성상까지 제작하는 이유가 신도들을 휘감을 수 있는 카리스마와 분위기를 만들어 내기 위한 것인데, 일부러 성상을 파괴하라고 지시했다는 것은 상당히 감이 잡히지 않는 행동이었죠.

이와 관련하여 꽤 흥미로운 사실이 있습니다. 당시 예언자 무함마드를 시작으로 중동 아랍에서 번성하고 있던 이슬람교에는 함부로 성상을 그릴 수 없도록 하는 교리가 있었다는 점이죠. 이슬람교의 그림들을 보면 존경받는 예언자 무함마드의 얼굴이 그림에서 아예 흰색으로 칠해져 있는 것을 볼 수 있습니다. 예언자 무함마드는 생전에 우상 숭배를 강력히 금지했고, 무함마드 자신까지도 함부로 숭배하는 것을 금지했기 때문이죠. 때문에 동로마제국의 레오 3세가 당시 이슬람교의 영향을 받아 성상 파괴를 지시했을 가능성도 존재합니다. 이슬람교는 단순히 기독교와 '다른 종교'가 아니었습니다. 동로마제국의 입장에서 이슬람교는 국민들의 마음을 빼앗아 갈 정치적 경쟁자, 침

오스만제국 시기 예언자 무함마드의 일대기를 서사시로 쓴 《예언자 전기(Siyer-i Nebi)》에 나온 무함마드. 얼굴이 흰색으로 묘사되어 있다.

략자였죠. 또 하나는 로마제국의 황제들이 지속적으로 기독교라는 종교의 우두머리 역할을 하려고 시도했다는 점입니다. 실제 레오 3세는 성상 파괴 운동 이후 기독교 교회들의 토지와 재산에 대한 증세를 시도합니다. 그리고 자신을 기독교라는 종교의 지도자로 인식하게 만들려고 시도했죠. 베드로의 정통 후계자 교황도, 기존의 동로마제국 지역 주교들도 아닌 동로마제국의 황제를 기독교라는 종교의 지도자로 만들려 했던 것입니다. 만약 레오 3세가 실제 기독교의 종교 수장이 되었다면, 국민들은 황제=신을 위해, 국가를 위해 높은 사기로 목숨까지 바쳐 이슬람 세력을 상대로 맞서 싸웠을지도 모르겠습니다.

한편 레오 3세의 성상 파괴 운동과 같은 수작질을 상당히 거북하게 보는 국민들도 많았습니다. 인간 따위가 감히 예수 그리스도와 성모 마리아의 얼굴을 깨부수는 것에 대한 죄책감이었죠. 이에 가만히 지켜보고만 있을 로마 교황이 아니었습니다. 731년 11월에 교황은 로마에서 독자적으로 종교 회의를 개최하여, 동로마제국의 황제가 명령한 성상 파괴와 같은 짓을 하는 자는 파문한다고 경고합니다. 파문이란 교리를 어긴 기독교인들을 축출하는 조치인데, 종교가 삶의 전부였던 고대, 중세 시대에 파문은 사회에서 매장당하는 것과 같은 조치였죠.

그러나 동로마제국 황제 레오 3세의 성상 파괴 운동은 종교적 명분이 있었습니다. 《성경》에 등장하는 모세의 십계명도 우상 숭배를 하지 말라고 얘기하고 있으니, 레오 3세에게도 종교적 정당성이 아예 없는 것은 아니었다는 거죠. 이후 로마 교황은 성상 파괴 운동에 대해 전략적인 측면을 주장하기 시작합니다. 기독교를 믿지 않는 이교도들을 기독교로 개종시키려면 성상을 만들어서 보여 주는 것이 효과적이라고 얘기하기 시작했죠. 그리고 다시 한번 강조했습니다.

——— "기독교의 지도자는 베드로의 정통 후계자 로마 교황이다!"
"감히 동로마제국 황제가 기독교의 지도자가 되려 하는가?"

그런데 이 시점에 우리가 잠시 잊고 있던 것이 있군요. 로마 교황은 서로마제국 멸망 이후 낙동강 오리알이 되어 가고 있었다는 것 말이죠. 동로마제국 레오 3세가 성상 파괴 운동을 전개하던 당시 로마 교황이 동로마제국 황제에게 아무리 잔소리하고 난리를 쳐도 동로마제국 황제 레오 3세는 눈 하나 깜짝하지 않았습니다. 어차피 갑은 동로마제국이었기 때문이죠. 교황은 자신의 영향력을 유지시켜 줄 자신의 세력이 절실했습니다. 그런데 이런 로마 교황에게 좋은 소식이 들려옵니다. 서유럽에서 세력을 확장하고 있던 프랑크왕국에서 반란이 일어났고, 이후 피핀 3세Pepin the Short(재위 751~768)라는 사람이 왕이 되었다는 소식이었죠.

프랑스의 위대한 왕으로 그려진 피핀 3세.
루이 펠릭스 아미엘Louis-Félix Amiel, 1837

반란을 통해 왕이 된 피핀 3세는 정당성이 없었습니다. 귀족들과 백성들 사이에서 "피핀 3세를 계속 왕으로 모시는 것이 맞는 거야?"라고 수군거리는 소리가 돌고 있었죠. 정당성이 없었던 피핀 3세는 기존 프랑크왕국의 귀족들과 백성들에게 자신이 정당한 왕이라는 것을 보여 줘야 했습니다. 당시 프랑크왕국에는 기독교인들이 꽤 많이 분포되어 있었는데, 이에 피핀 3세는 기발한 생각을 해 냅니다. 프랑크왕국의 기독교인들에게서 민심을 얻기 위해 피핀 3세는 동로마제국 황제와 게거품 물고 으르렁거리고 있던 로마 교황을 이용하기로 결정했죠. 피핀 3세는 교황에게 자신의 즉위 승인을 요청합니다.

───── 피핀 3세 曰

"나 피핀 3세는 기독교인들이 그렇게 존경하는 로마 교황의 승인을 받은 왕이라니까."

동로마제국에게 팽 당하고 낙동강 오리알 신세가 되어 가던 로마 교황은 지푸라기라도 잡는 심정으로 프랑크왕국 피핀 3세의 즉위를 승인하게 됩니다.

───── 당시 교황 曰

"실력이 있는 자가 왕이 되는 것이 타당하다. 신의 대리자 로마 교황의 이름으로 그대를 프랑크 왕으로 인정하노라."

당시 로마 교황이었던 자카리아Zacharias(재위 741~752)와 프랑크왕국 카롤링거 가문Carolingian Dynasty(또는 카롤루스 왕조)의 왕 피핀 3세를 시작으로 프랑크왕국과 교황의 동업이 시작됩니다. 참고로 우리가 동화나 온라인 게임에서 캐릭터로 꽤 자주 보는 '샤를마뉴Charlemagne(재위 800~814)', 즉 **카롤루스 황제**가 바로 저 피핀 3세의 아들입니다.

교황 자카리아는 더 이상 동로마제국 황제에게 로마 교황 직위를 승인받지 않아도 됐습니다. 이제 동로마제국을 쌩 까고 프랑크왕국과 손을 잡았으니 말이죠.

💬 신성로마제국의 탄생

프랑크왕국의 새로운 왕조와 교황의 동업이 시작되었습니다. 이후 800년 12월 25일, 교황 레오 3세Leo III(재위 795~816)는 당시 프랑크왕국의 카롤루스 황제에게 직접 왕관을 씌워 주는 대관식까지 거행하죠. 그리고 이런 말을 남깁니다.

——— "그는 로마의 왕이다!"

로마의 왕? 도대체 왜 교황은 프랑크왕국의 왕을 두고 생뚱맞게 로마의 왕이라고 얘기한 것일까요?

레오 3세가 카롤루스 황제에게 왕관을 씌워 주는 그림.
프리드리히 카울바하Friedrich Kaulbach, 1861

로마는 단순히 땅 덩어리만 넓은 고대 국가가 아니었습니다. 전 유럽의 정치체제, 종교, 철학, 문화에 지대한 영향을 끼친 국가였죠. 서로마제국이 476년에 비록 멸망했지만, 그 역사가 길었던 만큼 프랑크왕국에는 로마제국의 후예라는 정체성을 잃지 않고 살아가던 사람들이 많았습니다. 게다가 정통 로마 후계자는 당시 교황과 으르렁대던 동로마제국만 남아 있었죠. 그런데 로마제국의 명맥을 잇는 동로마제국은 당시 교황과 으르렁대고 있었고, 이런 상황에서 교황이 프랑크왕국이야말로 위대한 로마의 정통 후계자라고 선언해 준 것입니다. 이로 인해 많은 로마의 후예들과 로마를 위대한 국가로 평가하던 사람들의 머릿속에서 프랑크왕국은 엄청난 국가로 인식되게 되었죠.

그런데 당시 교황이 카롤루스 황제의 머리에 왕관을 씌워 준 저 대관식은 동로마제국 입장에서 상당히 거슬리는 의미를 담고 있었습니다.

───── 교황 + 카롤루스 황제 曰

"동로마제국은 과거 로마제국의 정통 후계자가 아니다! 신의 대리자인 교황이 직접 왕관을 씌워 준 카롤루스 황제가 로마 황제의 정통 후계자다!"

프랑크왕국의 카롤루스 황제를 시작으로 프랑크왕국의 국민들은 새로운 로마의 탄생, 신성한 로마의 탄생에 환호했고, 기원후 800년을 시작으로 재창조된 로마의 이름이 바로 신성로마제국Holy Roman Empire입니다.

그런데 신성로마제국이라는 위대한 이름을 만들어 낸 프랑크왕국은 카롤루스 황제의 사망(814년) 이후 내전에 휘말리게 됩니다. 결국 843년에 프랑크왕국은 서프랑크, 중프랑크, 동프랑크로 갈라져 버리죠.

로마 교황은 프랑크왕국의 분열을 전혀 원치 않았습니다. 교황의 뒤를 봐주던 국가가 분열되는 것이었으니 말이죠. 당시 교황은 프랑

1898년에 그려진 과거 프랑크왕국의 분열 양상.
《비달 라블라쉬의 역사 지리 지도 책Histoire Et Géographie·Atlas Général Vidal-Lablache》, 아르망 콜린
도서관, 파리, 1898

크왕국의 분열을 막기 위해 직접 중재에 나서기도 했습니다. 하지만
별 성과를 거두지 못했죠.

교황의 우려대로 프랑크왕국이 분열되면서 교황의 권위도 흔들
리기 시작합니다. 간간히 이어지던 신성로마제국의 황제 자리도 924
년에 베렝가르 1세Berengar I(재위 915~924)가 후세 없이 사망하면서
명맥이 끊기게 되죠. 이렇게 카롤루스 황제부터 시작된 신성로마제국
은 어딘가 나사 빠진 듯한 모습 때문에 신성로마제국으로 인정을 못
받기도 합니다. 때문에 교과서를 비롯한 많은 자료에서 신성로마제국

의 출발점으로 여기는 건 오토 1세^{Otto the Great}(재위 962~973)부터죠.

서, 중, 동으로 갈라진 프랑크왕국은 이후 동프랑크에 의해 점차 합병되어 갑니다. 세력이 커진 동프랑크는 918년부터 독일 왕국 Kingdom of Germany으로 거듭나게 되죠. 독일 왕국의 왕이 바로 오토 1세였습니다. 그는 이탈리아 지역까지 영토를 확장하면서 롬바르디아를 정복했고, 당시에 위세가 대단했던 마자르족^{Magyar Tribes}의 침입까지 막을 정도로 국력을 무럭무럭 잘 키워 나갔죠. 그런데 962년 오토 1세는 남쪽에서 온 긴급한 편지 한 통을 받게 됩니다.

——— 교황 요한 12세 日
　　　"오토 1세야!! 이탈리아 좀
　　　니가 박살 내고 먹어 줘!"

로마 교황이었던 요한 12세^{Joannes XII}(재위 955~964)가 오토 1세에게 이탈리아 전역을 정복해 달라는 부탁을 했던 겁니다.

9세기 무렵부터 교황이 있던 로마는 안팎으로 상당히 위태롭고 혼란스러운 상황이었습니다. 이슬람 세력이 잠시 로마 지역을 장악했던 시기도 있었고(846년에 이슬람 세력이 성베드로대성

판화에서 묘사된 요한 12세.
조반니 바티스타 데카발리에리^{Giovanni Battista de'Cavalieri}, 16세기

당을 약탈하기도 했습니다) 이탈리아 지역의 귀족들이 교황을 위협하는 일도 있었죠. 실제로 귀족들의 정치질 때문에 감옥에 투옥되는 교황들도 있었고, 역사상 최초로 교황이 암살당하는 일이 벌어지기도 했습니다. 심지어 서거한 전직 교황의 관을 뜯어서 그 시체를 법정 피고 인석에 앉히는 기상천외한 일도 있었습니다.

9세기 말에 이탈리아를 지배하고 있던 구이도 3세Guido III(재위 889~894)와 그의 아들 람베르토Lamberto(재위 891~898)는 이제 막 교황이 된 포르모소Formosus(재위 891~896)를 압박해서 아빠와 아들 자신들을 모두 신성로마제국 황제로 임명하도록 합니다. 즉 당시 신성로마제국이라는 이름은 프랑크왕국이 이름을 바꾼 것이라기보다 여러 국가의 왕들이 탐내던 '칭호' 같은 것이었다고 생각하시면 좋을 것 같습니다. 협박을 당해 구이도 3세와 람베르토를 신성로마제국 황제로 임명해 준 교황 포르모소는 얼마 후 동프랑크의 왕 아르눌프Arnulf(재위 887~899)를 새로운 신성로마제국 황제로 임명하고 이탈리아의 구이도 3세와 람베르토는 폐위시켜 버립니다.

그런데 안타깝게도 포르모소 교황은 896년에 사망했고, 아르눌프 황제는 뇌출혈과 중풍 때문에 로마를 떠나 본국으로 돌아가 버립니다. 하지만 이탈리아 지역을 장악한 채 교황에게 폐위당했던 람베르토는 아직 살아 있었죠. 사망한 교황 포르모소에 대한 분노가 오지게 차 있던 람베르토는 새로 교황이 된 스테파노 6세Stephanus VI에게 오더를 내립니다.

피고인석에 앉아 있는 교황 포르모소의 시체를 묘사한 그림.

장 폴 로랑 Jean-Paul Laurens, 1870

——— "포르모소 교황 시체를 파내서 피고인석에 앉혀 놔!"

사망한 지 7개월밖에 안 된 포르모소의 시체를 파서 교회 예복을 입힌 뒤 재판장에 세운 겁니다. 스테파노 6세는 교황의 시체를 심문해서 유죄 판결을 내리고, 포르모소가 생전에 교황으로서 행했던 모든 것이 무효라고 선언합니다.

9세기와 10세기 이탈리아는 동물의 왕국이라고 표현해도 과언이 아니었습니다. 귀족 가문들의 정치 싸움은 당연했고, 교황이란 자리도 왕이 자기 맘대로 앉혔다가 내려오게 했으니 말이죠. 사실 이 정도로 피곤하면 로마가 아닌 다른 곳으로 교황이 이사를 가면 될 일이었습니다. 그러나 1대 로마 주교였던 베드로의 정통 후계자라는 상징성 때문에라도 교황은 함부로 로마를 떠날 수 없었죠. 그것은 955년에 교황이 된 요한 12세도 마찬가지였을 겁니다.

요한 12세는 당시 로마 전역을 지배했던 알베리크 2세 Alberic II (재위 932~954)의 아들이었습니다. 알베리크 2세는 신앙심도 별로 없던 아들을 낙하산 교황으로 꽂아 놨던 거죠. 그런데 알베리크 2세가 사망하자 교황 요한 12세는 수많은 정적들의 타깃이 되어 버립니다. 아버지가 싸 놓은 똥이 아들에게 날아오게 된 것이죠. 아빠 찬스로 교황이 된 요한 12세는 껍데기만 교황이었을 뿐 제대로 된 권위도 권력도 없었습니다. 로마 귀족들에게 쥐락펴락 당할 뿐이었죠. 그렇다 보니 요한 12세는 더더욱 로마가 아닌 다른 곳에서 자신을 지켜 줄 보호자를 찾아야 했습니다. 요한 12세는 독일 왕국의 오토 1세에게 연락해서 이탈리아 모든 지역을 '제발 점령해 달라'고 얘기하게 되죠.

실제로 독일 왕국의 오토 1세는 이탈리아 전 지역을 장악하는 데 성공합니다. 교황의 부름에 부응해 이탈리아를 정복한 오토 1세. 그는 처음부터 이런 생각을 갖고 있었습니다.

───── '교황을 이용해서 기독교인들의 민심을 얻어 내야겠다.'

오토 1세는 동프랑크에서 시작된 독일 왕국을 부흥시키고 안정화시켰지만 각 지역을 쥐락펴락할 정도의 영향력을 갖고 있지는 못했습니다. 게다가 당시에는 각 지역 기독교 주교들이 다들 로마 교황을 롤 모델로 삼아 자기들만의 세력을 만들기 위해 설치고 다니던 시기라 중앙집권이 더더욱 쉽지 않았습니다. (로마 교황의 권위가 내려갈수록 각 지역 주교들은 체계가 없어졌습니다) 왕이 세력을 키워도 많은 국민들은 자신들이 사는 지역의 기독교 주교의 말 한마디에 휘둘렸습니다. 오토 1세는 자신의 독자적인 권력 체제 구축을 위해서라도 교황의 권위를 높여 주고 동시에 교황과 친해져야 했습니다. 교황 요한 12세의 요청에 의해 이탈리아를 대부분 점령한 오토 1세는 점령 직후 교황에게 대관식을 요구합니다. 바람 앞의 등불 같은 상황이었던 요한 12세는 바로 대관식 요청을 수락합니다. 800년 교황에게 대관식을 받았던 카롤루스 황제 이후 얼마 지나지 않아 명맥이 끊겼던 신성로마제국은 오토 1세를 필두로 다시 역사가 시작됩니다. 역사 교과서에 있는 962년 신성로마제국의 시작이 바로 오토 1세의 대관식이죠. 그러나 황제와

프랑스 스트라스부르 대성당에 있는 오토 1세의 스테인드글라스.
12세기

교황의 동업으로 재탄생한 신성로마제국에서는 황제와 교황의 트러블이 예정되어 있었습니다.

───── '함부로 동업하는 것 아니다.'

동업을 하다 보면 서로 트러블이 생겨서 소송까지 하는 경우도 종종 있으니, 옛 어른들께서 이런 조언을 해 주신 것 틀린 말 하나 없습니다.

황제와 교황의 동업으로 시작된 신성로마제국의 정치는 자승자박自繩自縛(자신이 한 행동 때문에 자기가 꼼짝 못하게 됨) 그 자체였습니다. 황제는 종교적인 신성함을 부여받기 위해 교황이란 존재가 필요했습니다. 이를 위해 교황을 신의 대리자라는 위대한 사람으로 만들어 줘야 했죠. 교황 또한 자신의 영향력을 확대하기 위해서는 우선 신성로마제국의 황제가 위대한 황제로 칭송받게 해야 했습니다.

그런데 역설적이게도 이런 관계는 서로가 서로를 견제할 수밖에 없게 만들었습니다. 황제의 권력이 강화될수록 교황의 권력은 약화되어 갔고, 반대로 교황의 권력이 강화될 경우 황제의 권력이 약화되었습니다. 어찌 보면 둘은 서로 견제와 균형(?)을 맞추는 것처럼 보이기도 했죠. 그 좋은 예가 1077년에 있었던 카노사의 굴욕Road to Canossa입니다. 신성로마제국의 황제 하인리히 4세Heinrich IV(재위 1084~1105)는 자신을 파문한 교황 그레고리우스 7세Gregorius VII(재위 1073~1085)를 만나기 위해 이탈리아 북부 카노사 성으로 가 손발이 닳도록 싹싹

빌었습니다.

그레고리우스 7세는 로마 교황의 권력을 공고히 하고 권위를 분명하게 확립하기 위한 작업에 들어갑니다. 제일 큰 목표는 성직 서임권, 즉 주교 임명권이었죠. 지금도 승진을 위해 인사권을 쥔 사람 주변에서 비위를 맞추고 일을 꾸미는 사람들을 흔히 볼 수 있습니다. 권력을 위해 종교가 중요했던 중세 시대에는 가톨릭 주교를 임명할 수 있는 임명권이 엄청난 권력이었죠. 그런데 중세 시대 초기에 주교 임명권을 갖고 있던 건 신성로마제국의 황제였습니다. 각 지역에 황제의 입맛에 맞는 주교들을 뿌려 놓고 토지까지 주면서 주교들과 짝짜꿍하여 지역 주민들이 황제를 존경하고 국가에 충성할 수 있도록 선동했죠. 이런 경향은 샤를마뉴 카롤루스 황제가 죽은 뒤부터 특히 심해졌습니다. 오토 1세는 아예 토지뿐만 아니라 재판권, 조세권, 주화권 같은 특권까지 주교들한테 줬고, 대신 황제에게 순응하도록 했죠.

교황 그레고리우스 7세를 포함한 교황들은 주교 임명권이 황제가 아니라 교황에게 있어야 하는 권력이라고 생각했습니다. 황제에 의해 임명된 주교들은 성직자임에도 교회 규칙도 지키지 않았고, 성직자 일은 내팽개친 채 땅, 돈, 여자에만 빠지는 경우가 태반이었습니다. 더 큰 문제는 이렇게 황제가 뽑은 성직자들은 교황이 아니라 황제에게 충성하고 있었다는 거죠. 교황은 황제에 의해 임명된 성직자들이 종교적 삶을 살지 않는다고 지적하고 신의 대리자인 교황이 성직자들을 임명해야 한다고 주장했죠.

이미 교황 그레고리우스 7세 이전부터 교황들은 성직자 임명권을 두고 칼을 갈고 있었습니다. 드디어 그레고리우스 7세가 칼을 뽑아 들었죠. 사실 성직자 임명권이 교황에게 온다 한들 중세 초기 성직자들이 모두 신실하게 종교적 삶을 사는 것도 아니었습니다. 그래서 그레고리우스 7세는 성직자 임명권이 교황에게 있어야 한다면서 갑자기 성직자들의 행동 규칙을 반포하죠.

────── 1. 로마 교회는 오직 하나님에 의해 세워졌다.

2. 로마 교황만이 홀로 교황이며 보편적이라고 불릴 수 있다.

3. 교황만이 주교들을 파면하고 복직시킬 수 있다.

       ...

12. 교황은 황제들을 처벌할 수 있다.

       ...

19. 교황 자신은 누구에 의해서도 재판받지 않는다.

       ...

22. 로마 교회는 한 번도 오류에 떨어진 적이 없었고, 《성경》 증언에 따라 영원히 결코 오류에 떨어지지 않을 것이다.

성직자는 독신으로 살아야 하고 금품을 받는 것을 일체 금지시킨다는 발표를 합니다. 그리고 황제나 왕이 성직자를 임명할 수 없다는 칙령도 반포하죠. 현재 가톨릭 성직자들이 본격적으로 결혼을 하지 않게 된 건 저 그레고리우스 7세 때부터였습니다.❶

교황 그레고리우스 7세의 칙령은 당연히 엄청난 반발을 불러일으켰습니다. 특히 독일 지역에서는 고위 주교들은 물론이고 하급 성직자들까지 바닥에 드러눕기 시작합니다. 교황 반대파들은 1075년 크리스마스 이브 미사에 쳐들어와 말

❶ 물론 그 이전에도 기독교 성직자의 금욕에 대한 중요성이 없었던 것은 아니다. 그러나 결혼에 대해 대놓고 만방에 공포한 것은 그가 최초였다.

그대로 교황의 머리채를 잡고 끌고 나와 감옥에 가둬 버렸는데, 다행히 교황을 지지하던 세력이 교황을 풀어 줬다는 이야기도 전해지고 있죠.

당시 성직자의 임명권이 황제에게 있는가 교황에게 있는가를 두고 신성로마제국의 황제 하인리히 4세와 교황 그레고리우스 7세가 충돌한 것은 당연한 일이었습니다. 교황이 뜻을 굽히지 않자 하인리히 4세는 독일 주교들만 모아 놓고 그들끼리 교황을 폐위한다는 칙령을 발표해 버립니다. 이에 질세라 그레고리우스 7세도 하인리히 4세 황제를 파문시켜 버리죠.

여기서 교황이 황제를 파문, 폐위시켰어도 그냥 무시하고 황제직을 계속 유지하면 되는 것 아니냐고 생각하는 분들도 계실 겁니다. 하지만 당시 로마 가톨릭을 믿던 기독교인들에게 교황의 말 한마디는 엄청난 영향력을 지녔습니다. 교황이 특정 국가의 왕을 공격하라고 하면 실제로 국민들이 신을 위해 목숨을 걸고 왕을 공격하는 일까지 벌어질 수 있었죠. 게다가 교황의 파문은 평소 황제에게 불만을 갖고 있던 세력들에게는 반란을 일으킬 좋은 명분이 되었습니다. 신의

대리자인 교황께서 황제를 폐위하라고 명령하셨다면서 말이죠. 실제로 독일의 제후들은 하인리히 4세를 압박합니다.

─────── "황제야, 교황과 화해하지 않으면 새로운 왕을 선출할 수밖에 없다. 1년 줄 테니, 화해해."[1]

하인리히 4세는 발등에 불똥이 떨어졌습니다. 이미 제후들은 교황의 말을 명분으로 1년 후 반란을 일으키겠다고 대놓고 얘기하고 있었습니다. 황제의 권위가 더 낮아지기 전에 하루라도 빨리 교황에게 용서를 구해야 했죠. 그렇게 하인리히 4세는 이탈리아 북부 카노사 성에 머물고 있던 교황을 찾아가 신발까지 벗고 손발이 닳도록 참회했다고 전해집니다.

이처럼 유럽 역사에서 교황과 신성로마제국의 황제는 서로 필요에 의해 '종교를 이용한 동업'을 시작했고, 서로를 치켜세워 주기도 했지만 한편으로 자신의 권력을 위해 갈등을 빚기도 했습니다.

***

이렇게 탄생한 신성로마제국의 국민들은 실체 없는 '신성한 황제'와 교황을 바라보며 살아가게 됩니다. 황제와 교황에게 감쪽같이 속은 그들을 보며 어떤 사람들은 이렇게 비하하기도 하죠.

1851년에 그려진 카노사의 굴욕. 그레고리우스 7세가 접견을 거부하자 맨발로 성 밖에 서 있는 하인리히 4세가 묘사되어 있다. 에두아르트 슈보이저Eduard Schwoiser, 1851

───── 2023년 사람 曰

"진짜 미개했구나. 한심하네."

효기심이 한창 유튜브 활동을 하던 시절, 역사 영상에 자주 보이던 댓글입니다. 과거 사람들이 황제와 교황의 터무니없는 말에 바보같이 속았다는 의미이죠. 현재 대한민국에는 젊은 세대 사이에서 전세계 유례 없는 여혐과 남혐이 퍼지고 있습니다. 2019년 대만 여행에서 만난 친구 페이에게 한국의 여혐, 남혐 얘기를 들려줬을 때 그의 놀라던 표정이 떠오르는군요. 아마도 여혐과 남혐은 앞으로 대한민국 정치인들에게 아주 좋은 먹잇감이 될 겁니다. 그리고 500년 후 우리의 후손들은 이렇게 얘기하겠죠.

———— 2523년 사람 曰
"2023년 사람들은 진짜 미개했구나. 한심하네."

제 3 장

교황은 잔소리가 너무 심해

개신교의 전 세계적 확산

여러분들은 '기독교'라고 하면 어떤 이미지가 떠오르시나요? 빨간 십자가가 달려 있는 교회? 길거리 전도? 크리스마스? 예상컨대, 보통 여러분들이 떠올리시는 이미지들은 기독교 중에서도 '개신교'의 이미지일 겁니다. 아무래도 한국 기독교 신자들 중에서는 가톨릭(천주교)보다는 개신교를 믿는 분들이 많으니 말이죠. 어쩌면 이것 때문에 앞서 1장과 2장에서 설명드렸던 기독교 역사가 상당히 낯설 게 느껴지셨을지도 모르겠습니다. 현재 한국인들이 생각하는 기독교, 즉 개신교 와는 너무 이미지가 다르니까 말이죠.

유럽 역사에서는 교황이라는 사람이 정치와 외교에 꽤 중요한 역할을 했습니다. 교황과 교황청은 지금도 전 세계 가톨릭의 중심이죠. 하지만 개신교에는 중심이 없습니다. 가톨릭과 개신교는 분명 둘 다 기독교인데 어쩌다 갈라져서 이렇게 다른 종교가 된 걸까요?

이걸 알기 위해서는 일단 중세로 거슬러 올라가야 합니다. 교황과 가톨릭의 권위 가 막강했던 시절 말이죠. 고인 물이 썩어가듯 교황청도 부패하게 됩니다. 이걸 잘 보여주는 사례가 바로 면죄부 판매죠. 죄를 씻어서 구원받고 싶으면 돈을 내 라며 장사를 한 거죠. 무려 교황청이 말입니다.

이런 교황청의 모습을 보고 화가 나서 가톨릭이 썩어 빠졌다며 토 다는 사람들이 등장하기 시작했습니다. 대표적인 인물이 '마르틴 루터Martin Luther'죠. 교황청은 자신들에게 반발하는 자들을 이교도라고 낙인찍고 처형해 버리기도 했습니다.

하지만 이 방법이 계속 먹히진 않았죠. 교황청에 불만을 가졌던 건 교수나 신학 자만이 아니었던 겁니다. 권력을 가진 왕과 영주들이 마르틴 루터를 지지하고 보 호해 주는 것으로도 모자라 교황청을 욕하며 들고 일어나기 시작했습니다.

그런데 좀 이상합니다. 유럽의 왕과 영주들은 교황청과 동업 관계에 있던 사람들 아니었나요? 교황청이 타락해 갈 때 가만히 있던 권력자들이 왜 마르틴 루터가 등장하자 갑자기 교황청으로부터 등을 돌린 걸까요?

종교개혁의 실체

– 가톨릭을 버리고 개신교를 선택한 유럽인들

해방 직후 대한민국 국민의 0.6%만 믿던 종교가 2015년 국민의 19.7%가 믿는 종교가 되었습니다. 바로 개신교죠. 한국에서는 흔히 교회 다니는 사람을 기독교인이라고 하고 개신교만을 기독교라고 생각하는 경향이 있습니다. 그리고 천주교는 기독교가 아닌 종교라고 인식하기도 하죠. 사실 기독교는 그리스도교를 한자로 음역해서 부르는 것일 뿐입니다. 즉 예수 그리스도를 섬기는 가톨릭(천주교), 정교회, 개신교 등을 모두 기독교로 호칭할 수 있는 거죠.

―――― Christianity = 그리스도교 = 기독교 = 예수 그리스도를 섬

기는 모든 종교

기원후 1517년에 기독교 역사상 큰 사건이었던 종교개혁이 일
어났습니다. 바로 이 종교개혁을 통해 개신교가 탄생한 것이죠. 당
시 독일 비텐베르크대학교의 신학과 교수였던 마르틴 루터
(1483~1546)는 면죄부[1]를 판매하고 비
논리적인 교리를 채택하고 있던 로마 가
톨릭에 대해 〈95개조 반박문Ninety-five
Theses〉을 올립니다. 그런데 당시는 교황
의 위세가 하늘을 찌르던 종교 중심 시대였습니다. 유럽인 대부분은
로마 가톨릭을 믿고 있었고, 수많은 공국과 영주들, 그리고 신성로마

> [1]
> 한국 교과서에서는 '면벌부', 천
> 주교에서는 '대사부'로 부른다.

마르틴 루터의 초상화.
대大 루카스 크라나흐Lucas Cranach the Elder,
1528

1517년 인쇄되어 현재 베를린 주립 도서관에 소
장 중인 마르틴 루터의 〈95개조 반박문〉 사본

제국의 황제까지 교황에게 휘둘리던 시기였죠. 그런데 어떻게 마르틴 루터의 〈95개조 반박문〉만으로 종교개혁이 시작될 수 있었을까요?

성경에 있지 않은 '면죄부'와 '연옥'의 탄생

종교개혁의 시작점이자 마르틴 루터의 〈95개조 반박문〉이 쓰인 1517년 이전부터 로마 가톨릭의 성직자들과 교황청은 권력 남용과 부패 등의 문제를 계속해서 일으키고 있었습니다. 이 책의 1장과 2장에서 보셨다시피 전 유럽은 점차 로마 가톨릭을 중심으로 굴러가게 됩니다. 유럽의 민중들에겐 자신이 사는 국가의 왕보다, 그리고 신성로마제국의 황제보다 교황의 말이 더욱 중요했죠. 당시는 교황의 말에 반박한다는 것은 거의 있을 수 없는 시대였습니다. 신의 대리자였던 교황의 말은 곧 신의 말씀이었고, 그 말씀을 따르지 않는 자는 이단이자 사이비였습니다. 교황의 한마디에 특정 국가의 왕이 이단이 되고, 그 왕을 몰아내기 위한 반란이 일어나기도 했죠.

756년부터는 교황이 직접 관리하고 통치할 수 있는 교황령이란 영토 개념까지 생기기 시작합니다. 8세기경, 이탈리아 반도에서는 동로마제국의 영향력은 약해지고, 롬바르드왕국Kingdom of the Lombards이 여기저기 들쑤시고 다녔습니다. 로마 교황 입장에서는 상당히 위험한 상황이었던 겁니다. 바로 여기서 앞서 2장에서 언급했던 프랑크왕국의 피핀 3세가 등장합니다. 피핀 3세는 자기가 왕이 된 것에 대한 정

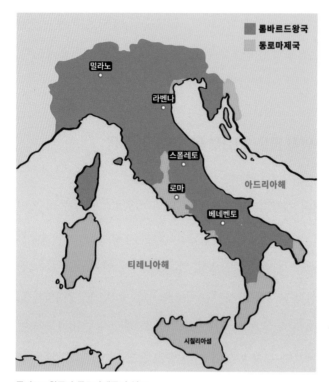

롬바르드왕국
동로마제국

밀라노

라벤나

스폴레토

로마

베네벤토

아드리아해

티레니아해

시칠리아섬

롬바르드왕국과 동로마제국의 영토

당성 확보를 위해 교황의 인증 마크가 필요했죠. 교황은 보디가드가 필요했습니다. 딱 서로가 서로를 필요로 하는 상황이었던 겁니다. 그리하여 피핀 3세는 군사를 이끌고 롬바르드왕국을 물리쳤습니다. 게다가 롬바르드왕국에게서 빼앗은 땅을 로마 교황에게 헌납합니다. 교황의 아래에 들어온 땅, 즉 교황령이 등장하게 된 거죠.

이 무렵부터 너 나 할 것 없이 교황에게 재산을 갖다 바치는 것이 유행하기 시작합니다. 아마도 신의 대리자인 교황에게 재산을 바치고 인정받으면 천국으로 갈 가능성이 커진다고 생각하게 된 거겠죠.

104

특히 가톨릭 신도 비율이 높은 지역의 군주들은 반드시 교황에게 인정받아야만 하는 상황에 놓이게 되었습니다. 이를 위해 피핀 3세처럼 땅을 바치는 자들도 있었죠. 교황에게 땅과 재산을 기부하는 행위가 매우 신성하며 신을 위하는 당연한 일이 되어 갈수록 교황에게 잘 보이기 위해 사바사바하는 왕과 영주도 점차 늘어날 수밖에 없었습니다. 물론, 교황은 사람들이 왜 자신에게 땅과 재산을 바치는지 잘 알고 있었을 겁니다.

사실 교황에게 땅을 바쳐야 한다는 교리가 기독교에 존재하지 않는다는 것은 이 책을 보고 계신 독자 분들이 더 잘 아실 겁니다. 신성 로마제국처럼 교황이 황제를 인정해야 한다거나 하는 것들도 말이죠. 이렇게 정치나 종교 모두 시대마다 인간의 요구에 부응해 변해 온 것입니다. 권력자들이 설계해서 변한 것도 있겠지만, 국민들이 천국에 가고 싶어 하니 밑도 끝도 없이 교리가 만들어지기도 했죠.

예컨대 초기 기독교에서 죄를 용서받을 수 있는 행위는 오로지 세례를 받는 것뿐이었습니다. 세례를 받고 예수 그리스도를 열심히 섬겨야 죄 사함을 받을 수 있었죠. 그런데 시간이 지나면서 사람들은 이런 의문이 생기기 시작합니다.

——— "내가 세례를 받고 나서 지은 죄는 어떻게 되는 거죠?! 지옥 가는 건가요!?"

로마 가톨릭은 교인들의 의문을 빨리 잠재워야 했습니다. 로마 가톨릭은 중세 시대에 접어들면서 급작스럽게 세례 외에도 **죄를 씻는 방법**을 만들게 되죠.

───── 1. 스스로 죄를 뉘우치고

2. 지은 죄를 고백하고

3. 신으로부터 용서받고

4. **속죄를 위한 행위를 하라.**

초기 기독교 교리에는 죄를 씻을 수 있는 행위가 따로 존재하지 않았습니다. 그런데 기독교가 로마의 국교가 된 이후 죄를 짓고 나서 적절한 행위를 할 경우 죄가 씻어진다는 교리가 갑작스럽게 튀어나오게 되죠. 사람들은 성직자에게 찾아가 죄를 모두 고백한 후 속죄를 위한 행위를 부여받기 시작합니다. 마치 학교에서 규칙을 어긴 후 봉사 활동을 하는 것처럼 말이죠. 성직자들은 신도들에게 하루에 기도를 몇 번 이상, 금식을 며칠 이상, 성지 순례를 어디부터 어디까지 다녀오라는 식으로 정해 주기 시작합니다. 로마 가톨릭 종교 시대의 유럽인들은 죄를 씻기 위해 무엇이든 하려 했습니다. 이때 등장한 전쟁이 바로 십자군 전쟁입니다.

───── '십자군 전쟁Crusades'

중세 유럽에서 농업이 발달하면서 기하급수적으로 인구가 증가하게 됩니다. 인구가 증가한 만큼 권력자도 증가했고, 권력자의 증가는 쿠데타와 전쟁의 증가를 불러왔죠. 유럽에서 전쟁이 자주 일어난다는 것은 교황에겐 좋지 않은 일이었습니다. 다 같이 예수 그리스도를 섬기는 동시에 교황만을 바라보며 열심히 경제활동을 해서 로마 가톨릭에 돈을 바쳐야 하는데 자기들끼리 싸우고 있으니 말이죠.

말이 철제 쟁기를 끄는 모습.
1000년경부터 철제 쟁기가 퍼졌고 동시에 능선과 고랑을 만들어 수분의 배수가 용이해졌다. 이는 농업의 발달과 인구 증가로 이어졌다.

교황은 급격한 인구 증가세 속에서 태어난 수많은 유럽인들이 자신을 따르길 원했습니다. 그리고 강력한 권위를 갖기를 원했습니다. 그 어떠한 황제도 감히 신의 대리자인 교황에게 대항할 수 없을 정도로 말이죠. 로마 가톨릭 성직자들과 교황은 순진한 민중에게 이교도 이슬람에게 점령당한 예루살렘을 되찾아 오면 구원받을 수 있다면서 십자군 전쟁에 참여하라고 부추기기 시작합니다. 모든 유럽의 눈을 중동 아랍의 이슬람으로 돌리기 위해서 말이죠. 종교 시대였던 유럽에서는 구원받기 위해 목숨까지 불사하는 사람들이 많았습니다. 죄를 지어 사망 후 지옥에 갈 것을 두려워했던 유럽의 민중들은 열정을 갖고 십자군에 참여했죠. 그렇게 1095년부터 1291년까지 로마 가톨릭을 기반으로 한 십자군과 이슬람 세력의 대결이 시작됩니다. 물론 참여했던 영주와 왕들은 대부분 전쟁 승리 후 생길 전리품에 관심이 있었지만 말이죠.

목숨까지 바쳐 십자군에 참여할 정도로 당시 유럽인들은 '**자신이 지은 죄가 모두 사라지는 것**'을 원하고 있었습니다. 그래서 로마 가톨릭에서 원래 존재하지도 않던 종교적 행위들이 생겨나기 시작했던 거죠. 이 대목에서 많은 사람들은 로마 가톨릭 교황을 손가락질하기도 합니다. 물론 중세 로마 가톨릭도 비판받아 마땅하지만, 사실 교황과 성직자들은 가만히 있었습니다. 가만히 있는 성직자들에게 죄를 씻게 해 달라고 요구했던 건 구원받고자 하는 욕심을 가진 '인간'이었죠. 그 인간들의 요구를 기회로 삼아 교황과 성직자들은 그들이 원하는 대로 화답했습니다.

그러나 이렇게 죄를 씻기 위해 급조된 '종교적 행위'들은 기존 기독교 교리에 있지 않았고 《성경》에도 적혀 있지 않은 내용들이었습니다. 일부 성직자들 사이에서는 로마 가톨릭이 멋대로 교리를 창조해 내는 것에 대한 갑론을박이 이어졌고, 교황은 그 갑론을박에 대한 답을 피하며 현상 유지를 원했죠.

12세기에 접어들면서 구원을 위한 속죄의 행위들이 '돈'으로 대체되기 시작합니다. 당시 수많은 가톨릭 신자들이 죄를 씻게 해 달라고 요구하던 것은 교황이나 가톨릭 성직자들에게 좋은 사업 아이템이 되었죠. 초기에는 뜯어낸 돈을 꽤 공익적 목적으로 사용하기도 했습니다. 실제로 병든 자들을 치료하기 위한 병원을 설립하기 위해, 강에 다리를 건설하기 위해, 공익적인 일에 돈을 납부하면 동시에 죄를 사면받을 수 있다며 면죄부를 팔았죠.

그러나 좋은 의도로만 면죄부가 판매될 리 없었습니다. 로마 가톨릭 성직자들은 점차 자신들의 사리사욕을 위해, 그리고 거대한 성당을 건립해 가톨릭교회의 영향력을 드높이기 위해 돈을 헌금하라고 홍보하기 시작했습니다. 돈을 내면 속죄 증명서인 면죄부를 준다면서 말이죠. 로마 가톨릭은 여기에 더해 새로운 사후 세계까지 창조해 냅니다.

─── '연옥'

한국에서 천주교를 믿지 않으시는 분들에겐 '연옥Purgatory'이라는 개념이 생소하실 겁니다. 현재 기독교 종파인 개신교와 정교회에서는 연옥이라는 개념을 인정하지 않고 있고 가톨릭(천주교)에서만 통용되는 교리입니다. 로마 가톨릭 역사에서 연옥이란 교리가 갑자기 튀어나오게 된 것은 교황 인노켄티우스 4세Innocentius IV(재위 1243~1254) 때였습니다. 그는 '죽은 자들의 경미한 죄가 정화되는 장소'[1]를 연옥이라고 정의했습니다. 죄를 지어 천국에 갈 자격이 부족한 자들 중 지옥에 갈 정도로 큰 죄를 짓진 않은 자들이 영혼을 정화하고 대기하는 장소라고 얘기했던 거죠. 즉 죽은 후 천국에 가기 전에 잠시 '대기하는 장소'라고 생각하시면 좋을 것 같습니다.

[1] 자크 르 고프Le Goff, Jacques, 《연옥의 탄생La naissance du Purgatoire》, pp.543~544. 정병식 논문에서 재인용.

피렌체 대성당 벽에 그려져 있는 단테 Dante Alighieri**와 연옥의 모습.**
단테는 1320년 작품 〈신곡La Commedia di Dante Alighieri〉에서 연옥을 7개의 층으로 묘사하여 죄를
정화할수록 위층으로 올라가 천국에 닿을 수 있다고 묘사했다. 도메니코 디 미켈리노Domenico di
Michelino, 1465

사실 이전부터 많은 유럽인들은 저 '연옥'이라는 장소가 있길 바
라고 있었습니다. 내 가족, 친구와 같은 소중한 사람들이 살아생전에
신앙심이 없어서, 아니면 약간의 죄를 지은 후 사망해서 불바다 지옥
에 떨어졌다고 슬퍼했으니 말이죠. 중세 시대 로마 가톨릭 신자들은
주일마다 교회에 가서 성직자에게 이렇게 물었을 수도 있겠습니다.

_____ "작년에 죽은 내 친구는 지금쯤 지옥 불에서 울부짖고 있겠
죠…?"

즉 중세 시대 로마 가톨릭은 고객들의 니즈^{Needs}에 맞는 상품을 제작할 필요가 있었습니다. 이런 상황에서 교황 인노켄티우스 4세가 '연옥'이란 개념을 아예 인정까지 해 버린 거죠. 문제는, 죄가 많은 사람일수록 연옥에서 대기하는 시간이 늘어난다는 개념이 있었다는 겁니다.

───── '내 부모가, 친구가 연옥에서 너무 긴 시간을 보내면 안 되는데?! 내가 도와줄 방법이 없을까?'

초기에는 살아 있는 사람이 열심히 기도하고 선행을 많이 하면 연옥에 있는 영혼을 도와줄 수 있다고 되어 있었습니다. 그러나 세월이 흐르면서 로마 가톨릭은 연옥을 이용해 많은 돈을 벌 수 있겠다고 생각하게 되죠. 결국 1500년 알렉산데르 6세^{Alexander VI}가 특별 면죄부를 팔기 시작합니다. 죽어서 연옥에서 고통받고 있는 가족과 친구들을 위해 살아 있는 사람들이 면죄부를 사면 죽은 사람들이 연옥에 머무는 시간이 줄어든다고 한 것이죠. 이후로는 면죄부를 사면 연옥에 있는 영혼들의 죄도 씻을 수 있다는 게 당연한

교황 알렉산데르 6세를 그린 초상화.
페드로 베루게테^{Pedro Berruguete}, 15세기 후반

사실이 되어 갑니다. 당시 로마 가톨릭 성직자들은 정말 이런 식으로 말했습니다.

———— "네 부모가 연옥에서 울부짖는 소리가 들리지 않느냐! 네가 돈을 내지 않아 네 부모가 연옥에서 고통받고 있다."

엄청난 비즈니스 모델을 개발하고 시장 확보까지 끝낸 로마 가톨릭. 이렇게 중세 유럽은 교회가 '종교'라는 성역화한 '수단'을 이용해 세상을 통제하고 그 통제된 세상을 통해 자신들의 '이익'을 만드는, 구조적 문제가 큰 사회였습니다.

이렇게까지 로마 가톨릭이 돈을 벌어들이고자 했던 이유는 여러 가지가 있었습니다. 교황은 교황대로 자기 이름으로 거대한 성당을 짓고 싶었고 사치스러운 생활도 누리고 싶었습니다. 그 아래 성직자들 사이에서는 교황청이 거둬들인 돈으로 호화로운 연회를 하는 것이 유행했습니다. 게다가 성직자들은 승진하기 위해 뇌물을 바쳐야 했고, 당파 싸움을 위해 사람을 매수할 자금이 필요했죠. 교황이 너무 청렴할 경우 아래에 있던 성직자들이 그 교황을 따르지 않는 경우도 있었습니다. 교황이 지속적으로 돈을 벌어다 주지 않으면 로마 가톨릭 내에서 교황의 종교적 권위가 떨어질 수 있다는 문제도 있었던 거죠.

그런데 한 가지 의문인 것이 있습니다. 《성경》을 처음부터 끝까지 읽어 보기만 해도 저런 교리가 없다는 것을 알 수 있었을 텐데, 왜

많은 유럽인들은 교황과 로마 가톨릭에 반발하지 않았던 것일까요?

감히 《성경》을 평민들 따위가?

과거 가톨릭에는 성인 알렉시우스^{Alexius}라는 사람이 있었습니다. 그는 4세기 로마제국의 부유한 원로원 집안에서 태어났음에도 모든 재산을 포기하고 신앙생활을 했던 사람이죠. 12세기 후반 프랑스의 부유한 상인 피터 발도^{Peter Waldo}는 성인 알렉시우스의 생활에 감명을 받았습니다. 피터 발도는 알렉시우스처럼 자신의 재산을 모두 처분해 자선 활동을 하고 유럽인들에게 《성경》 말씀을 설교하며 살아갔습니다. 그러자 그의 행동에 감명받은 많은 가톨릭 신자들이 그를 추종하며 따라 하기 시작했죠. 그들을 발도파라고 부릅니다.

그런데 오늘날도 마찬가지지만, 가톨릭에서는 감히 성직자도 아닌 평범한 신도가 설교를 하는 것이 금지되어 있었습니다. 중세 로마 가톨릭의 모든 권력은 교황청으로부터 나와야 했는데, 감히 평민 따위가 설교를 통해 자신의 세력을 키우다니 결코 허락해 줄 수 없었던 것이죠. 이 때문에 중세 유럽에서는 성직자가 아닌 일반 신도가 설교를 해도 되는지 논란이 일었습니다.

———— "신께서 신도들을 제사장으로 삼았고, 신도들도 신의 말씀을 전할 자격을 가질 수 있다!"

성경의 꽤 많은 구절들은 일반 신도들이 신의 말씀을 전할 자격이 있다고 얘기합니다. 그래서 당시에도 일반 신도들이 설교를 해도 된다고 주장하는 신학자들이 있었죠. 물론 종교를 이용한 독과점 비즈니스를 원했던 교황청과 성직자들은 동의하지 않았습니다. 앞서 말한 저 피터 발도의 추종자들로 이루어진 발도파 사람들은 교단이 성직자로 임명한 적이 없는 일반 신도들이었습니다. 일반 신도임에도 많은 사람들에게 《성경》 말씀을 전하고 있으니 결국 교황청에 보고가 올라가게 됩니다.

———— "교황 성하, 스스로 재산을 던져 버린 자들이 《성경》을 가르치고 있습니다."

"게다가 그들을 따르는 신도들도 점점 늘고 있습니다."

"그들은 교황청보다도 《성경》 말씀이 더욱 중요하다고 얘기합니다."

"감히 《성경》 구절을 함부로 퍼트리고 있습니다."

"어떻게 해야 할까요?"

1179년 로마 가톨릭은 제3차 라테란 공의회에서 발도파가 종교를 들먹이며 자기 재산을 헌납하고 자선 활동을 하는 것까지는 허락합니다. 그러나 설교는 할 수 없다고 못을 박았죠. 그러나 발도파는 《성경》 말씀을 전하고 설교하는 것이 왜 잘못된 것이냐며 지속적으로 설교를 이어 가다가 결국 1184년 로마 교황청에 의해 이단으로 규정됩니다. 여기서 한 가지 의문인 것이 있습니다.

존 위클리프의 초상화.
토머스 커크비Thomas Kirkby, 1828

_____ '왜 일반 신도들이 설교를 하지 못하게 했을까?'

14세기에 영국 옥스퍼드대학교 교수였던 존 위클리프John Wycliffe는 로마 가톨릭 교회와 교황의 가르침보다 《성경》 그 자체의 가르침이 훨씬 우월하다고 주장하기 시작합니다. 교황이나 성직자보다 《성경》의 권위가 더 높으며, 《성경》의 권위가 세상을 지배해야 한다고 얘기했던 거죠. 너무 맞는 말이라서 그 누구도 반박하기 힘든 논리였습니다. 문제는 당시까지 《성경》의 공식적인 번역본이 없었다는 겁니다. 14세기까지도 전 세계의 《성경》은 반드시 로마제국에서 사용하던 '라틴어'로만 쓰여야 했고 다른 언어로는 《성경》을 접할 수 없게 했죠. 그 이유는 간단했습니다.

——— '평민들이 함부로 이해하거나 해석해선 안 된다.'
'성경은 반드시 로마 가톨릭과 신의 대리자 교황의 이름으로 우리 마음대로 해석한 후 알려 줘야 한다.'

《성경》 번역은 당시 로마 가톨릭 교황의 권위 아래 금지되어 있는 것이었습니다. 그러나 존 위클리프는 영국인들이 《성경》을 볼 수 있도록 자기 마음대로 영어로 번역해, 일반 신도들이 《성경》을 쉽게 읽고 접할 수 있도록 했죠. 게다가 당시 부패했던 로마 가톨릭을 비판하기까지 했습니다. 당시로선 상당히 용감한 행동이었죠. 잘못 걸리면 이단으로 규정되고 마녀사냥을 당해 화형에 처해질지도 모르는 행동이었습니다.

위클리프는 앞서 말했던 발도파와 마찬가지로 로마 가톨릭의 성직자들이 초대 교회의 성직자, 사도들처럼 모두 가난해야 한다고 주장했습니다. 또한 교회의 최고 권위자는 오직 예수 그리스도뿐이라며 교황과 부패한 성직자들을 적그리스도Anti Christ라는 표현까지 써 가며 노골적으로 비판했죠. 게다가 교황이 일반 성직자보다 더 많은 권력을 갖고 있어서도 안 되며, 필요할 경우 각 지역의 왕, 황제들은 성직자의 재산까지 몰수할 수 있어야 한다고 주장했습니다.

——— "어차피 성직자들은 가난해야 한다. 신과 예수 그리스도만
을 바라봐야 하니까."

그는 종교를 믿을 때 속죄를 위한 여러 종교적 행위보다 신의 말씀을 전하는 '설교'가 더욱 중요하다고 주장했습니다. 그리고 입으로만 떠드는 설교로는 부족하며, 설교하는 성직자는 선한 삶을 살아가고 이를 사람들에게 몸소 보여 줘야 비로소 설교가 완성된다고 보았

죠. 성직자들이 무슨 짓을 하고 사는지 '자신들의 생활'을 낱낱이 일반에 공개하여 일반 신도들에게 귀감이 되어야 한다고 주장합니다.

당시 교황이었던 그레고리우스 11세^{Gregorius XI}(1329~1378)는 위클리프에 대해 이렇게 평가했습니다.

───── "사악하고 저주받을 이단 교리로 신도들을 오염시키고 신
　　　　성한 로마 가톨릭을 전복시키고 무너뜨리려는 자."

존 위클리프는 1384년 병으로 사망했는데, 사망 이후 1415년 교황청에 의해 이단으로 규정됩니다. 그의 사망 이후에도 추종자들은 인산인해였습니다. 추종자들을 와해시키기 위해서라도 죽은 위클리프를 이단으로 규정했던 거죠.

위클리프가 이단으로 규정되었던 1415년에 이단으로 규정된 사람이 또 있었습니다. 위클리프의 주장에 동조했던 프라하대학교의 교수 **얀 후스**^{Jan Hus}였죠. 그는 위클리프와 거의 비슷한 주장을 했습니다.

───── "교황이 기독교의 수장이라는 것은 말도 안 된다."
　　　　"교황에게 흠이 없다는 교황 무오성^{Papal Infallibility}은 더더욱
　　　　말도 안 되는 소리다."

게다가 면죄부까지 팔아먹는 당시 로마 가톨릭의 행태까지, 하나

얀 후스의 처형 준비를 묘사한 그림.
칼 구스타프 헬크비스트Carl Gustaf Hellqvist, 1904

부터 열까지 모두 꼬집으며 비판합니다. 돈을 주고 면죄부를 사서 죄를 없애는 것이 아니라, 스스로 진심으로 기도하고 회개하고 마음으로 자백해야만 구원에 이를 수 있다고 얘기했죠.

이에 당시 교황이었던 인노켄티우스 7세Innocentius VII(재위 1404~1406)는 얀 후스의 사상을 **이 세상에서 사라지게 하라**고 지시합니다. 당시 얀 후스가 교수로 있던 프라하의 가톨릭 주교는 위클리프와 얀 후스와 관련된 서적들을 압수해 소각하고 얀 후스에게 화형을 선고하여, 그는 불에 타 사망합니다. 이미 중세 시대 유럽에서는 마르틴 루터의 〈95개조 반박문〉이 나오기 전부터 많은 지식인, 신학자들이 부패한 로마 가톨릭을 갈아엎어야 한다고 주장하고 있었습니다.

🗨 종교개혁의 시작

앞서 설명한 존 위클리프와 얀 후스 이후 종교개혁에 지대한 영향을 끼친 것으로 알려진 마르틴 루터가 등장합니다. 마르틴 루터 역시 타락한 로마 가톨릭에 큰 불만을 갖고 있던 사람이었죠. 마르틴 루터가 비텐베르크대학교에서 신학자로 활동하고 있던 당시 교황이었던 레오 10세Leo X는 성베드로대성당(1506년 건축~1626년 완공)을 건축하느라 돈이 필요해 면죄부를 마구 찍어 내고 있었습니다. 이 광경을 보고 참다못한 마르틴 루터가 로마 가톨릭의 문제점들을 조목조목 적어 비텐베르크 교회의 문에 붙입니다. 이것이 바로 그 유명한 〈95개조 반박문〉이죠.

마르틴 루터는 〈95개조 반박문〉을 통해 교황 열 오지게 받는 말만 골라서 했습니다.

———— "교회가 죄를 씻어 주길 기대하지 말고 신도들 개개인이 영적으로 회개해야 한다."

"로마 가톨릭 교황에게는 그 어떠한 사람의 죄도 대신 씻어 줄 수 있는 권한이 없다."

"교황 말이라고 다 맞는 게 아니다."

마르틴 루터가 태어나기 전부터 이미 로마 가톨릭에 대해 비판하는 사람들은 꽤 많았습니다. 그리하여 마르틴 루터를 지지하는 사람들이 점차 모이기 시작했죠.

갑작스럽게 지지자가 늘어난 마르틴 루터의 세력을 보는 교황의 눈에는 마르틴 루터가 **'가톨릭과 교황의 권위와 위계를 파괴하려는 자'**로 보였습니다. 이에 로마 가톨릭은 마르틴 루터에게 주장을 철회하라고 공식적으로 요구하기 시작합니다. 사실 로마 가톨릭이 뒤에서 조용히 마르틴 루터를 처형할 수도 있었지만, 그를 따르는 왕과 제후들까지 생겨 이미 세력이 너무 커져 버린 상황이라 교황도 그를 함부로 처형하지 못했죠. 결국 유럽인들의 눈은 마르틴 루터와 교황의 말싸움으로 쏠리게 됩니다.

💬 마르틴 루터 vs 로마 가톨릭+교황

마르틴 루터가 〈95개조 반박문〉을 썼던 1517년 이후 1520년부터 교황청은 루터가 자신의 주장을 철회하지 않을 경우 파문하겠다고 수차례 경고합니다. 파문이라는 것은 로마 가톨릭이라는 종교를 믿던 유럽 사회에서 아예 매장당하는 것을 의미했습니다. 만약 마르틴 루터가 파문당할 경우 그는 교황에게 버림받은 자이자 사악한 이단으로서 수많은 사람들에게 돌을 맞고 손가락질받으며 살아가야 할 운명이 될 수도 있었던 거죠. 그러나 마르틴 루터는 당시 신성로마제국의 왕자들에게까지 지지를 받던 인물이었습니다. 이미 교황의 갑질에 신물이 난 유럽 제후와 왕들의 지지가 있으니 파문을 한들 별 소용도 없을 터였죠. 1521년 교황청은 마르틴 루터에게 파문 선고를 내렸고, 마르틴 루터는 교황을 적그리스도로 규정하며 기존 로마 가톨릭과의 결별을 선언합니다.

앞서 말했다시피 로마 가톨릭에 대한 비판은 마르틴 루터가 처음이 아니었습니다. 1517년에 마르틴 루터의 〈95개조 반박문〉이 탄생되기 한참 전부터 이미 많은 신학자들이 로마 가톨릭과 교황을 지속적으로 비판해 왔죠. 그런데 마르틴 루터는 타이밍이 기가 막혔습니다. 이미 로마 가톨릭에 대한 불만이 쌓일 대로 쌓인 상황에서 순식간에 제후와 왕을 포함해 마르틴 루터를 지지하는 사람들이 결집하기 시작했죠. 평민들은 그렇다 쳐도, 왕과 귀족, 영주와 같은 권력자들은 왜 마르틴 루터의 주장을 지지했던 것일까요?

1302년에 교황 보니파키우스 8세^{Bonifacius VIII}(재위 1294~1303)는 황제와 왕과 같은 군주를 포함한 모든 인간이 로마 교황의 직접적인 권위 아래에 있으며, 현 세상의 모든 권력과 영적 권력 모두 교황에게 있다는 주장을 펼치기 시작합니다. 실제로 시간이 지나면서 세상의 모든 권력과 돈은 로마 가톨릭 교회에게 몰려가게 되죠. 이후 마르틴 루터가 활동하던 16세기쯤에는 성직자들이 각 지역에서 대규모의 사유 재산을 형성하고 있었으며, 성직자들은 교황과 입을 맞춰 가며 돈과 권력이 계속 자신들에게 모이도록 작업하고 있었습니다. 왕과 귀족보다 '교황'과 '성직자'라는 존재의 권력이 압도적으로 강했던 시대였던 거죠.

그렇다 보니 지역의 왕과 귀족, 영주들이 마르틴 루터의 세력이 결집하는 것을 보고 열광하면서 그를 지지했던 겁니다. 자신들이 권력을 얻고 싶어도 교황의 갑질 때문에 뼈도 못 추리고 있었기 때문이죠. 즉 마르틴 루터의 종교개혁은 단순히 부패한 로마 가톨릭에 대한 분노가 폭발한 것이 아니라 그동안 고개 숙이고 살아가던, 교황의 갑질이 짜증 났던 귀족, 제후, 왕들의 반항이었던 거죠.

─────── '교황+신성로마제국+가톨릭 국가 VS 종교개혁 세력+개신교 국가'

　　마르틴 루터의 종교개혁이 왕과 귀족들의 지지까지 얻게 되면서 판이 상당히 커져 버리게 됩니다. 교황을 중심으로 한 신성로마제국, 그 아래의 가톨릭 제후 국가들 VS 부패한 로마 가톨릭 대신 리뉴얼된 기독교(개신교)를 원하던 세력, 로마 가톨릭 교황으로부터 벗어나려던 권력자들의 대결 구도가 형성된 거죠. 결국 물리적 충돌까지 벌어지기 시작했습니다. 다행히 1555년에 급히 아우크스부르크 종교 평화 협약Peace of Augsburg을 맺으며 본격적인 전쟁은 막을 수 있었죠. 이후 기존에 당연하게 무조건 로마 가톨릭을 믿어야만 했던 중세 유럽 국가들이 로마 가톨릭이 아닌 개신교를 선택할 수 있게 됩니다. 만약 왕이 개신교를 선택할 경우 개신교를 원치 않는 주민이 주변의 가톨릭 국가로 이주하는 것까지 합의됐죠.

　　문제는 로마 가톨릭의 재산이었습니다. A 국가의 왕이 개신교를 선택해도 A 국가 내에 있는 로마 가톨릭 성직자의 재산은 A 국가에

귀속될 수 없었습니다. 즉 A 국가가 개신교 국가가 되어도 로마 가톨릭 교회가 A 국가 안에 버젓이 있을 수밖에 없는 상황이었던 거죠. 그러니 개신교를 택한 국가들과 가톨릭 세력의 분쟁은 끝날 기미가 없었습니다. 게다가 평화 협약 이후에도 교황은 결코 저 개신교 국가들을 봐 줄 생각이 없었고, 어떻게든 가톨릭을 믿던 국민들을 이용해 개신교를 선택한 왕들을 끌어내리려 하고 있었죠.

결국 1608년 개신교를 택한 국가들의 왕, 제후, 영주들은 팔츠Palatinate 지역의 제후 프리드리히 5세Friedrich V를 중심으로 개신교 연합Protestantische Union을 결성합니다. 이들은 어떻게든 로마 가톨릭 교황의 갑질에서 빠져나와 자신들만이 권력을 휘두를 수 있는 국가를 건설하고 싶어 했죠. 그런데 개신교 연합은 군건하지 않았습니다. 교

프리드리히 5세의 초상화.
미첼 잔즈 반 미에레벨트Michiel Jansz. van Mierevelt,
1628~1632

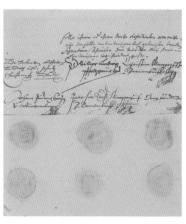

1608년 5월 14일 개신교 연합 창립 문서.
바이에른 주립 기록 보관소 소장

리 해석을 두고 프랑스 지역에서 종교개혁을 이끌었던 장 칼뱅Jean Calvin을 따르는 사람들과 독일 지역에서 종교개혁을 이끌었던 마르틴 루터를 따르는 사람들 사이에 갈등이 있었기 때문이죠. 게다가 개신교 연합에 대항하기 위해 막시밀리안 1세Maximilian I(1573~1651)를 중심으로 1609년에 만들어진 가톨릭 동맹Katholische Liga의 군사력이 개신교 연합에 비해 우위를 점하고 있었습니다. 이런 상황에서 종교전쟁으로 불리는 30년 전쟁Thirty Years' War(1618~1648)이 시작되죠.

———— 제1기: 보헤미아 – 팔츠 전쟁(1618~1623)
제2기: 덴마크 전쟁(1625~1629)
제3기: 스웨덴 전쟁 (1630~1635)
제4기: 프랑스 전쟁 (1635~1648)

장 칼뱅의 초상화

막시밀리안 1세의 초상화

종교전쟁으로도 불리는 30년 전쟁을 설명하기에 앞서 먼저 말씀드리고 싶은 것은, 30년 전쟁은 '종교'보다는 '사리사욕' 때문에 일어난 전쟁이라는 점입니다. 사실 효기심은 30년 전쟁이 종교전쟁으로 불리는 것에 대해 불만이 많습니다. 실제로 일반 국민들은 자신들의 새로운 종교인 개신교를 위해, 로마 가톨릭을 위해 목숨을 바쳤겠지만 윗분들은 그런 생각이 거의 없었으니 말이죠. 30년 전쟁은 크게 4단계로 분류할 수 있는데, 정말 짜증 날 정도로 복잡합니다.

💬 제1기: 보헤미아-팔츠 전쟁(1618~1623)

30년 전쟁의 1기 전쟁의 경우 상당히 골 때리는 이유로 전쟁이 시작됩니다. 17세기 유럽에는 보헤미아Kingdom of Bohemia라는 왕국이 있었습니다. 오늘날 체코의 서쪽 지역으로 생각하시면 되겠습니다. 이 왕국의 왕 페르디난트 2세Ferdinand II(재위 1615~1619, 1620~1637)는 신성로마제국 황제 페르디난트 1세Ferdinand I(재위 1556~1564)의 손자였죠. 정치력 끝판왕 할아버지를 두고 있었던 겁니다. 실제로 페르디난트 2세는 이후 독일, 헝가리, 크로아티아 등 여러 유럽 국가들의 왕이면서 신성로마제국의 황제(재위 1619~1637) 자리까지 동시에 해 먹게 됩니다. 신성로마제국의 황제이면서 여러 유럽 국가들의 왕을 겸직했던 거죠.

뭔 이런 시스템이 다 있나 싶으실 겁니다. 하지만 당시 유럽에서

페르디난트 1세의 초상화
페르디난트 2세의 초상화

는 이런 일이 비일비재했습니다. 페르디난트 2세 이전의 신성로마제
국 황제들도 보헤미아의 왕이면서 크로아티아의 왕이고 독일의 왕이
기도 했던 거죠. 그리고 황제가 사망하면 겸직하며 해 먹던 왕 자리를
자기 자식들한테 나누어 상속해 주기도 했습니다. 자기들끼리 해 먹
으려고 별의별 짓을 다했다고 이해하고 넘어가면 될 것 같습니다.

　아무튼 페르디난트 2세는 신성로마제국의 황제가 되기 전에 보
헤미아만 다스리는 왕이었습니다. 그는 신성로마제국 황제의 손자로
서 보헤미아를 신실한 가톨릭 국가로 만들고 싶었죠. 그런데 걸림돌
이 있었습니다. 앞서 보헤미아의 왕(재위 1576~1612)이자 신성로마제

국의 황제(재위 1576~1612) 자리를 해 먹었던 루돌프 2세$^{Rudolf\ II}$가 보헤미아를 종교 자유 지역으로 정했던 겁니다. 가톨릭과 개신교 중에서 믿고 싶은 걸 믿을 수 있도록 보헤미아 사람들에게 선택권을 줬다는 거죠. 루돌프 2세의 종교 자유 드립은 당시 보헤미아 지역의 귀족과 영주들에게 엄청난 희소식이었습니다. 보헤미아의 귀족, 영주들 또한 교황의 입김으로부터 벗어나고 싶어 했으니 말이죠.

그런데 새로 보헤미아의 왕이 된 페르디난트 2세가 보헤미아를 다시 가톨릭 국가로 만들겠다고 나대기 시작했던 겁니다. 보헤미아의 귀족과 영주들 입장에서는 미치고 팔짝 뛸 상황이었죠. 개신교를 채택했던 귀족과 영주들은 즉각 반발했습니다.

결국 1618년에 귀족과 영주들은 페르디난트 2세와 전쟁을 벌이게 됩니다. 그런데 앞서 말했던 프리드리히 5세가 여기서 다시 등장합니다. 1619년에 보헤미아의 귀족들은 개신교 연합의 수장인 프리드리히 5세를 왕으로 모셔 와 투쟁을 이어 나갔던 거죠. 프리드리히 5세는 팔츠 지역의 제후이기도 했기 때문에 이 전쟁을 보헤미아-팔츠 전쟁이라고 부르는 겁니다.

전쟁은 결국 페르디난트 2세의 승리로 끝이 납니다. 프리드리히 5세가 보헤미아의 왕으로 선출되고 이틀 뒤에 페르디난트 2세는 신성로마제국의 황제가 되어 개신교 세력을 박살 냈기 때문이죠. 이후 보헤미아뿐만 아니라 팔츠까지 가톨릭 세력의 영향권에 편입됩니다.

30년 전쟁의 1기 전쟁은 종교적 갈등으로 인한 전쟁이기도 하면서 동시에 왕과 귀족, 영주들 간의 권력 다툼 때문에 시작된 전쟁이라고 할 수 있겠습니다.

제2기: 덴마크 전쟁(1625~1629)

2기 전쟁 또한 종교전쟁의 성격만 지닌 것은 아니었습니다. 단순하게 보면 덴마크의 개신교 세력과 이제 막 신성로마제국의 황제가 된 페르디난트 2세의 가톨릭 세력이 싸운 것이지만, 이마저도 덴마크 왕과 페르디난트 2세의 권력 다툼에서 일어난 전쟁이었죠. 그런데 덴마크를 같은 개신교 진영인 네덜란드, 영국은 물론 가톨릭 국가였던 프랑스가 지원해 줍니다. 왜 가톨릭 국가인 프랑스가 같은 가톨릭 세력인 신성로마제국이 아니라 개신교 세력인 덴마크를 지원했을까요? 이야기가 좀 복잡합니다.

우선 당시 스페인의 왕과 신성로마제국의 황제는 합스부르크 가문이라는 한 가문이 둘 다 해 먹고 있었습니다. 그리고 당시 네덜란드는 스페인의 지배를 받고 있었죠. 스페인은 네덜란드를 식민지처럼 착취하고 네덜란드의 개신교도들을 탄압했습니다. 네덜란드는 스페인으로부터 독립하기 위해 반란을 일으켰죠. 반란을 진압하던 스페인이 돈이 떨어지자 양국은 1609년부터 12년간 휴전하기로 합의합니다. 사실상 네덜란드는 독립한 것이나 마찬가지였습니다. 그러나 1621년에 휴전이 종료되었을 때 스페인과 신성로마제국의 합스부르크 가문은 네덜란드를 다시 집어삼키기 위해 준비하고 있었습니다.

한편 프랑스는 전통적으로 유럽 대륙의 패권을 두고 신성로마제국과 경쟁하던 사이였습니다. 그런데 합스부르크 가문이 신성로마제국과 스페인을 모두 통치하게 되고 힘이 강력해지자 그 사이에서 프랑스는 안보적으로 큰 위협을 느끼고 있었습니다. 그렇다 보니 프랑스는 스페인을 싫어하는 네덜란드의 독립이 너무나 반가웠고 합스부르크가 다시 네덜란드를 지배하지 않기를 바랐습니다. 또 영국은 늘 유럽 대륙에서 한 국가의 힘이 너무 강해지면 그 국가를 견제하던 나라였죠.

이런 와중에 덴마크가 신성로마제국에 싸움을 건 거죠. 가톨릭을 싫어했던 영국과 네덜란드는 물론 가톨릭 국가였던 프랑스도 덴마크를 지원합니다. 문제는 당시 프랑스와 영국, 네덜란드의 지원을 받던 덴마크가 신성로마제국에게 박살이 난 겁니다. 페르디난트 2세는 자신이 점령한 지역에서 강력한 개신교 탄압을 시작하죠.

30년 전쟁 2기만 봐도 이 전쟁이 종교전쟁이라고 불리는 것이 무색할 정도로 종교와 상관없이 각 국가의 국제정치적 계산, 황제와 왕, 제후, 귀족들의 권력 다툼 때문에 일어난 복잡한 전쟁이라는 것을 알 수 있습니다. 이후 프랑스는 무너진 덴마크를 뒤로하고 신성로마제국을 견제하기 위해 스웨덴을 지원하기 시작합니다. 당시 스웨덴은 세력 확장에 한창 눈이 멀어 있었으니 말이죠.

💬 제3기: 스웨덴 전쟁(1630~1635)

프랑스의 지원을 받게 된 스웨덴은 부패한 로마 가톨릭으로부터 개신교를 수호해야 한다는 명분을 앞세워 신성로마제국의 북부(현재의 독일 북부)로 상륙해 전쟁을 시작했고, 당시 신성로마제국과 편먹은 세력들을 박살 내기 시작합니다. 스웨덴이 전쟁 초반부터 신성로마제국을 박살 낼 수 있었던 것은 신성로마제국을 통수 친 귀족, 영주들 덕분이었습니다. 그들은 자신들이 소속되어 있던 신성로마제국을 버리고 스웨덴군에 합류해 개신교를 채택한 후 자신들만의 국가를 만들고 싶어 했죠.

그런데 문제는, 1632년 승승장구하던 스웨덴의 국왕 구스타프 2세$^{Gustav II}$가 전투 중 눈먼 총알에 맞고 사망하면서 스웨덴군의 사기가 저하되었고 신성로마제국을 통수 쳤던 귀족 세력도 와해되기 시작했다는 겁니다. 결국 신성로마제국의 영토는 오히려 더욱 넓어지기 시작했죠. 그러자 앞서 말했다시피 신성로마제국의 국력이 상승하는 걸 원치 않던 프랑스가 신성로마제국과 같은 국가인 것처럼 움직이던 스페인에 1635년 선전포고를 하고 직접 전쟁에 참전합니다.

💬 제4기: 프랑스 전쟁(1635~1648)

——— '로마 가톨릭은 좋지만 신성로마제국은 싫어…ㅎ'

말을 타고 달리는 구스타프 2세의 초상화.
요한 야콥 월터Johann Jakob Walter, 1631 혹은 1677

신성로마제국과 같은 가톨릭 국가였지만 자신들의 안보를 위해 신성로마제국을 견제하고자 했던 프랑스. 상당한 국력의 프랑스가 개신교 국가들과 손을 잡고 신성로마제국을 족치기 시작하자 신성로마제국이 박살 나기 시작합니다. 프랑스의 참전으로 더 이상 승리를 자신할 수 없게 된 신성로마제국은 평화 협상을 시작합니다. 그 결과가 바로 한 번쯤 이름을 들어 봤을 베스트팔렌조약Peace of Westphalia(1648)이었죠.

30년 전쟁은 여러 국가가 참여한 세계 전쟁이었습니다. 한쪽에서는 부패한 로마 가톨릭에서 벗어나 개신교를 수호하겠다는 명분으로, 다른 한쪽에서는 로마 가톨릭과 교황의 체제를 지켜 내겠다는 명분

베스트팔렌조약이 비준되는 당시를 묘사한 그림.
헤라르트 테르 보흐르Gerard ter Borch, 1648

으로 전쟁이 일어난 것이다 보니 종교전쟁으로 불리기도 하죠. 이 전쟁에서만 약 800만 명의 목숨이 사라집니다.❶

***

우리는 지금까지 대부분 역사를 왕과 같은 '위'를 중심으로 공부해 왔습니다. 한국사에서도 위대한 왕과 장군에 대해서는 많은 사람

들이 상식적으로 알고 있죠. 하지만 일반 평민, 노비의 삶에 대해서
아는 사람은 많지 않습니다. 효기심은 이번 종교개혁 편을 통해 독자
분들이 '위'가 아닌 '민중, 백성, 국민'과 같은 '아래'로부터의 역사도
접해 보시길 원했습니다. 부패한 로마 가톨릭이 번성할 수 있었던 것
은, '위'도 문제였지만 자신들의 수준에 맞는 '교리'를 추가해 달라던
'아래'의 요구 덕분이었으니 말이죠. 그리고 지금이라고 다를까요?

———— 모든 국민은 그 수준에 맞는 정부를 가진다.

Toute nation a le gouvernement qu'elle mérite.

−조제프 드 메스트르 Joseph de Maistre, 1811년

제 4 장

왕은 잘못 없어요. 쟤네가 악마예요

흑사병과 유대인 박해

영화를 보거나 게임을 하다 보면 검은 옷, 검은 모자, 그리고 새처럼 부리가 긴 마스크를 낀 인물들이 나오는 경우가 있습니다. 새 같은 마스크만 보면 우스꽝스럽기도 하지만 전체적으로 어딘가 음침한 이 복장은 중세에 등장합니다. 중세 유럽의 의사들이 전염병에 걸리는 걸 피하기 위해 입었던 복장이죠. 지금으로 치면 방역복인 겁니다.

그런데 중세 의사의 방역복은 이제 죽음의 상징이 되었습니다. 게임에서는 중세 의사 모습을 한 살인귀가 등장하고, 핼러윈이 되면 새부리 가면을 쓰고 다니는 사람들을 심심찮게 찾아볼 수 있죠. 생명을 살리는 의사가 목숨을 거두는 사신처럼 여겨지게 된 거죠.

상당히 이상한 현상처럼 보이지만, 여기에는 역사적인 배경이 있습니다. 중세 의사들이 새부리 가면을 쓰면서 전염을 피하려고 했던 병은 '흑사병'입니다. 몸이 까맣게 변해 죽어 간다고 해서 붙여진 이름이죠.

흑사병의 위력은 어마무시했고 수많은 유럽인들이 죽어 나갔습니다. 당시에는 과학기술은 물론이고 보건에 대한 개념도 부족했습니다. 의사가 와도 속수무책일 수밖에 없었던 거죠. 이 때문에 사람들 눈에는 이상한 복장을 한 의사가 사람들을 치료하러 온 게 아니라 죽음을 갖고 온 것처럼 비쳤을 겁니다.

한 번도 경험해 보지 못한 죽음의 물결 앞에서 사람들은 큰 혼란을 겪게 됩니다. 이건 여러분들도 이미 알고 있을 겁니다. 코로나로 인해 팬데믹을 처음 겪어 본 현대인들이 얼마나 공포심을 느꼈는지, 얼마나 많은 가짜 뉴스와 음모론이 판쳤는지, 그 속에서 우리가 얼마나 혼란스러워했는지 우리 스스로 경험하고 목격했으니 말이죠.

과학기술이든 사회제도든 과거 그 어느 때보다 발전되어 있는 21세기에도 전염병 하나로 이 난리가 났는데, 하물며 중세 시대에는 얼마나 혼란스러웠을지 짐작하실 수 있으실 겁니다. 과연 중세의 민중들과 정치인들은 흑사병을 앞에 두고 어떤 모습을 보여 줬을까요?

700년 전의 팬데믹, 흑사병

2020년 초에 전 세계로 COVID-19가 퍼져 나가기 시작합니다. 다들 알다시피 한국도 예외는 아니었죠. 언론 보도나 여러 자료들을 종합해 볼 때 다른 나라들에 비해 한국의 상황은 그나마 나았습니다. 그럼에도 불구하고 한국 사회 역시 큰 혼란을 겪어야 했죠. 효기심도 태어나서 처음으로 전 세계적인 규모의 전염병을 겪었습니다. 효기심의 부모 세대도 마찬가지였겠죠. 물론 예전에도 사스, 신종 플루, 메르스와 같은 전염병이 있었죠. 하지만 이 정도로 사망자와 감염자가 어마무시하게 발생한 건 처음이었습니다.

그런데 어떤 사람들은 정부가 팬데믹을 제대로 막지 못했다며 어떻게든 깎아내리기 위해 혈안이었습니다. **방역을 풀어도 욕하고,**

막아도 욕하는 어이없는 상황이 연출되었죠. 아마 한국에서는 어느 당이 야당이었든 정부와 집권 여당이 잘해도 욕하고 못해도 욕했을 겁니다.

사실 인류는 그리 멀지 않은 과거에 팬데믹을 경험한 적이 있습니다. 바로 스페인 독감이죠. 스페인 독감으로 인해 1918년부터 2년 만에 최대 5000만 명까지 사망했을 것으로 추정됩니다. 그로부터 100년이 흐른 오늘날의 모습을 보니, 인류는 과거의 경험에서 교훈을 전혀, 하나도 얻지 못한 것 같습니다. 수많은 사람들이 자신이 코로나에 걸리든 말든, 다른 사람들이 코로나에 걸려 죽든 말든,

> 내가 돈을 벌어야 하니까
> 내가 밖에 나가서 데이트하고 싶으니까
> 내가 젊은 시절을 즐기고 싶으니까
> 내가 여행을 가고 싶으니까
> 내가 마스크 끼면 불편하고 답답하니까

등 여러 가지 이유로 방역 대책이고 뭐고 당장 풀어 헤치라고 요구하는 사람들이 세계적으로 꽤 많았죠.

러시아-우크라이나 전쟁에서 사망하는 사람들이 안타깝고 불쌍하다고, 그리고 길에 버려진 강아지와 고양이가 안타깝고 불쌍하다고 얘기하는 사람들이 바글바글하게 살고 있는 요즘입니다. 코로나 때문에 사람이 죽는 건 안 안타깝고 안 불쌍했던 건지 모르겠습니다.

과거 14세기에도 전 유럽을 지옥으로 몰아넣었던 전염병이 있었습니다.

흑사병Black Death

바로 흑사병이죠. 흑사병은 현재 페스트라고 불리는 질병입니다. 페스트에 걸린 사람이 죽으면 시체가 검게 변한다고 합니다. 그래서 과거 유럽에서는 이 병을 흑사병이라고 부른 것이죠.

페스트는 주로 쥐에 기생하는 벼룩이 사람을 물어서 전파되는 전염병입니다. 현재도 적절하게 치료받지 못하면 50% 이상이 사망할 정도로 치사율이 높은 질병입니다. 적절하게 치료한다고 해도 치사율이 5% 이상입니다. 현대 의학으로도 감염자 100명 중 최소 5명은 살리지 못한다는 뜻이죠. 흑사병은 현재에도 사라지지 않았습니다. 대부분 위생이 열악한 아프리카, 아시아의 특정 지역에서 부분적으로 발생하고 있죠.

1347년경 유럽 전역에 갑작스럽게 퍼진 흑사병 때문에 1348년부터 1350년까지 약 3년간 무려 2000만 명에 가까운 사람이 사망했다고 알려져 있습니다.

'전 세계에서 고작 2000만 명 죽은 것 가지고 뭘.'

〈죽음의 승리〉.
그림에서 흑사병이 지나간 이후의 황폐화된 세상이 느껴진다. 피터르 브뤼헐Pieter Bruegel, 1562

　혹시 이런 생각이 드셨나요? 2022년 기준 전 세계 인구는 약 80억 명입니다. 그리고 2022년 7월까지 코로나로 인해 총 635만 명이 사망했죠. 14세기 중반 유럽 전체 인구는 약 7000만 명이었습니다. 아까 약 2000만 명 가까이 사망했다고 했으니 유럽 인구의 3분의 1이 요단강을 건넌 거죠. 불과 3년 만에 말입니다.

　유럽인들은 흑사병의 발병 원인도 몰랐고, 치료 방법도 몰랐고, 예방법도 몰랐습니다. 당시 14~15세기 흑사병과 관련된 기록들을 보면 정말 개판도 그런 개판이 없었습니다. 오늘날의 인류는

COVID-19의 발병 원인, 치료 방법, 예방법을 다 아는데도 이 난리를 겪었는데, 균의 존재도 몰랐던 당시 사람들은 더 혼돈의 카오스였겠죠. 그리고 이런 팬데믹에 항상 빠질 수 없는 것이 있습니다.

흑사병을 퍼트리는 원인 중 하나인 쥐벼룩.
뱃속에 동물의 피가 가득 차 있다. 미국 질병 통제 예방 센터 CDC

————— 음모론 Conspiracy Theory

바로 음모론 말이죠. '누군가가 전 세계의 인구를 줄이기 위해 퍼트린 전염병이다', '특정 국가가 다른 국가들의 인구를 줄이기 위해 퍼트린 전염병이다'부터 별의별 소리가 다 나왔죠. 팬데믹이라는 문제를 이겨 내고 해결하는 것보다 **탓할 존재**를 찾아내는 것이 급선무였던 사람들도 많았던 것 같습니다.

흑사병과 소수자 minority

2022년 5월, 코로나 때문에 안 그래도 피곤한데 또다시 효기심의 간담을 서늘하게 만든 뉴스가 있었습니다.

언론들은 원숭이두창이 동성애자들의 성관계 때문에 퍼진다는 식으로 떠들어 댔습니다. 그리고 많은 사람들은 동성애자들이 에이즈와 원숭이두창을 퍼트리고 다니는 추악한 존재들이라며 그들에게 손가락질을 해 댔죠. 만약 이성애자 남녀 커플이 성관계를 하다가 원숭이두창이 퍼졌다면 그저 "'성관계'로 감염될 수 있구나. 조심해야겠네?"라는 여론이 형성되었을지도 모르겠습니다. 이처럼 소수자들은 항상 특정 이슈와 관련하여 비난의 대상이 되곤 합니다. 현재뿐만 아니라 과거부터 인간이란 존재가 그래 왔습니다. 흑사병이 창궐한 14세기 유럽에서는 '유대인'들이 그 타깃이었습니다.

여러분은 흑사병이 창궐했던 14세기 유럽과 코로나가 유행 중인 21세기 대한민국에 다른 점이 있는지 생각해 보면서 이번 장을 읽어 보시면 좋을 것 같습니다.

***

흑사병에 대한 얘기를 본격적으로 하기 전에 잠시 유대인이란 존재에 대해서 알고 넘어갑시다. 《성경》에 따르면 이집트(애굽)에서 탈출한 유대인들은 기원전 1047년경 가나안 땅에 이스라엘왕국을 건국합니다. 현재 이스라엘과 팔레스타인이 박 터져라 싸우고 있는 바로 그 지역이죠. 이스라엘왕국은 고작 100년 남짓한 기간 동안 유지되다가 북이스라엘 왕국과 유다왕국으로 쪼개집니다. 이후 북이스라엘 왕국은 기원전 722년에 아시리아에 의해 멸망했고, 유다왕국은 기원전 586년에 바빌로니아에 의해 멸망합니다. 나라를 잃은 유대인들은 점차 자신들의 고향을 떠나 떠돌아다니며 전 세계로 퍼져 나갔죠.

그런데 유대인이라는 민족은 참 신기합니다. 과연 현재 대한민국에 자기가 백제, 고구려, 신라 사람이라고 생각하는 사람이 얼마나 있을까요? 나아가 이 땅에 백제와 고구려와 신라를 다시 세우겠다고 주장하는 사람은 또 몇이나 있을까요? 삼국시대가 시작되기 한참 전에 국가를 잃은 유대인들은 현재까지 자신들의 종교와 민족성을 지키고 있습니다. 심지어 2500년 만에 유대인들의 민족국가가 다시 생겨나기까지 했죠. 역사 속에서 수많은 언어, 종교, 민족이 사라져 간 것을 볼 때 유대인들은 참 흔치 않은 케이스임이 분명합니다.

자신들의 고유한 종교와 민족성을 잃지 않고 간직해 왔다는 말은, 다양한 지역에서 다른 민족들과 섞여 살면서도 현지의 문화를 좀처럼 받아들이지 않았다는 말이기도 합니다. 그러다 보니 유대인들은 역사적으로 핍박의 타깃이 되는 경우가 너무 많았습니다.

기원전 3세기경부터 로마가 지중해 지역을 장악해 가기 시작합니다. 여러 지역에 흩어져 있던 유대인들도 하나둘 로마의 지배를 받기 시작하죠. 유대인들은 로마의 변방에 머물며 로마에 세금도 내고, 유대교도 자유롭게 믿고, 상업 활동도 하면서 살고 있었습니다. 그런데 이 책의 앞부분을 보셨으면 아시겠지만, 기원전 27년에 아우구스투스 황제가 즉위하면서 지 아빠를 신으로 모시고 숭배하라고 오더

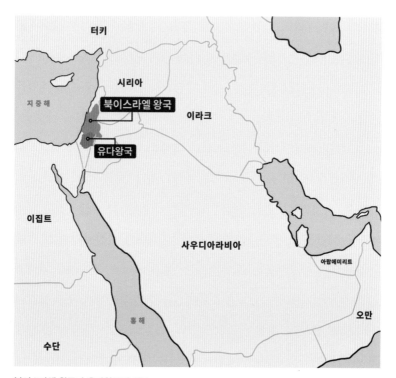

북이스라엘 왕국과 유다왕국의 영토

를 내립니다. 유일신을 믿던 유대인들은 당연히 이건 뭔 소리야 하면서 반항하기 시작했죠. 이에 화가 난 로마는 유대인들을 탄압하기 위해 별일을 다 했죠.

예컨대 유대인들은 법적으로 차별받기도 했습니다. 유대인이 다른 누군가를 살해하면 당연히 강력한 처벌을 받았지만, 로마인이 유대인을 살해하면 처벌을 아예 받지 않는 경우도 있었죠.

유대인들은 참다못해 기원후 66년에 반란❶을 일으킵니다. 그러나 유대인들은 로마제국의 상대가 될 수 없었죠. 많은 유대인들이 노예나 포로로 잡혀 옵니다. 현재 이탈리아 로마에 있는 콜로세움은 바로 이때 끌려온 유대인들의 강제 노동으로 지어진 것입니다.

❶
제1차 유대-로마 전쟁First Jewish-Roman War(66~73)

이 정도 했으면 보통 고개 좀 숙이고 황제 숭배도 해 줄 법합니다. 하지만 유대인들은 뚝심 있게 자신들만의 종교의식과 관습을 지키기 위해 노력했습니다. 그럴수록 로마제국은 더욱 강력하게 유대인들을 탄압했습니다. 유대인들을 격리시켜 생활하게 하고, 이단이나 사이비종교 신자 취급을 하고, 로마제국 내 수많은 민족들 사이에서 따돌림당하게 만들었죠. 이후로도 유대인들의 반란은 계속 일어났고 그때마다 로마제국에 의해 핍박받았습니다.❷

❷
제2차 유대-로마 전쟁Second Jewish-Roman War(115~117), 제3차 유대-로마 전쟁Third Jewish-Roman War(132~136)

그러다 313년, 로마제국의 기독교인들이 종교의 자유를 얻습니다. 심지어 380년에는 기독교가 로마제국의 국교로 선포됩니다. 원래 로마제국에서는 유대교와 기독교 모두 탄압의 대상이었는데 이제 달라진 거죠. 로마제국과 기독교인들은 함께! 한마음 한뜻으로! 예수 그리스도를 몰라보는 이단! 이교도! 사이비! 유대교를 탄압하기 시작합니다.

사실 로마제국만 유대인을 탄압한 것이 아닙니다. 로마제국 이후 수많은 유럽 국가들이 오랜 기간 동안, 심지어 20세기에 이르러서도 유대인을 탄압했죠. 그 이유는 유대인들이 예수 그리스도를 인정하지 않았을 뿐만 아니라 본디오 빌라도에게 예수 그리스도를 십자가에 못 박아 죽이라고 요구했던 장본인들이었기 때문입니다. 기독교인들 입장에서는 유대인들이 사탄, 마귀와 마찬가지로 보였던 것도 이상한 게 아니었던 거죠.

아무튼 로마 시대를 시작으로 유럽 사회에서 유대인들은 악마 취급을 당하기 시작합니다. 즉 죽어 마땅한 족속들로 여겨지게 된 거죠. 역사적으로 수많은 유대인들이 학살당합니다. 십자군 전쟁 때를 볼까요. 십자군 전쟁은 기독교 세력과 이슬람 세력이 싸운 전쟁이었지만 수많은 유대인들이 기독교 세력의 손에 죽었습니다. 당시 로마 가톨릭 교황은 유대인들에게 기독교로 개종하고 십자군에 참여하라고 명령했습니다. 이를 거부한 유대인들은 처형당했죠. 십자군은 마그데부르크, 메스, 스트라스부르, 플랑드르, 보름스 등 도시에 살던 유대인들을 화풀이로 죽이기도 했습니다. 예루살렘에 도착한 십자군들은 '유대인들이 이슬람 세력이랑 결탁했다', '유대인들이 언젠가 십자군을 공격할 것이다' 등의 음모론과 망상에 빠져 유대인들을 처형하거나 노예로 팔아먹곤 했죠. 네 이웃을 사랑하라는 예수님 말씀이 무색할 정도였습니다.

13세기에 유대인들은 모두 유대인이라는 표식이 달린 옷을 입어야만 했습니다. 누가 봐도 유대인을 알아볼 수 있게 한 거죠. 지나가던 사람들이 유대인들에게 시비를 걸고, 돌을 던지고, 욕을 해 대기 일쑤였다고 합니다. 이후 유대인들은 정해진 구역에 강제로 격리되어 살기도 합니다. 15세기 무렵에는 이슬람 세력을 몰아내고 스페인을 장악한 기독교 세력이 유대인들을 강제로 개종시키려고 시도한 적도 있었습니다. 이때 개종을 거부한 유대인들도 모두 처형당했죠. 20세기에 나치가 유대인들을 대상으로 인종 청소를 벌인 일은 다들 잘 아실 겁니다. 이렇듯 고대부터 근대까지 유럽에서 유대인들은 늘 소수자였고 갖은 핍박을 받으며 살아왔습니다. 그럼에도 많은 유대인들이 계속해서 자신들만의 종교를 믿어 온 거죠.

오늘날에는 오히려 반대로 이스라엘에서 유대교 극단주의자들이 종종 기독교인들을 상대로 테러를 일으키기도 합니다. 그 옛날 기독교인들이 자신들을 탄압했던 것에 대해 분노를 느끼는 거죠. 밖에 나가서 종교 얘기는 꺼내지도 말라는 어르신들의 말씀이 괜히 나온 건 아닌 듯합니다.

유대인Jews

중세 시대 유럽의 도시에는 길드Guild라는 조직이 있었습니다. 길드란 오늘날로 따지면 특정 노조, 전문직 협회, 영농 조합, 수산 조합, 상인회 등과 비슷하다고 보면 될 것 같습니다. 특정 기술을 보유한 장인들끼리 기술을 비밀리에 전수하면서 기술을 독점하고 몸값을 올리기도 했습니다. 또 상인들이 모이고 모여 세력을 키워서 국가로부터 각종 이권을 얻어 내기도 했죠. 특히 발트해 연안에서는 길드(한자동맹Hanseatic League)의 영향력이 어마어마해져서 길드가 도시의 운영에

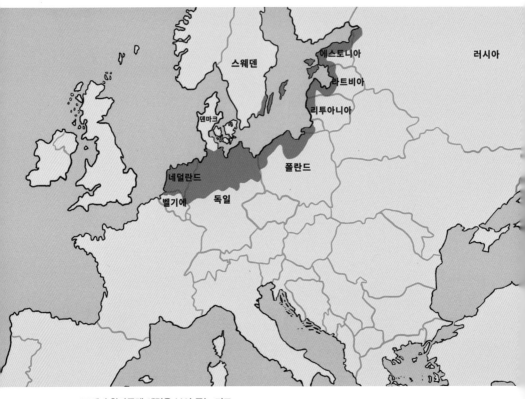

15세기 한자동맹 세력을 보여 주는 지도.
현재의 프랑스, 독일 북부와 덴마크 주변에 세력을 넓혔다. 《드로이젠의 역사 지도 책 Droysens Allgemeiner Historischer Handatlas》, 1886

깊이 개입하기도 했습니다.

한편 기독교 사회에서 유대인들은 토지를 소유할 수 없었습니다. 농민이 될 수 없었던 유대인들은 도시로 몰려들게 되죠. 그러나 대부분의 길드는 유대인을 받아 주지 않았습니다. 결국 유대인들은 남들이 하려고 하지 않는 업종에서 전문가가 되어 갑니다. 그중 하나가 바로

───── 금융업 Finance

금융업이었죠. 원래 기독교 사회에서 이자를 받는 일은 금지되어 있었습니다. 《성경》에 그렇게 쓰여 있었기 때문이죠. 그렇지만 중세 시대의 권력자들도 돈놀이를 하고 싶었습니다. 그러니 기독교 사회에서 배제되어 있던 유대인들에게 금융업을 맡긴 거죠. 참고로 유대인들끼리도 이자를 주고받는 일은 금지되어 있었습니다. 왜냐하면 역시 경전에 그렇게 쓰여 있었거든요. 하지만 다른 종교를 믿는 사람에게서 이자를 받는 일은 가능했다고 합니다. 그래서 유대인들끼리는 무이자로 대출해 주곤 했죠.

도시는 중세 시대 영지와 달리 한 명의 귀족이 왕 노릇 하는 공간이 아니었습니다. 권력과 재력을 가진 다양한 사람들이 합의를 통해 도시를 운영하고 있었죠. 말이 좋아서 합의지, 다시 말하면 도시의 다양한 정책을 결정하는 권한을 두고 다양한 세력이 경쟁하고 있었다는 말입니다. 오늘날 국회도 합의로 국정을 운영하잖아요. 그죠?

놀랍게도 평민도 이 경쟁에 참여할 수 있었습니다. 길드가 세력이 커지면서 길드를 중심으로 운영되는 도시가 생겨나기까지 했죠. 그런데 여기서 유대인이 문제가 됩니다. 그때나 지금이나 정치에는 돈이 중요한 법이죠. 아까 말씀드렸듯 도시의 금융업은 유대인들이 장악하고 있었던 겁니다. 그런데 이 유대인이란 자들이 귀족들에게만 돈을 꿔 주는 겁니다. 그러다 보니 길드에 속한 장인들, 상인들과 일반 서민들의 눈에 유대인은

———— '윗사람들한테 사바사바나 하는 나쁜 새X들'

이런 이미지로 보이게 된 거죠. 이미 고대부터 중세까지 좋지 않은 이미지란 이미지는 다 쌓여 있던 유대인들에게 돈과 관련된 부정적 이미지가 하나 더 추가된 겁니다. 기독교인들에게 이교도 유대인들은 안 그래도 악마였는데 더 악마처럼 보였을 겁니다. 악마여야만 했을지도 모르죠. 내가 사는 마을에 가뭄이 들면 저 유대인이라는 악마가 우리 마을에 살고 있어서 가뭄이 든 것이라며 마녀사냥을 했고, 재수 없는 일이 생기면 유대인 때문이라고 생각했습니다. 아무튼 나쁜 일이나 골머리 아픈 일만 생기면 유행처럼 '**무조건 유대인 때문이다**'라고 말했던 거죠. 과거 한국의 노무현 정부 당시 '**이게 다 노무현 때문이다**'라는 말이 유행했던 것과 비슷해 보입니다.

흑사병 때도 이런 말이 나돌았죠.

———— '유대인들이 기독교인들을 죽이기 위해 우물에 독을 탔다!'

흑사병이 퍼졌던 당시 실제로 전 세계의 유대인들이 기독교인들을 죽이기 위해 아주 조직적으로 움직였다는 내용의 음모론이 유행했습니다. 그렇지 않다면 어떻게 많은 사람들이 순식간에 병에 걸리고 죽어 갈 수 있겠냐면서 말이죠. 유대교 종교 지도자인 랍비가 유럽 전 지역의 유대인 공동체에 독극물을 나눠 주고, 그동안 탄압받아 왔던 유대인들이 복수하기 위해 기독교인들이 먹는 우물에 독을 탔다는 것입니다. 그리고 사회적 소수자였던 빈민들도 부유한 유대인들에게 매수되어 기독교인들을 죽이기 위한 짓에 가담했다는 내용도 있었죠. 왜 갑자기 독극물 얘기가 나왔냐면, 당시 유대인들 중에는 의학 지식이 풍부한 사람이 유독 많았거든요. 유럽뿐 아니라 이슬람 지역에서도 많은 유대인들이 의사로 활동할 정도였죠. 그렇다 보니 유대인들은 독약도 잘 만들 것이라고 막연하게 생각했나 봅니다. 이런 뇌피셜에다 유대인에 대한 혐오, 흑사병에 대한 공포까지 결합되어 이런 어처구니없는 음모론이 나온 거죠. 이 시점에 흑사병에 대한 정보를 좀 접해 보신 분들이라면 이런 내용이 떠오르실 겁니다.

——— 흑사병은 몽골 때문에 퍼진 거잖아?

흑사병과 악마의 군대

흑사병이 퍼진 유럽에서는 생뚱맞게 특정 소수자를 비난하는 일이 만연했죠. 지금 보면 어이없다고 생각하실지 모르겠지만, 잘 생각해 보면 지금까지도 그런 일이 인류 사회에서 사라지지 않은 것 같습니다. 앞서 말씀드린 대로 동성애자들이 원숭이두창을 퍼트린다는 소문이 퍼진 것은 중세가 아니라 21세기에 벌어진 일이니까요.

과학이 발전한 21세기에도 이 꼬라진데 종교가 사회를 지배했던 중세 유럽은 어땠겠습니까? 자기들 멋대로 소설이란 소설은 다 써 댔죠.

"유대인들, 저 악마들이 우릴 죽이려고 퍼트린 거야!"

"우리의 신앙심이 약해져서 그래. 우리 모두 예수 그리스도
의 고난을 똑같이 겪자! 등에 채찍질하며 돌아다니자고!"

악마같이 사람들을 죽이고 다니는 미지의 병에 대해 유럽인들은
종교적으로 해석했던 겁니다. 사실 페스트균이라는 것 자체도 19세
기 말에 와서야 발견되면서 중세 기록과 페스트 증상을 비교하여 흑
사병이 페스트였다는 걸 알 수 있었습니다. 그조차도 '짐작'이었기에
중세의 흑사병은 페스트가 아니라는 말도 있었죠. 21세기에 이르러
서야 DNA 검사를 통해 흑사병이 페스트균 때문에 발병했던 질병이
란 게 밝혀졌습니다. 많은 연구들이 당시의 중앙아시아, 중국 대륙에
서 흑사병이 시작되었다는 것을 뒷받침해 주고 있지만 아직까지 연
구가 지속되고 있죠. 그런데 과학이 발달하지 않은 당시 유럽에서는
이미 흑사병의 기원을 알고 있는 듯했습니다.

——— 몽골이 흑사병을 퍼트렸다?!

몽골이 유럽의 카파 성을 함락하기 위해 흑사병에 걸린 시체를
투석기로 던졌다는 이야기는 아주 유명합니다. 몽골인이 의도적으
로 유럽인들을 감염시켰다는 이야기죠. 이 이야기를 진실인 양 퍼트
리고 다니는 사람들도 많습니다. 물론 이게 출처도 없는 뜬구름 잡는

소리는 아닙니다. 분명히 기록으로 존재하죠. 이탈리아의 피아첸차라는 도시에 살고 있었던 가브리엘레 데 무시스Gabriele de Mussis의 기록입니다.

"그들은 시체에서 나온 견디기 힘든 악취가 성안에 있는 모든 사람을 죽일 것이라고 희망하면서 시체를 투석기에 넣어 도시 안으로 투척할 것을 명령했다. 산처럼 보이는 시체 더미가 성안으로 던져졌고, 기독교인들은 가능한 한 많은 시체를 바다에 내던졌지만 시체 더미로부터 숨거나 도망칠 수 없었다. … 병에 감염된 선원 중 소수가 배를 이용해 카파 성을 벗어났다. 일부 선박은 제노바로, 다른 일부는 베네치아나 다른 기독교 지역으로 향했다."[1]

그런데 흑사병이 몽골 때문에 퍼졌다고 주장하는 기록을 무턱대고 믿기 전에 우리가 먼저 생각해 봐야 할 것이 있습니다.

[1]
남종국, 2021, 〈흑사병의 서유럽 전파에 관한 오해와 왜곡: 무시스의 기록을 중심으로〉, 《의사학》, 30(3), 467쪽.

——— '몽골제국이 쳐들어왔을 때 유럽 사람들은 몽골을 뭐라고 기록하고 싶었을까?'

욕이란 욕은 다 하고 싶었을 것이며, 천하의 나쁜 X들로 기록하고 싶었을 것이며, 이게 다 '몽골' 때문이라고 기록하고 싶었을 것입니다. 실제로 많은 기록들에서 유럽인들은 몽골인들을 악마처럼 묘사하고 있죠. 즉 중세 유럽 사람들이 기록한 몽골에 대한 내용은 조심해서 봐야 합니다. 흑사병에 대한 기록도 마찬가지죠.

———— '저 악마 같은 몽골 애들이 의도적으로 유럽에 흑사병을 퍼트린 거야.'

라고 얘기하고 있지만, 이런 기록들만 보고 몽골이 유럽에 흑사병을 퍼트렸다고 확신해서는 안 된다는 말입니다.

앞서 무시스의 기록을 토대로 많은 사람들이 '카파'라는 도시에서 탈출한 선원들 때문에 이탈리아의 도시국가들로 흑사병이 퍼졌고, 이것이 전 유럽으로 퍼졌다고 믿고 있죠. 하지만 카파에서 선원들이 흑사병에 걸렸다면 배를 타고 이탈리아 지역까지 이동할 수 없었을 것이라는 주장도 있습니다. 흑사병에 걸린 사람은 보통 일주일 정도 지나면 높은 확률로 죽는다고 합니다. 그런데 당시 카파에서 제노바까지 배를 타고 가면 두 달 정도 걸렸습니다. 흑사병에 걸린 사람이 제노바까지 살아서 갈 수 있었을지 의문입니다. 뭐 하나 확실한 것이 없는 거죠.

이 와중에 유럽인들이 몽골인만 탓했던 것도 아닙니다. 당시 동로마제국의 황제가, 제노바 사람들이 이슬람 세력과 자꾸 협력하고 거래했기 때문에 제노바에 신의 천벌이 내려진 것이라고 주장하기도 했죠.

애초에 무시스의 기록 자체도 신빙성이 있다고 보기 힘듭니다.

분석에 따르면 무시스는 공성전이 일어날 당시 카파에 있지도 않았을 가능성이 큽니다. 누군가에게서 들은 말을 적었다는 것이죠. 몽골이 투석기를 이용해 의도적으로 유럽인들에게 흑사병을 퍼트렸다는 근거는 무시스의 기록 이외에는 찾아보기 힘듭니다.

때문에 최근에는 몽골의 시체 투척보다는, 곡물을 무역하는 과정에서 쥐와 벼룩에 의해 흑사병이 자연스럽게 유럽으로 전파되었을 가능성이 제시되고 있죠. 물론 이것도 추정에 불과합니다.

*＊＊

과거 사료의 신뢰성이 떨어지든 말든, 많은 사료들이 한마음 한뜻으로 분명하게 얘기해 주고 있는 것도 있습니다. 전염병이 전 유럽에 빠르게 퍼졌고, 짧은 시간에 많은 사람들이 사망했고, 길거리에 시체 냄새가 진동했다는 거죠. 만약 5100만 대한민국 국민 중 1700만 명이 불과 몇 년 만에 죽는다고 상상해 봅시다. 여러분은 어떤 생각이 드실 것 같나요? 내가 시장을 갈 때도 길거리에 시체가 즐비해 있고, 시체 냄새가 진동하고, 내 친구, 가족, 자식이 하나둘씩 죽어 가는 상황에서 말이죠. 아무리 멘탈이 강한 사람이라도 제정신을 유지할 수 없을 것입니다.

유럽인들도 마찬가지였겠죠. 흑사병으로 인해 혼란스러워진 세상을 보며,

─────── '신께서 벌을 내린 것이다.'

신께서 열 받아서 인류에게 벌을 내리신 것이며 이 분노를 잠재우기 위해 '무언가'를 해야 한다고 상상력을 발휘하기 시작합니다.

🗨 신 고행

흑사병이 처음 퍼질 당시 유럽인들은 할 수 있는 모든 짓을 다 했습니다. 우선 생각부터 고쳐먹기 시작했죠.

─────── '내가 지금까지 악하게 살아서 벌을 받는 것이니 이제 바뀌어야 해!'

그러면서 갑자기 그동안 제대로 다니지 않았던 성당을 자주 다니기 시작했습니다. 물론 그것만으로 흑사병을 막을 순 없었습니다.

─────── '그럼 이제 어떻게 해야 하지?!'

이 타이밍에 갑자기 변태 같은 모습의 사람들이 등장합니다. 옆의 그림을 보면, 자신의 몸에 채찍질을 하고 있는 사람들의 모습이 보이실 겁니다. 유럽 사람들은 흑사병이 신의 벌이라고 믿었습니다. 인

중세 시대 채찍질 고행을 묘사한 그림.
피터 반 라르Pieter van Laer, 1635

간이 타락하고 죄를 지어서 신이 분노하셨다는 거죠. 따라서 신의 분
노를 누그러트리기 위해, 과거 예수 그리스도께서 십자가에 못 박히
셨듯이 본인들도 고통을 느끼며 참회의 시간을 가져야 한다고 생각
했던 겁니다. 자기 몸에 채찍질을 하는 등 고행을 통해 속죄해야 한다
고 온 유럽을 돌아다니며 주장한 사람들도 있었죠. 그런데 그런 사람
들이 갈수록 늘어나서 수백 수천 명의 인파가 된 겁니다. 수많은 사람
들이 단체로 쇠약해진 몸을 이끌고 전 유럽을 들쑤시고 다녔으니 그
들 덕분에 흑사병이 더욱 빠르게 퍼졌던 것인지도 모르겠습니다. 로

마 가톨릭의 성직자들은 당장 그런 행위를 이단으로 규정하고 막아야 했겠죠. 그러나 당시 많은 성직자들이 죽거나 도망쳐서 교회가 사람들을 통제하기 힘든 상황이었습니다. 심지어 일부 지역에서는 성직자들도 저 채찍질 행렬에 참여하기까지 했습니다.

오늘날 우리들의 눈에는 당시 사람들이 그저 미개하게만 보일 수도 있겠습니다. 하지만 흑사병이 퍼질 당시를 잘 상상해 보고 몰입해 봅시다. 흑사병이 퍼지기 이전 유럽에서 '성직자'라는 집단은 당연히 다이렉트로 천국 갈 사람들이며, 어린아이들도 지은 죄가 거의 없기 때문에 신의 보호를 받는 존재들이라고 여겨졌습니다. 생활의 일거수일투족 모든 것을 종교적으로만 생각하던 시대였던 겁니다. 그런데 흑사병 때문에 죽은 아이들도 어마어마하게 많았습니다. 분명 죄를 별로 짓지 않았으니 신께서 지켜 주셨어야 하는데 말이죠. 게다가 천국행 1등 티켓을 끊어 놓은 것 같았던 성직자들도 엄청나게 많이 사망했습니다. 처음 흑사병이 유행할 시기에 잉글랜드에서는 전체 인구의 약 30% 정도가 죽었습니다. 그런데 같은 시기 잉글랜드의 성직자들은 무려 40~50%가 죽었습니다. 이러한 상황에서 일반 신도들은 어떤 생각을 하게 됐을까요?

——— '도대체 이 공포에서 어떻게 빠져나가지?'
'내가 도대체 뭘 할 수 있지?'

바로 이때 흰색 두건을 쓴 수많은 사람들이 자기 몸에 채찍질을 하면서 "신께 사죄하라! 고행의 길을 걸어라!"라고 구호를 외치며 마을을 돌아다니는 것을 본다면 어떤 상황이 연출될까요? 많은 사람들이 저 변태 같기도 한 채찍질 행렬에 동참하는 것이 이상할 게 없었습니다. 성직자들까지 죽어 가고 있었으니, 교회에 가서 속죄하고 열심히 기도한다고 해서 이 사태가 해결되지 않을 것이라고 생각한 거죠. 이런 상황에서 일반 신도들은 살아남기 위해 지푸라기라도 잡는 심정으로 저 행렬에 동참하게 된 것입니다. 신의 분노를 누그러뜨리려면 이 방법밖에 없다고 믿은 것이죠.

이렇게 어떻게든 속죄하려는 사람들이 있었던 반면, '어차피 이제 죽을 날도 얼마 남지 않았으니 대충 살다 가자!' 하며 도둑질하고 약탈하고 강간하고 술을 펑펑 마시고 돈도 펑펑 쓰고 도박도 펑펑 하는 등 쾌락만 추구하는 사람들도 늘어나고 있었습니다. 흑사병이 퍼졌을 당시 유럽 사회는 정말 혼돈의 카오스였다는 것을 우린 알고 넘어갑시다. 이런 세상에서도 권력자들은 자신들의 권력이 와해되는 꼴을 볼 순 없었습니다.

💬 권력자

흑사병이 창궐하면서 많은 사람들이 죽었습니다. 그것은 로마 가톨릭의 성직자라고 예외가 아니었죠. 유럽의 전체 성직자 중 거의 절반이 사망했습니다. 지금 듣기엔 그냥 슬픈 얘기로만 들리지만, 당시 로마 가톨릭과 교황청은 이 상황이 환장할 일이었습니다.

———— '신의 선택을 받고 구원이 확정된 성직자들도 죽는다고?!'

많은 가톨릭 신도들은 성직자들의 죽음을 보고 종교에 대한 신뢰를 잃기 시작합니다. 단순하게 성직자들이 많이 죽어서 신뢰를 접은 것은 아니었습니다. 다 자기 업보대로 돌아온 거죠. 종교가 일상의 전부였던 중세 유럽인들을 위로해 주고 보듬어 주고 그들을 위해 기도해 주어야 할 성직자들이 흑사병이 발생하자마자 제일 먼저 피신했던 겁니다.

———— "일단 튀어!"

튀었습니다. 저 멀리, 자기는 흑사병에 걸리기 싫어서 최대한 먼 거리로 튀었죠. 그러니 흑사병의 공포를 이겨 내고자 예배를 드리려고 교회를 찾은 수많은 신도들은 어이가 없었습니다. 함께 애도하고 신께 기도 드릴 줄 알았던 성직자들이 튀고 사라져 버렸으니 말이죠. 각 지역 성직자들의 우두머리라는 주교들은 흑사병이 퍼지기 시작한 도시들을 일부러 피해 다녔고, 장원이나 촌락에 머무르면서 강 건너 불구경하듯 편지로만 소통했습니다.

하급 성직자들은 어쩔 수 없이 흑사병으로 죽어 나가던 사람들의 장례식도 치러 주며 많은 감염자들과 접촉했으나, 고위 성직자들은 저 멀리에서 지켜보고만 있었던 거죠. 실제 주교급 성직자보다 하급 성직자들의 사망률이 높았다는 사료도 존재합니다. 잉글랜드 지역에서 높은 자리를 해 먹고 있던 주교들의 경우 약 12%가 사망했습니다. 하지만 중간급 성직자였던 주임 사제들은 33%가 사망했고, 하급 성직자였던 대리 사제들은 무려 46%가 사망했죠.

주교들은 살아남았음에도 걱정이 많았습니다.

─── '사람들이 너무 많이 죽어 버렸네. 돈은 어디서 구하지?'

흑사병으로 사람들이 죽어 나가고 있으니 교회가 벌어들일 수 있는 돈도 줄어들고 있었던 것이죠. 당시 로마 가톨릭은 위기의식을 느끼고 있었습니다. 전염병에 대한 위기의식도 있었겠지만 그보다도 자신들의 종교에 대한 위기의식 말이죠. 흑사병 때문에 성직자들이 너무 많이 사망했고, 일반 신도들은 로마 가톨릭이라는 종교에 대해 불신이 커져 갔습니다. 이에 교회는 특단의 대책을 세우게 되죠.

─── "일단 아무나 뽑아!"

성직자가 부족해진 각 지역의 주교들은 교황에게 성직자를 뽑는 기준을 대폭 낮춰 달라고 요청합니다. 교황도 로마 가톨릭의 신뢰가 더 무너지지 않도록 빠르게 결제를 해 주죠. 종교가 중심인 사회였던 만큼, 원래 유럽에서 성직자가 되려면 빡빡한 기준을 통과해야만 했습니다. 나이는 얼마나 먹었는지, 결혼은 했는지, 이상한 부모를 두고 있진 않은지, 전과는 없는지 등등 다 따져 봤죠. 과거에는 이렇게 빡빡한 기준을 통과하고 일반 신도들이 보기에도 그럴듯한 사람들만 성직자가 됐던 겁니다. 그런데 이제 예전 같으면 도저히 성직자가 될 수 없었을 기준 미달의 사람들이 성직자가 되기 시작합니다. 스무 살도 안 된 머리에 피도 안 마른 애들이 사제가 되질 않나, 다섯 살짜리 어린아이들까지 신입 수사로 받아들이질 않나 아주 개판이었죠. 범죄 기록을 조회하지도 않고 시험도 제대로 치르지 않으니, 교회에서 꼭 필요한 라틴어도 못하는 사람까지 성직자로 임용되었습니다. 그럼에도 성직자가 부족하자 교회 예식의 진행을 여성이나 평신도에게 맡기기까지 했죠. 당시에 교회가 신도들을 붙잡기 위해 얼마나 안간힘을 쓰고 노력했는지를 알 수 있는 대목이죠.

문제는, 이렇다 보니 당시 성직자들의 수준이 떨어지기 시작했다는 겁니다. 《성경》의 내용도 잘 모르고 교회 예식을 진행하는 방법도 모르는 성직자가 많아졌습니다. 그나마 교회 자리를 지키고라도 있으면 양반이었죠. 흑사병에 감염될까 봐 신도들을 만나는 것도 거부하고 튀어 달아나는 성직자들도 수두룩했죠. 신도들이 죄를 씻기 위해 고해성사를 하려고 해도 할 수가 없었던 겁니다. 이 틈을 노려 고해성사 같은 종교의식을 해 줄 테니 돈을 내놓으라고 요구하는 성직자도 생겨납니다. 흑사병으로 경제가 박살 난 세상이었으니 돈을 벌기 위해 성직자가 되는 사람들까지 생기기 시작했던 거죠.

교황이라고 다르지 않았습니다. 당시 교황이었던 클레멘스 6세

Clemens VI는 흑사병을 막기 위해 예배를 드려야 하니 돈을 내놓으라고 여기저기 찌르고 다녔습니다. 이것 때문에 무려 교황을 규탄하는 사람들도 있었죠. 흑사병 때문에 경제가 휘청거려서 수많은 사람들이 굶어 죽고 아파서 죽는 와중에도 권력자들은 종교를 빙자해 오히려 재산을 긁어모을 수 있었던 거죠.

중세 시대 로마 가톨릭은 단순한 종교 단체가 아니었습니다. 이 책의 앞부분부터 봐 오신 분들은 아시겠지만, 가톨릭 성직자들은 백성들의 안녕, 국가의 발전을 위해서가 아니라 자신들의 사치, 호화로운 생활을 위해 다른 권력자를 견제하던 또 다른 권력자였을 뿐이었습니다. 이들에게 있어서 흑사병은 좋은 먹잇감에 불과했습니다. 흑사병 때문에 마침 세상이 혼란스러워지니 종교의 권위까지 등에 업은 성직자들이 해 먹기 딱 좋은 타이밍이었던 거죠.

아이러니하게도 유럽인들은 흑사병 팬데믹 이후 로마 가톨릭이라는 종교에 더욱 강하게 의지하기도 했지만, 한편으로 종교에 의구심을 품고 '인간' 그 자체에 집중하게 되면서 '인본주의'라는 흐름을 만들어 내기도 했습니다. 덕분에 흑사병 이후 '르네상스Renaissance' ❶라고 불리는 문화 혁신과 '계몽주의'가 부상하게 됩니다. 이제 신이 아니라 인간의 판단력을 믿는 시대가 온 거죠.

❶ 르네상스 시대는 신을 거부했던 것이 아니다. 그 이전에 극단적으로 '신' 중심으로 생활하던 유럽인들이 '신'과 '인간'을 함께 생각하게 된 것이다. 실제 르네상스 시기 많은 학자와 예술가들은 종교와 함께 성장하기도 했다.

163

팬데믹 상황에서 가장 중요한 것은 질병으로부터 국민을 지켜 내는 것입니다. 그러나 과거 성직자들은 흑사병이라는 혼란을 틈타 자신들의 이익을 위해 노력했죠. 그리고 유럽인들은 당시 소수자였던 유대인들을 흑사병을 퍼트린 악마로 만들었습니다.

2019년 11월 17일 중국 우한을 시작으로 전 세계로 퍼진 코로나 팬데믹은 이후 북미와 유럽에서 아시아인 혐오 범죄로 이어졌습니다. 한국에서도 중국인에 대한 혐오는 광복 이래 최악이죠. 그런데 전 세계적으로 혐오가 퍼지던 코로나 팬데믹 기간에 효기심은 이런 생각이 들었습니다. 중국인을 욕하면 코로나가 해결될 수 있는 것일까? 우리가 반드시 잊지 말아야 할 것이 있습니다. 혐오는 그 무엇도 해결해 주지 않는다는 것 말이죠.

제 5 장

말도 안 되는 족보를 위한 선택

러시아정교회의 탄생

러시아는 세상에서 가장 큰 나라입니다. 면적이 무려 1700만km^{2}가 넘죠(1709만 8242km^2). 10만km^2 정도 되는 남한 영토의 170배 가량의 땅을 보유하고 있는 겁니다. 덕분에 러시아는 한 나라 안에서도 시차가 존재합니다. 러시아의 동쪽 끝과 서쪽 끝의 시차가 무려 열 시간이나 되죠.

러시아는 한국과 상당히 가까이에 있는 나라입니다. 북한과 국경을 맞대고 있으니 말이죠. 북한 바로 옆에 블라디보스토크라는 도시가 있는데, 서울에서 비행기를 타면 두 시간 정도면 도착합니다. 속초에서 배를 타면 하루면 갈 수 있죠.

하지만 이상하게도 우리들에게 러시아라는 나라는 너무 멀게 느껴집니다. 러시아인들이 사용하는 언어는 무엇이며, 러시아라는 나라의 역사와 문화는 어떠한지 한국인들 중에는 아는 사람이 드문 편이죠. 아마도 6.25 전쟁과 냉전을 겪으며 단절되어 살아왔기 때문일 겁니다.

특히, 러시아가 '정교회'를 믿는 국가라는 걸 들어 본 한국인은 아주 적을 겁니다. 기독교는 크게 세 분파로 나뉘어 있습니다. 앞서 살펴본 가톨릭, 개신교, 그리고 정교회죠. 정교회는 '정통 교회'라는 의미입니다. 로마제국이 서로마와 동로마로 분열되었을 때 동로마제국이 자기네 기독교가 원조라는 걸 강조하려고 정교회라고 한 거죠.

그런데, 러시아가 이 종교를 받아들이게 된 겁니다. 나중에는 아예 자신들이 원조 기독교를 수호하는 최후의 국가라며 러시아가 '새로운 로마'라는 소리까지 하게 되죠. 도대체 러시아는 정교회로 무슨 일을 하려고 했던 걸까요?

정교회면 정교회지, 러시아정교회는 뭐야?

2022년 2월 말에 시작된 러시아-우크라이나 전쟁은 이 책이 출간된 2023년 2월까지도 끝날 기미를 보이지 않고 있습니다. 러시아-우크라이나 전쟁이 한창이던 지난 2022년 3월, **러시아정교회와 다른 지역 정교회들이 분열될 조짐**을 보인다는 언론 보도가 있었습니다.

——— 정교회⋯?

앞서 예수 탄생 이후 탄생한 그리스도교, 기독교라는 종교가 로마제국 시기부터 '보편적이고 당연한 것'이라는 의미를 담아 **가톨릭**으로 불리기 시작했다고 설명한 바 있습니다. 문제는, 로마에 살고 있

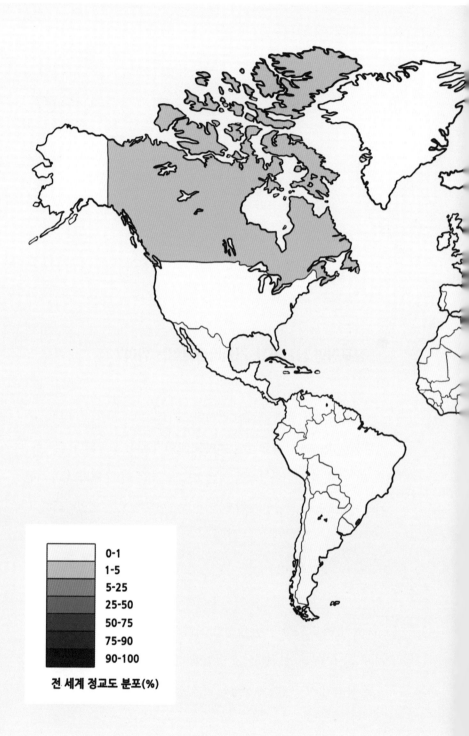

전 세계 정교도 분포(%)

	0-1
	1-5
	5-25
	25-50
	50-75
	75-90
	90-100

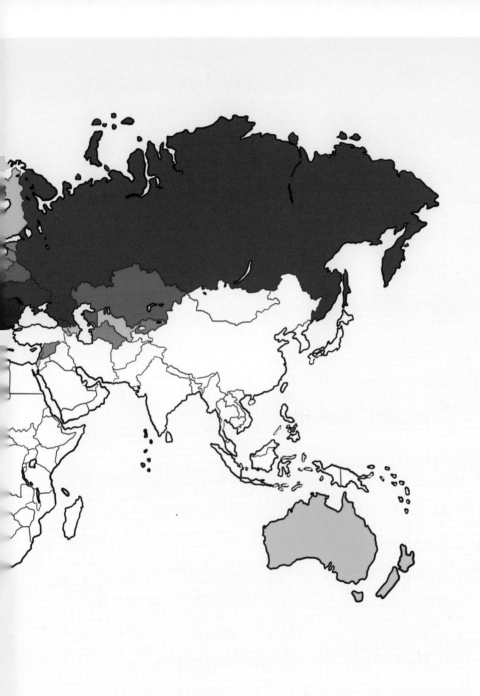

던 교황만 갈수록 영향력이 막강해져서 원래 같은 기독교의 주교였던 동쪽 지역의 가톨릭 대주교들의 혈압이 오르고 있었다는 것이죠. 그 외에도 교리 논쟁과 같은 여러 사건 사고도 있었고, 결국 동쪽의 대주교들은 로마 교황만의 가톨릭을 인정할 수 없다며 우리가 '정통' 종교라는 의미로 '정통 가톨릭(기독교) 교회'를 탄생시킵니다. 이 기독교 종파를 줄여서 '정교회'라고 부릅니다. 그런데 한 가지 의문인 것이 있습니다. 기존의 정교회는 원래 현재 이스라엘과 터키 지역에 퍼져 있었습니다. 그런데 도대체 어쩌다가 저 멀리 있는 러시아까지 퍼진 것일까요?

러시아라는 국가의 시작

우선 현재의 러시아라는 국가가 어떻게 탄생했는지 알고 넘어갑시다. 현재의 러시아 영토는 과거 수많은 이민족들에게 지배되고 착취되어 온 지역이었습니다. 기원전 1000년부터 기원전 700년까지는 키메르인Cimmerian에게, 이후에는 스키타이인Scythian, 사르마티아인Sarmatian, 게르만족의 조상으로 여겨지는 고트족Goths, 아시아의 북쪽에 있던 흉노족과 연관이 있을 것으로 추정되는 훈족에게까지 말이죠. 동유럽, 발칸반도 지역 민족과 러시아인까지 포함하고 있는 슬라브족은 과거 저 수많은 이민족들에게 지배당했던 민족입니다.

그리고 9세기경, 이번에는 바이킹 민족인 노르드족Nordmān이 슬라브인들의 땅으로 내려오기 시작합니다. 이들은 슬라브인들의 땅에 정착하여 살게 되었고 루스Rus인으로 불리게 되죠. 루스인 역사를 서술하고 있는 12세기의 기록물 《**원초 연대기**Primary Chronicle》의 내용에 따르면, 당시 슬라브인들이 살던 지역은 부족들끼리 서로 치고받고 싸우느라 고담 시티 뺨칠 정도의 카오스 그 자체였다고 묘사되고 있습니다.❶ 슬라브족의 세력이 분산되어 있었으니 바이킹의 후예인 루스인들이 자신들의 세력을 만들기에 좋은 상황이었습니다.

> ❶
> 《원초 연대기》는 당시 권력자들의 입맛에 맞춰 기록되었을 가능성이 높다. 때문에 신중하게 검토 연구되어야 할 사료다.

--------- 노브고로드 루스Novgorodian Rus

그렇게 862년에 루스인들이 다스리는 최초의 슬라브 국가 루스가 탄생됩니다. 민족을 의미하던 루스라는 단어가 나라 이름이 된 거죠. 루스는 현재의 러시아 상트페테르부르크에서 남쪽으로 약 150km 떨어진 노브고로드Novgorod라는 곳에 처음 터를 잡았습니다. 그래서 이 국가의 이름을 '**노브고로드 루스**'라고 부르죠.

907년 러시아와 동로마제국의 전쟁에 대한 원정을 기록한 《원초 연대기》의 한 부분

키예프 루스Kievan Rus

이후 루스인들은 강을 따라 남쪽으로 영토를 확장하기 시작합니다. 그러다가 발견한 곳이 바로 현재의 우크라이나의 수도 키예프죠.❶ 루스인들은 새로 발견한 키예프가 마음에 들었는지 이곳을 본거지로 삼게 되었고, 그렇게 현재의 러시아, 우크라이나, 벨라루스 등 슬라브 국가들이 자신들의 기원이라고 주장하는 키예프 루스가 탄생하게 됩니다.❷

❶ 우크라이나식으로는 키이우Kyiv라고도 표기하고 있다.

❷ 노르드족이 남쪽으로 내려와 슬라브인들을 다스렸다는 이야기는 아직 학계에서 연구가 진행 중이다.

❸ 현대 주류 역사학계에서는 받아들여지지 않는 내용이다.

소수의 러시아 역사학계 학자들은 노르드족이 내려와 슬라브족을 다스리게 된 것을 부정하기도 합니다. 키예프 루스를 세운 루스인은 노르드족이 남하한 것이 아니라 기존 동유럽에 있던 슬라브족이라는 주장이죠.❸

아무튼 키예프 루스가 탄생하긴 했습니다. 이들은 당시 동유럽 지역에서 상당히 강력한 국가였죠. 물론 패배하긴 했지만 941년과 971년에는 당시 유럽 최강 대국이었던 동로마제국과 결전을 벌일 정도였습니다.

하지만 당시 키예프 루스는 중앙집권적인 국가가 아니었습니다. 중앙집권이라는 것은 지금의 대한민국처럼 중앙 정부가 각 지역 정부 기관들을 통솔하는 형태를 말합니다. 한반도 역사에 있었던 조선도 중앙집권 국가였죠. 그런데 키예프 루스의 경우 과거 고려의 왕건이 여러 지방 호족들의 마음을 얻기 위해 호족 집안과 혼인 관계를 맺으면서까지 호족들 눈치 오지게 보던 것과 비슷했습니다. 형식상 키예프 루스의 중앙 도시였던 키예프의 지도자가 국가 총 지도자이긴 했지만, 국가 안에 여러 공국과 각 지역별 지도자가 따로 존재하고 있었죠. ❹

일반적으로 이렇게 중앙집권적이지 못한 국가에서 전쟁이 일어나면 안보적으로 상당히 불안정한 상황이 벌어지곤 합니다. 각 지역 지도자들과 왕이 한마음 한뜻으로 외세를 몰아내거나 영토 확

❹ 당시 키예프의 지도자나 지방의 지도자 모두 '공후Knyaz'였다. 여기서 '공후'라는 단어는 참 낯선 단어인데, 영어로도 번역하기 힘든 러시아어라 대충 '왕' 정도로 생각하면 된다.

장을 위해 협력하면 참 좋겠지만, 전쟁이 일어날 경우 각 지역 지도자들은 쿠데타를 일으키거나 다른 강대국들과 협력해 기존 왕을 뒤통수치고 자기들이 짱 먹기도 했기 때문이죠. 심지어 각 지역 지도자들은 혈연관계에 있더라도, 즉 서로 형제이거나 친척이더라도 서로 배신하기도 하고 통수를 치기도 했습니다. 실제로 잘나가던 제국도 자식 농사를 잘못 지어서 나라 전체가 휘청거리다 결국 공중분해 되는 경우가 꽤 많았던 것처럼 말이죠.

키예프 루스도 예외가 아니었습니다. 형제간에 왕위 분쟁이 발생하면서 결국 980년경 당시 노브고로드의 지도자였던 블라디미르 Vladimir the Great(재위 980~1015)가 다른 형제들을 모두 정리하고 키예프 루스의 지도자 자리에 오르게 됩니다.

2000년대 우크라이나 화폐에 그려져 있는 블라디미르 왕.
우크라이나 국립 은행

블라디미르가 키예프 루스의 권력의 정점에 서기는 했으나 아직 나라가 안정된 건 아니었습니다. 형제들과 벌였던 내전의 여파로 나라 안은 아직도 혼란스러웠고, 나라 밖에서는 이민족들이 계속 어그로를 끌고 있었죠. 블라디미르는 키예프 지도자 자리를 더 해 먹기 위해서라도 하루빨리 나라를 안정시켜야만 했습니다. 그는 고민 끝에 종교를 이용하기로 결정합니다. 국민들 대부분이 같은 종교를 믿게 되면 그 종교를 믿는 국민들을 향해 이렇게 얘기할 작정이었죠.

——— "신이 나를 지도자로 인정했다!!"

그러려면 우선 모든 국민이 같은 종교를 믿게 만들어야 했습니다. 블라디미르는 즉위 직후 여러 신들을 모신 신전 판테온^{Pantheon}을 세우고 그곳에 여섯 명의 신을 모십니다.

페룬Перун	천둥의 신
호르스Хорс	태양의 신
다쥐보그Даждьбог	풍요의 신

스트리보그Стрибог	날씨의 신
세마르글Семаргл	농업의 신
모코쉬Мокошь	방직, 공예의 여신

당시 키예프 루스의 국민들이 믿던 토착 종교에는 신이 셀 수도 없이 많았습니다. 때문에 종교를 정치적으로 이용하기에 너무 복잡했죠. 그래서 우선 신을 여섯 명으로 압축해 정리합니다. 국민들이 각자 멋대로 각기 다른 신을 믿는 게 아니라 딱 여섯 신만 믿게 만들고, '저 여섯 신께서 위대한 루스인의 국가를 지키기 위해 블라디미르 왕을 지켜 주시고 백성을 지켜 주신다'고 선동질할 각을 만들려고 한 거죠. 그런데 나중에 가서 블라디미르는 자신이 만든 저 판테온을 스스로 박살 내 버립니다.

─── "페룬 신이 제일 좋은 신이라고!"
  "뭔 소리야? 세마르글 신이 가장 중요한 신이야!"

국민들은 저 여섯 신들 중 자기가 믿는 신이 짱이라며 자기들끼리 갑론을박하기 시작합니다. 농민의 비율이 높은 지역에서는 농업의 신이었던 세마르글을 가장 중요하게 생각했고, 방직을 하는 사람의 비율이 높은 지역에선 방직의 신이었던 모코쉬를 더 추앙하는 식이었을 수 있겠습니다. 블라디미르는 루스인들과 슬라브인들에게 친

숙한 종교로 국민을 통합하고 정치적으로 이용하려고 했지만, 오히려 국민들은 더 분열되고 있었던 겁니다. 심지어 블라디미르에 대한 반감이 커지기도 했습니다.

——— "지가 뭔데 페룬을 섬기라 마라 하는 거야?"

블라디미르는 여섯 신 중 특히 페룬을 밀어 줬습니다. 키예프 루스 곳곳에 화려하게 장식한 페룬 조각상을 세우게 하여 자신이 곧 페룬과 비슷한 인간이라는 암시를 주었던 거죠. 다른 신을 더 따르고 더 깊게 믿고 있던 슬라브인들 입장에서는 상당히 거슬리는 모습일 수밖에 없었습니다. 전 세계적으로 왜 다신교보다 유일신을 따르는 쪽으로 종교가 변화할 수밖에 없었는지 알 수 있는 대목이죠. 결국 블라디미르 왕은 신하들에게 당장 가서 다신교가 아닌 유일신 신앙을 찾아오라고 오더를 내립니다.

💬 최소한 돼지고기랑 술은 먹게 해야지!

블라디미르는 키예프 루스라는 국가에 어울릴 만한 종교를 찾기 위해 여러 종교를 공부하기 시작합니다. 당시 키예프 루스 주변에는 다양한 종교가 있었습니다.

당시 유럽에서는 크게 4개의 종교를 찾아볼 수 있었습니다. 이제 키예프 루스에 가장 적합한 종교를 하나 고르면 되었죠. 앞에서도 언급했던 《원초 연대기》에서는 당시 블라디미르 왕이 어떤 종교를 선택했는지, 그리고 왜 선택했는지를 꽤 자세하게 기록하고 있습니다.

우선 첫 번째 종교 유대교를 살펴보니, 유일신이 유대인들의 땅을 일부러 뺏어 갔다는 겁니다. 그런데 유대인들은 신께서 땅을 빼앗고 시련을 주는 것을 신의 깊은 뜻으로 생각해 받아들이며 살고 있었습니다. 국가의 영토를 더욱 확장하고 싶었던 블라디미르 입장에서 유대교는 자동 탈락이었습니다.

두 번째로, 이슬람교의 경우 돼지고기와 술을 먹지 못한다는 교리가 있었습니다. 술도 한잔씩 하고 돼지고기도 먹어야 했던 키예프 루스 주민들에게 적합하지 않은 종교였죠. 게다가 키예프 루스와 역사적으로 오랜 기간 갈등을 겪고 있던 볼가강 불가리아Volga Bulgaria인과 하자르족의 종교가 하필 또 이슬람교와 유대교였습니다. 그랬으니 이슬람교와 유대교는 더더욱 선택할 수 없었던 거죠.

세 번째로, 로마 가톨릭은 블라디미르 왕의 조상들이 대대로 거부해 오던 종교였습니다. 정확히는 블라디미르 왕의 할머니이자 키예프 루스의 지도자였던 올가^{Olga}(890?~925)가 가톨릭을 거부한 적이 있었죠. 대신 올가는 동로마제국의 수도였던 콘스탄티노플(현재의 터키 이스탄불)에서 정교회 세례를 받았습니다.

그렇게 블라디미르 왕에게 남은 것은 정교회뿐이었습니다. 돼지고기도 먹을 수 있고 술도 마실 수 있었으며, 게다가 블라디미르 왕의 할머니는 정교회 세례를 받은 상태였으니, 정교회만큼 적절한 종교가 없었던 거죠. 그런데 정교회를 선택한 가장 중요한 이유는 따로 있었습니다.

🗨 키예프 루스는 오랑캐가 아니다!

키예프 루스는 유럽 주류 국가 반열에 편입되고 싶어 했습니다. 그런데 당시까지 키예프 루스는 유럽 주류 국가들이 사용하던 라틴문자를 사용하고 있지 않았고, 종교 또한 블라디미르 대공이 왕으로 재임했던 10세기 무렵까지도 자신들만의 토착 신앙을 믿고 있었습니다. 당시 유럽은 신성로마제국을 중심으로 로마 가톨릭 교황에게 인정을 받아야만 왕이 될 수 있는 분위기였고, 강대국이었던 동로마제국(비잔틴제국) 또한 가톨릭에서 갈라진 정교회를 믿고 있었죠. 중세 시대 유럽 국가들은 가톨릭과 정교회와 같은 기독교를 믿지 않는 국가를 나라 취급도 해 주지 않았습니다. 고대 중세 유럽 사회에서는 기독교를 믿지 않는 국가를 야만적이며 상종 못할 오랑캐 국가로 인식하고 있었기 때문이죠. 당시 유럽 주류 국가들은 키예프 루스를 변방의 오랑캐로 취급하고 있었습니다. 과거 동아시아 국가들이 중국의 왕조와 조공 책봉 관계를 맺지 않으면 국제사회에 끼어들 수 없었던 것처럼 말이죠.. 키예프 루스는 유럽 국가들과 함께 무역, 교류를 하기 위해서라도 반드시 기독교를 받아들여야만 했습니다. 게다가 '문자'도 문제였습니다.

💬 키릴문자?

중세 시대 로마 가톨릭의 경우 다른 지역에 포교를 할 때 《성경》은 반드시 '라틴어'로 적혀 있어야 한다고 고집했습니다. 그런데 로마 가톨릭과 달리 정교회의 경우 포교를 할 때 각 지역의 언어로 《성경》 내용을 번역하는 등 융통성 있는 방법을 채택하고 있었습니다. 게다가 정교회의 경우 중앙의 총대주교가 각 지역 주교들에게 갑질하는 것도 덜했습니다. 각 지역 정교회 지부들은 자치권을 갖고 행동할 수 있었죠.

이 시기, 현재까지 러시아가 사용하고 있는 **키릴문자**Cyrillic Script가 탄생됩니다. 9세기경 정교회의 포교를 위해 슬라브 지역으로 떠난

글라골문자로 적힌 요한복음

키릴문자로 쓰인 안드로니코프 복음서.
러시아 국립 역사 박물관

키릴Cyril과 메포지Methodius 두 형제가 있었습니다. 그들은 슬라브 민족이 《성경》을 배우고 기독교를 손쉽게 믿을 수 있도록 **글라골문자** Glagolitic Script를 만들게 되죠. 이후 불가리아의 성직자였던 클리멘트 Clement of Ohrid는 글라골문자를 개량해 키릴문자를 탄생시킵니다. 이때 탄생된 키릴문자는 초기 정교회라는 '종교'에서 사용되던 문자였지만 이후 불가리아, 세르비아, 러시아 지역에서 일반 국민들도 사용하는 문자가 되죠. 덕분에 정교회가 로마 가톨릭에 비해 동유럽과 발칸반도, 러시아 지역에서 퍼질 수 있었습니다.

군이 라틴어를 써야 하고, 무엇보다도 왕부터 일반 국민들까지 모두 교황이란 존재에게 복종해야 했던 로마 가톨릭이 블라디미르 왕 입장에서는 상당히 부담스러웠을 겁니다. 물론 교황이 키예프 루스라는 국가의 모든 지역과 국민들을 장악하고 쥐락펴락할 순 없었 겠으나, 중세 유럽 역사에서 특정 지역의 왕이 교황의 심기를 거슬리 는 바람에 파문을 당한 일이 심심찮게 있었으니 말이죠. 만약 온 국민 이 로마 가톨릭을 믿게 되었는데 이후 키예프 루스의 왕과 교황 사이 가 나빠진다면 교황이 국민들에게 "저 왕은 이단이다"라며 왕을 처단 하라고 얘기할지도 모를 일이었습니다. 그런데 정교회를 믿던 동로마 제국에서는 반대로 황제가 종교를 쥐락펴락하는 겁니다.

황제에게 안성맞춤 종교=정교회?

동로마제국의 경우 황제가 정교회의 성직자를 임명할 수 있는 임 명권을 가지고 있었습니다. 앞서 3장에서 설명한 대로, 비슷한 시기 에 로마 가톨릭에서는 저 임명권을 '누가 갖느냐'를 두고 황제와 교황 의 갈등이 심해지고 있었습니다. 게다가 동로마제국 황제는 정교회의 교리에 대해서도 간섭하고 있었습니다. 하나부터 열까지 간섭할 순 없었겠으나 황제가 자기 지지율에 맞춰, 아니면 국가의 특정 상황에 맞춰 종교의 교리를 자기 입맛대로 바꿀 수 있었던 거죠. 이것을 **황제 교황주의**Caesarpapism라고도 합니다. 그랬으니 키예프 루스의 블라디 미르 왕에게 정교회만 한 종교가 없었습니다.

물론 이전에 동로마제국의 수도 콘스탄티노플(현재의 이스탄불)을 정복하기 위해 키예프 루스와 동로마제국이 전쟁을 했던 적도 있지만, 동로마제국은 키예프 루스에게 중요한 경제 파트너였죠. 키예프 루스는 동로마제국과의 관계를 개선해서 무역을 통해 돈을 벌 생각도 있었습니다. 그러려면 같은 종교를 믿는 것이 상인들 간의 관계에서도 나쁠 것이 없었습니다. 현대사회에서도 같은 종교를 믿는 사람들이 더 큰 호감도를 갖고 비즈니스 파트너가 될 가능성이 높으니 말이죠. 게다가 동로마제국과 가까웠던 키예프 루스의 남쪽 지역에는 이미 정교회를 믿게 된 국민들이 꽤 많았습니다. 그랬으니 정교회만한 종교가 없었던 거죠. 그런데 문제는 정교회를 믿지 않던 키예프 루스의 국민들이었습니다. 그들에게 갑작스레 종교 변경을 요구할 경우 불만이 터질 것은 분명했습니다. 그래서 블라디미르는 다시 한번 머리를 굴립니다.

🗨 가라로 믿게 해

'가라'는 일본어에서 왔다고도 하지만, 출처가 불분명한 단어입니다. 보통 군대 다녀오신 분들이 자주 사용하는 단어죠.

——— "가라로 해!"

보통 대충대충, 융통성 있게 일을 처리할 때 사용하는 말입니다. 앞서 설명한 것처럼 키예프 루스가 정교회를 받아들인 후 기존의 천

<키예프의 세례>.
클라브디 레베데프Klavdy Lebedev, 1900년대경

등의 신, 농업의 신, 태양의 신과 같은 토착 종교를 믿던 국민들은 반
발했습니다. 블라디미르 왕은 정교회를 수용하면서 집권 초기에 지었
던 신전(판테온)을 셀프로 박살 내고 토착 신들의 조각상과 그림들도
부숴 버리기 시작합니다. 게다가 키예프 루스 국민들을 강에 들어갔
다 나오게 하여 강제로 세례 받게 하기도 했죠. 국민들은 당연히 반대
했습니다. 내가 원래 믿던 신을 국가가 뭔데 마음대로 없애 버리느냐
면서 말이죠. 반발을 잠재우기 위해 융통성 있는 '가라' 작업이 시작
됩니다. 정교회의 지방 성직자들은 키예프 루스 국민들이 기존에 믿
던 토착 종교의 신과 정교회를 섞어 버립니다.

페룬Перун	천둥의 신
호르스Хорс	태양의 신
다쥐보그Даждьбог	풍요의 신
스트리보그Стрибог	날씨의 신
세마르글Семаргл	농업의 신
모코쉬Мокошь	방직, 공예의 여신

키예프 루스의 토착 종교에는 앞서 말한 여섯 명의 신 외에도 다양한 신들이 있었습니다. 정교회 성직자들은 그 점을 이용하기 시작합니다. 천둥의 신이었던 페룬을 《구약성경》의 선지자였던 엘리야Elijah와 동일시하려는 작업이 시작됩니다. 순교자 파라스케바Paraskeva가 방직의 신 모코쉬의 역할을 하게 되죠. 대지의 여신은 성모 마리아로 대체되었습니다. 대지의 여신이 임신한다는 신화는 성모 마리아의 수태고지 사건으로 탈바꿈되었죠.

또한 여름철에 강가에서 목욕하고 모닥불을 피워서 그 위를 뛰어넘으며 죄를 정화하는 '쿠팔라'라는 날이 있었는데, 예수에게 세례를 해 줬던 요한(러시아어로는 이반이라고 합니다)의 이야기와 섞이면서 오늘날 '이반 쿠팔라Ivan Kupala'라는 명절이 되었다고 합니다.

비슷한 사례가 또 있습니다. 간혹 해외 뉴스를 보면 푸틴 러시아 대통령이 한겨울에 얼음까지 둥둥 떠 있는 수영장에 들어가는 장면이 나옵니다. 정교회에서는 예수가 세례를 받은 날을 '주현절'로 기념하는데, 푸틴 대통령이 했던 의식도 주현절 행사의 프로그램 중 하나죠. 물에 들어가 자신의 죄를 씻는다는 의미로 행하는 것인데, 사실

주현절 행사로 물에 들어가 있는 푸틴

토착종교에서 유래한 의식이라는 말도 있습니다.

이렇게 현대 러시아 정교회의 다양한 요소가 어디서 기원했는지 정확히 알 수 없을 정도로 자연스럽게 슬라브인들의 토착 신앙과 정교회의 컬래버레이션이 이루어졌던 겁니다. 토착 신앙과 정교회 간에 굳이 종교적 대결을 일으켜 국민들이 강제로 신앙을 바꾸도록 한 것이 아니라 융통성을 발휘했던 거죠. 결과는 아주 효과적이었습니다. 키예프 루스 국민들은 새로운 종교 정교회에 대한 경계를 해제하기 시작했죠.

국가, 민족의 정체성에 종교까지 삽입함으로써 강력한 정체성으로 국민 대통합을 이룩한 키예프 루스. 그러나 그들 앞에 갑자기 몽골 제국이 나타납니다.

키예프에서 모스크바로

한반도를 넘어 일본 열도까지 위협했던 몽골제국은 현재의 동유럽 지역과 중동 아랍까지 위협하고 있었습니다. 키예프 루스 또한 몽골제국에 의해 1240년 수도 키예프가 함락되면서 그 위세를 잃어버리게 되죠. 키예프 루스의 각 지역의 지도자들은 키예프의 지도자가 아닌 몽골제국의 후예였던 킵차크한국과 친해지기 위해 사바사바 난리도 아니었습니다. 몽골에 속국화되기 시작한 거죠. 몽골에 대항하지 않고 관계를 수립할 경우 '대공' 칭호를 하사받을 수 있었고, 이 칭호만 받으면 다른 지역 지도자들보다 더 큰 목소리를 낼 수 있었죠.

한편 키예프 루스의 수도 키예프에 있던 정교회의 대주교는 몽골에 장악된 키예프에서 떠나지 않고 버티고 있었습니다. 키예프 루스가 정교회를 받아들인 이후 줄곧 키예프가 정교회의 중심지 역할을 하고 있었기 때문이죠. 그런데 키예프가 몰락한 후 치열하게 정치 싸움을 하던 각 지역 지도자들은 너도나도 키예프의 대주교에게 러브콜을 보내기 시작합니다. 기존 정교회의 중심지였던 키예프를 '자신들의 지역'으로 옮기고 싶었던 거죠. 그리하여 키예프의 대주교였던 막심Maximos은 1299년에 블라디미르Vladimir(사람 이름이 아니라 지역명입니다)라는 곳으로 이사를 갑니다. 이곳은 당시 몽골에게 먹혀 버린 키예프 루스 지역에서 제일 잘나가던 '대공국' 중 하나였죠.

그런데 대주교를 모셔 오고 싶어 했던 대공국이 하나 더 있었습니다. 바로 '모스크바Moscow'였죠. 모스크바와 블라디미르는 라이

중세 시대에 그려진 이반 1세의 그림

벌 지역이었습니다. 당시 모스크바 대공은 **이반 1세**Ivan I(재위 1325~1340)였죠. 그도 정교회의 대주교를 모셔 와 종교를 잘 이용한다면 자신이 강력한 국가의 군주가 될 수 있을 것이라고 생각하고 있었습니다.

이반 1세는 키예프의 대주교 막심의 후임이었던 신임 대주교 표트르Saint Peter of Moscow에게 앞으로 자신이 잘 대우하겠다며 모스크바로 이사 오라고 설득하기 시작합니다. 그렇게 1325년 표트르 대주교는 모스크바로 이사하게 됐고, 이후 모스크바는 정교회 신앙의 중심지로 변모해 갔죠. 그렇게 모스크바는 키예프 루스의 공국들을 통틀어 가장 급이 높은 대공국이 되었습니다. 이 말은 곧, 이 자리만 계속 잘 유지한다면 훗날 킵차크한국의 지배로부터 해방될 때, 키예프를 대신해서 모스크바가 종교뿐 아니라 정치 경제의 중심지가 될 것이라는 의미였죠. 모스크바 대공국

15세기에 그려진 **표트르 대주교**의 그림

은 이후 종교뿐 아니라 '로마'까지 이용하려는 생각을 하죠.

제3의 로마?

15세기 몽골제국은 자식 농사를 잘못 지으면서 와해되기 시작합니다. 이미 몽골제국은 원나라, 차가타이한국, 일한국, 오고타이한국, 킵차크한국으로 분열되어 있었고, 그 분열된 국가에서도 자식들의 왕위 쟁탈전이 시도 때도 없이 일어났죠. 그것은 키예프 루스를 박살 낸 킵차크한국(ᠽᠡᠷᠢᠭ ᠤᠯᠤᠰ, Golden Horde)도 예외가 아니었습니다.

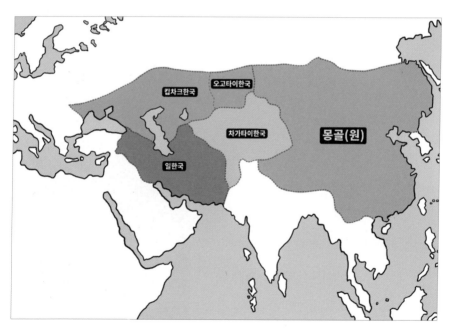

몽골제국의 분열

그러던 와중 1453년에 동로마제국이 오스만제국에 의해 멸망하게 됩니다. 즉 이제 동로마제국이란 국가가 지구에서 아예 사라졌다는 건데, 문제는 저 사라진 '동로마제국'의 정통 후계자라는 타이틀이 상당히 괜찮은 정치적 아이템이었다는 겁니다. 책의 앞부분에서 신성한 로마제국의 후예라는 삐까번쩍한 이름을 지녔던 신성로마제국의 사례를 통해 살펴봤듯 '로마제국의 후예'라는 타이틀은 고대부터 중세까지 아주 중요한 정치적 아이템이었죠.

─────── '우리가 그 유명한 로마의 정통 후계자라고?!'

동로마제국의 정통 후계자라는 타이틀을 얻는 것은 당시 모스크바 대공국에게도 좋은 정치적 아이템이었습니다. 마침 몽골 국가들도 세력이 분할되고 있었으니 기회는 이때였습니다. 당시 모스크바 대공국의 대공이었던 이반 3세 Ivan III(재위 1462~1505)는 본격적으로 킵차크한국으로부터 독립하기 위

중세 시대에 그려진 이반 3세의 그림

한 작업에 착수합니다. 그리고 모스크바에서는 제3의 로마Third Rome라는 드립이 나오기 시작합니다. 1492년 정교회의 대주교였던 조시

마Zosimus는 자신의 저서에서 이런 식으로 적기도 했죠.

———— '이제 모스크바는 새로운 콘스탄티노플이다!'

현재의 이스탄불, 당시 동로마제국의 수도였던 콘스탄티노플은 정교회의 세계총대주교가 자리 잡았던 도시입니다. 그런데 오스만제국이라는 이슬람 국가에게 동로마제국이 박살이 나면서 콘스탄티노플은 더 이상 정교회의 중심지 지위를 유지하기 어려운 상황이었죠. 그러자 모스크바 대공국의 대주교인 조시마가 모스크바가 제3의 로마라는 말을 꺼낸 겁니다.

'제3의 로마' 사상의 핵심은 이러했습니다. 과거 존재했던 로마제국(제1로마)이 멸망했고, 그 이후 존재했던 제2로마(동로마제국)도 오스만제국=이슬람 세력에 의해 멸망했으니, 우리의 신과 우리의 종교 정교회를 지키기 위해서라도 모스크바가 제3의 로마가 되어야 한다는 내용이었죠. 그런데 정교회라는 종교만을 들먹이며 밑도 끝도 없이 모스크바가 제3의 로마가 되어야 한다고 주장하는 건 이 책을 읽으시는 분들도 느끼시겠지만 억지였습니다. 그렇다 보니 모스크바 대공국은 다른 근거를 들어야 했습니다. 아예 사돈의 팔촌까지 들먹이기 시작하죠.

당시 모스크바 대공국의 대공 이반 3세는 동로마제국의 마지막 황제의 그냥 딸도 아닌 조카딸과 결혼한 상태였습니다(동로마제국의 멸망 이후였던 1472년). 이 결혼은 로마 가톨릭의 교황까지 지지해 준 결혼이었죠. 교황은 왜 이 결혼을 지지했을까요? 동로마제국 멸망 후 동로마제국 황제의 조카딸인 소피아^{Sophia Palaiologina}는 로마 교황청의 보호를 받고 있었습니다. 교황은 소피아를 이반 3세에게 보내면서 모스크바 대공국에 영향력을 행사하고 싶었던 거죠.

또한 당장 교황령 옆의 동로마제국이 이슬람 세력인 오스만제국에 의해 멸망하자 교황청 입장에서도 위협을 느끼고 있었습니다. 이번 기회에 모스크바 대공국과 동맹을 맺어서 이슬람 세력을 저지하고자 했던 거죠. 그러나 모스크바 대공국의 이반 3세는 교황의 뜻대로 움직여 줄 생각이 전혀 없었습니다. 오히려 이반 3세는 상상도 못할 정말 창의적인 방식으로 독단적인 길을 걷기 시작합니다.

─────── 모스크바는 제3의 로마다.

그리고 난 차르^{Tsar}다.

이반 3세는 동로마제국의 상징이었던 쌍두독수리를 자신의 가문 휘장에 사용하기 시작했고, 자신을 대공이 아닌 황제=**차르**로 호칭하기 시작합니다.

이반 3세의 인장.
동로마제국의 상징이었던 쌍두독수리를 인장에 새겼다.

차르^{Tsar}

아시는 분들은 아시겠지만, 러시아의 황제는 과거부터 Emperor 가 아닌 Tsar로 표기되어 왔습니다. 차르는 과거 로마제국에서 황제를 호칭하던 카이사르(카이저, Caesar)를 의미합니다. 카이사르라는 말을 러시아에서 **차르**라고 하는 거죠. 당시 모스크바 대공국의 왕을 황제로 부르게 된 것은 다양한 의미를 지니고 있었습니다. 모스크바 대공국은 더 이상 대공이 다스리는 국가가 아니고, 몽골 킵차크한국의 제후국도 아니며, 동로마제국의 정통성을 이어받은 정교회의 중심지라고 선포한 것이었죠. 모스크바 대공국은 몽골제국의 침략과 지배를 받는 과정에서 자신들의 주권을 되찾아 와야 한다는 의식을 갖게 되었을 것으로 추정됩니다. 그런데 거기에 킵차크한국으로부터 그냥 독립한 것도 아니고 제3의 로마 드립을 날리며 차르까지 탄생시켰으니, 당시 모스크바 대공국 지역의 국민들은 아마 국뽕이 치사량이었을지도 모르겠습니다.

이후 모스크바 대공국은 많은 루스인들의 중심지로 변해 갔고, 루스 민족의 민족국가화, 중앙집권화가 진행되기 시작합니다. 이후 이반 3세의 손자인 이반 4세는 1547년에 러시아 역사상 최초로 **차르**라는 호칭으로 대관식을 받습니다. 이반 4세는 통치 후반기에 폭군이 되어 '뇌제^{雷帝}'라는 별명을 얻게 되는 인물이기도 합니다.

이렇게 모스크바는 대공국을 거쳐 이후 루스 차르국^{Tsardom of Russia}, 즉 러시아인들의 황제 국가로 변모하게 되죠. 그러나 루스 차르국이란 이름은 러시아인들의 언어로 부르는 이름이었습니다. 앞서 말했다시피 유럽 국가들은 자신들이 주로 믿던 로마 가톨릭을 받아들이지 않은 루스 차르국을 변방의 후진국, 오랑캐로 취급하고 있었죠. 게다가 당시까지 루스 차르국은 유럽 국가들이 사용하던 라틴어를 사용하지 않고 있었습니다. 러시아 역사에서 제국^{Empire}이 들어서고 황제^{Emperor}라는 명칭을 사용하게 된 것은 한참 시간이 흐른 뒤인 1721년, 표트르 대제가 나라 전체를 서양식으로 뜯어고치면서 '러시아제국^{Russian Empire}'의 설립을 선포한 이후였습니다. 차르가 아닌 임페라토르^{Imperator}의 시대가 도래했던 거죠.❶ 이후 러시아 제국은 제1차세계대전 과정에서 니콜라이 2세를 마지막으로 공산주의 국가로 대체됩니다. 그 국가가 바로 소비에트사회주의공화국연방, 줄여서 소련이죠.

❶ 러시아 내부에서는 차르라는 말도 계속 사용됐다.

***

　과거 정교회와 제3의 로마라는 상징성을 얻지 못했다면 지금의 러시아는 존재하지 않았을지도 모릅니다. 종교와 상징성 덕분에 '러시아인'라는 정체성이 만들어졌으니 말이죠. 하지만 그 정체성은 러시아인들보다는 러시아의 '차르'에게 필요했던 것 같습니다. 고구려와 백제, 신라 이후 고려, 조선 그리고 대한민국까지, 당신이 느끼고 있는 정체성은 누구에게 필요했던 것일까요?

제 6 장

유럽에도 이완용은 있었다

지구에서 사라진 폴란드

한국인들 중에서는 폴란드라고 하면 당장 머릿속에 떠오르는 게 별로 없는 분들이 많으실 겁니다. 나라 이름은 어디선가 들어봤지만 폴란드의 정치, 문화, 역사 같은 건 우리들에게 다소 낯선 게 사실이죠.

하지만 폴란드는 유럽에서 꽤 잘나가는 국가입니다. GDP는 2021년 기준으로 약 6740억 4000만 달러이며 전 세계에서는 스물두 번째, EU 가입 국가들 중에서는 여섯 번째로 GDP가 높습니다. 인구는 EU 국가들 중 다섯 번째로 많죠.

사실, 알고 보면 폴란드와 관련 있는 것들이 우리 주변에 꽤 많이 있습니다. 예를 들어 카페에 가면 흔히 볼 수 있는 '베이글'은 폴란드의 유대인이 만든 음식이라고 합니다. 피아니스트이자 작곡가인 쇼팽Frédéric François Chopin, 지동설을 처음 주장했던 코페르니쿠스Nicolaus Copernicus, 라듐을 발견한 마리 퀴리Marie Curie 모두 폴란드 사람이죠.

사실 나치 독일이 만든 지상 최악의 시설 중 하나인 '아우슈비츠 수용소'도 독일이 아니라 폴란드에 있었습니다. 나치 독일은 2차 세계대전 당시 폴란드 전역에서 유대인들뿐만 아니라 수많은 폴란드인들도 학살했습니다. 하지만 나치 독일은 폴란드를 괴롭혔던 국가들 중 하나일 뿐이었습니다.

16~17세기에 폴란드는 지금보다도 훨씬 영토도 넓고 강력한 국가였습니다. 한때는 러시아에 쳐들어가서 모스크바를 점령한 적도 있을 정도였죠. 그랬던 폴란드가, 1795년부터 1918년까지 무려 123년간 지도에서 아예 사라집니다. 1772년부터 러시아, 프로이센, 그리고 오스트리아가 세 번에 걸쳐 폴란드 땅을 말 그대로 갈라 먹기 시작했기 때문입니다. 세 나라가 편을 먹고 폴란드에 쳐들어갔다면 이해가 됩니다. 하지만 큰 전쟁이 일어난 것도 아닙니다. 23년 만에 폴란드는 조용히 지도에서 사라지죠.

도대체 폴란드에서는 무슨 일이 벌어졌던 것일까요?

💬 정말 어이없게 사라졌던 폴란드

효기심이 책을 쓰고 있는 현재 2022년, 러시아-우크라이나 전쟁은 끝날 기미를 보이지 않고 있습니다. 지금 전 세계 그 어느 국가보다 우크라이나를 돕기 위해 부단한 노력을 하는 국가가 있습니다. 바로 폴란드죠. 지도를 보면 서쪽으로 독일, 아래로 체코와 슬로바키아, 동쪽으로는 발트 3국(발트해 연안에 자리한 3개 국가인 리투아니아, 라트비아, 에스토니아)과 벨라루스, 우크라이나와 인접해 있는 국가입니다. 서유럽과 러시아 사이 길목에 자리한 국가라는 걸 알 수 있죠. 즉 과거역사가 얼마나 피곤했을지 지도만 보고도 짐작해 볼 수 있는 국가입니다. 그렇다 보니 폴란드에는 외세의 침략에 대한 강한 거부감, 반발심이 존재합니다. 그래서 현재 외세의 침략을 받고 있는 우크라이나

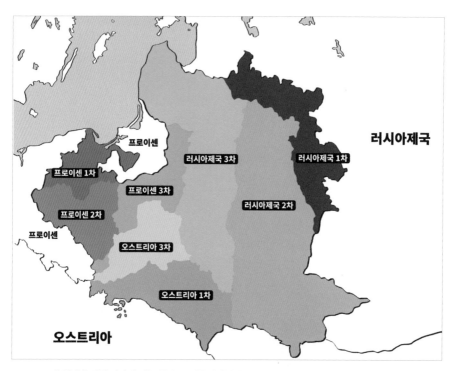

세 차례에 걸쳐 사라져 가는 폴란드-리투아니아의 영토

러시아제국

프로이센

프로이센 1차

프로이센 3차

프로이센 2차

오스트리아 3차

오스트리아 1차

러시아제국 3차

러시아제국 1차

러시아제국 2차

프로이센

오스트리아

를 가장 많이 도우려는 국가 중 한 국가죠. 그런데 18세기에 폴란드가 아예 지구에서 사라진 적이 있습니다.

───── 지구에서 아예 사라졌다고…?

폴란드라는 국가의 시작

폴란드는 서유럽에서 그리 멀리 떨어진 지역이 아님에도 문명의 발전이 늦었습니다. 무려 태조 왕건이 고려를 세웠던 기원후 10세기까지만 해도 폴란드 지역에서는 여러 부족들이 통합되지 못했죠. 폴란드 지역의 국가 형성과 문명 발전이 더뎠던 이유는 지리에 있습니다.

현재의 폴란드인들은 슬라브인이기도 합니다. 슬라브인에는 폴란드인뿐 아니라 현재의 러시아, 우크라이나, 불가리아, 세르비아, 체코인이 포함되기도 하죠. 슬라브인들은 원래 동유럽과 러시아 서부에 넓게 분포되어 있었습니다. 그런데 이 지역에는 종종 중앙아시아, 중동 아랍에서 이민족이 쳐들어오기도 했고, 북쪽에서는 바이킹이, 서쪽에서는 게르만 국가가 쳐들어오기도 했죠. 고대부터 중세까지 슬라브인들은 수많은 침략, 약탈, 학살의 대상이었습니다. 게다가 우크라이나를 제외하면 식량이 그다지 풍족한 지역도 아니었죠. 식량이 부족할 경우 부족과 민족의 통합, 그리고 국가의 형성은 더욱 어려워집니다. 단순하게 생각해 보면 쉽습니다. 우리 식구가 먹을 것도 부족하여 옆집과 경쟁하며 먹을 것을 구해야 하는 상황에서 과연 이웃과 사이좋게 지낼 수 있을까요?

슬라브인들 중 폴란드인들은 현재의 '오데르Oder강'과 '비스와Vistula강' 사이에 자리를 잡았습니다. 그런데 이 지역엔 늪지가 많았고 맹수까지 들끓었죠. 즉 사람이 살기에 적합하지 않았고 도시를 형성하기에도 적합하지 않은 지역이었습니다. 때문에 고대부터 로마제국과 같은 강대국들이 별로 관심을 갖지 않는 지역이었습니다. 제국에 이득을 가져다줄 영토가 아니었으니 말이죠. 사실 문명 발전에 영향을 끼친 여러 사례들을 살펴보면, 안타깝게도 '침략'이 지대한 영향

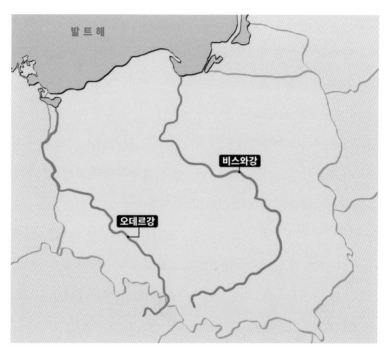

발트 해

비스와강

오데르강

현재 폴란드 영토와 오데르강, 비스와강의 위치

을 끼친 사례가 아주 많습니다. 만약 폴란드인들이 터 잡고 있던 지역에 로마나 특정 강대국이 침략해서 문화나 지식, 언어를 전파했더라면 더욱 빠르게 문명이 발전했을지도 모를 일이죠.

이러한 시각에 대해 한국에서는 '식민 사관'이라는 프레임을 씌우는 경향을 가진 사람들이 꽤 많이 존재합니다. 사실 조금만 분리해서 보면 복잡할 필요가 전혀 없습니다. 과거 일본이 한반도를 수탈했든 침략을 했든, 실제 그들이 한반도에 들어와서 깔아 놓은 인프라가 광복 이후 활용된 부분들이 있다면, 그들의 침략 이후 한반도에 이득이 된 부분도 있었다고 얘기하면 되는 거죠. 다만 누군가의 침략이 정당화되어선 안 됩니다. 이득이 되었으니 그들의 침략이 옳았다고 얘기하는 것이야말로 선동과 왜곡이죠. 효기심은 하나부터 열까지 모든 것을 부정해야만 애국이고 조금이라도 인정하면 애국이 아니라고 얘기하는 것은 시대착오적인 발상이라고 생각합니다.

아무튼 다시 폴란드 얘기로 돌아오겠습니다. 당시 폴란드인들은 다양한 부족들로 나뉜 채 살아가고 있었습니다. 그 다양한 부족들 중 폴Poles이라 불린 부족이 있었는데, 이 부족의 이름을 따서 국가 이름이 폴란드Poland가 된 것이죠. 그러다 10세기에 이르러서야 드디어 폴란드 역사상 최초의 '왕'이 등장합니다. 바로 '피아스트 왕조Piast Dynasty'의 미에슈코 1세Mieszko I(재위 960?~992)죠.❶ 미에슈코 1세는 우선 주변 부족들부터 조지기 시작하고, 오늘날 폴란드와 비슷한 영토를 얻게 됩니다. 좋게 말하면 부족들을 통합시켰다고 할 수도 있겠죠.

그런데 주변 부족들을 공격해 억지로 흡수하는 것도 통합이라고 말은 할 수 있겠지만, 생각해 보면 아주 부실한 통합이죠. 예컨대 효기심이 어떤 아파트에 살고 있다고 가정해 봅시다. 효기심은 이 아파트의 수많은 주민들을 통합해서 국가를 만들려는 욕망을 갖고 있는데, 주민들에게 총이나 칼을 들이밀면서 다 함께 동맹을 맺고 효기심을 왕으로 인정하라고 요구했다고 해 보죠. 처음

❶ 사실 미에슈코 1세를 포함한 폴란드의 고대 역사에 대해서는 구체적이고 객관적인 사료가 매우 적다. 때문에 현재 주류 역사학계에서는 미에슈코 1세를 전설 정도로 치부하고 있기도 하며, 폴란드 민족 정체성과 체계적인 국가 시스템이 고대에 존재했는지 여부도 분명하지 않다.

에는 다들 죽기 싫어서라도 말을 들어줄지 모르겠습니다. 그러나 이후 기회를 엿보다가 단체로 효기심을 끌어내리려 하겠죠.

수많은 사람들을 '통합'시키기 위해서는 많은 국민과 부족들이 특정 왕을 정말로 신뢰해서 믿고 따르도록 만들어야 합니다. 이럴 때 필요한 것이 민족주의, 국뽕, 국가주의 등등 여러 가지가 있겠지만, 그중 가장 효과가 좋은 것은 바로

──────── 종교religion

종교입니다.

고대에서 중세까지 전 세계 사람들에게 '종교'와 '신'은 아주 중요한 통치 체제의 재료였습니다. 과거 한반도 역사에서도 신라가 불교를 이용했고 조선이 유교를 이용했죠. 현대사회도 마찬가지입니다. 우리는 민주주의라는 체제를 당연하게 생각하며 살고 있습니다. 세상에는 다른 체제를 당연하게 생각하는 국가도 많죠. 권력자들은 국가 형성 초기에 국민들 입맛에 맞거나 상황에 맞는 통치 체제를 채택하고 그것을 당연한 규칙이라고 설파하고 선동합니다. 많은 국민들이 그 말을 신뢰하기 시작하면 이제 그것이 상식적이고 당연한 것이 되죠. 폴란드 지역에도 이런 종교와 통치 체제가 필요했습니다. 문제는 당시 폴란드 지역이 다양한 부족들에 의해 나뉘어 있었고 종교도 부족별로 달랐다는 점입니다. 우선 그들이 모두 '같은 종교'를 믿게 만들어야 했습니다. 폴란드의 수많은 부족과 왕이 다들 로마 가톨릭을

믿고 있었다고 가정해 봅시다. 그리고 그중 몇몇 부족장이 쿠데타를 일으키고 싶어 안달이 난 상태라고 해 보죠. 그런데 로마 가톨릭의 수장인 교황이 '미에슈코 1세'를 '신께서 너희들을 다스리도록 내려 주신 왕'이라고 선포했다면, 왕을 끌어내리려는 쿠데타 세력이 쉽게 성공할 수 있을까요? 아마 힘들 겁니다. 아무리 부족장이 쿠데타를 일으키자고 해도, 교황이 신의 이름으로 인정해 준 왕을 끌어내리는 건 사람들이 느끼기에 참 꺼림칙한 일이겠죠.

───── '신께서 선택해 주신 왕을 무너뜨리러 가자고…?'

이후 폴란드 근처에 리투아니아라는 국가도 생겨납니다. 그런데 14세기가 되면 두 국가가 하나의 국가로 합쳐지게 되죠..

💬 폴란드-리투아니아 동군연합 체제

동군연합은 2개 이상의 나라가 한 명의 공통된 왕을 섬기는 국가 형태입니다.

'그럼 2개의 나라에 왕이 한 명이니까, 그냥 1개의 나라가 된 것 아니야?'

약간 다릅니다. 특정 국가 둘을 갑작스럽게 하나로 통합하기에는 부담이 있습니다. 서로 민족성과 문화도 다를 테니, 나라를 통합하지는 않고 구분을 짓되 '왕' 한 명이 두 국가 모두를 다스리는 국가 형태인 거죠. 그런데 폴란드와 리투아니아는 왜 굳이 동군연합을 한 것일까요?

1370년 폴란드의 왕인 카지미에시 3세^{Casimir III the Great}(재위 1333~1370)가 사망할 당시 그에겐 아들이 없었습니다. 딸이 여왕을 하면 참 좋았겠지만 아직 여왕이란 존재가 생소한 시대였죠. 그래서 폴란드 왕의 조카였던 헝가리의 왕 러요시 1세^{Lajos I of Hungary}(재위 1370~1382)가 폴란드 왕위를 잇게 됩니다. 문제는 폴란드의 왕이 된 러요시 1세가 죽을 때에도 그에게 아들이 없었다는 겁니다. 결국 폴란드의 왕위는 역사상 처음으로 러요시 1세의 딸 야드비가^{Jadwiga of Poland}(1384~1399)에게 넘어가게 되죠.

그런데 야드비가가 처음 폴란드의 왕이 되었던 1384년 당시 그녀의 나이는 고작 열한 살이었습니다. 나이도 어렸고, 게다가 여자가 왕이 되는 일도 흔하지 않은 시절이다 보니, 순식간에 야드비가 여왕의 결혼 문제가 폴란드의 큰 이슈로 떠오르게 되죠. 당시 폴란드는 동유럽의 꽤 큰 국가였습니다. 동시에 리투아니아도 동유럽의 대국이었죠. 폴란드 왕족, 귀족들은 당시 리투아니아를 다스리던 요가일라^{Jogalia} 대공과 폴란드의 야드비가 여왕이 결혼을 하게 된다면 두 국가 간의 평화를 만들어 낼 수도 있고 폴란드의 국가 생명줄을 더 늘릴 수도 있다고 판단하게 됩니다. 물론 왕족과 귀족들이 더 길게 해 먹는 게 중요했던 거겠죠. 아무튼 폴란드와 리투아니아는 1385년 협의를 마쳤고 리투아니아 대공과 폴란드 여왕의 혼인이 성사됩니다.

야드비가 여왕과 요가일라 대공이 십자가에 못 박힌 예수 그리스도와 함께 묘사된 그림.
토마소 돌라벨라Tommaso Dolabella, 17세기

그런데 한 가지 문제가 있었습니다. 14세기 말까지도 리투아니아는 가톨릭을 받아들이지 않고 있었다는 점입니다. 폴란드는 이미 960년대부터 가톨릭을 받아들인 상태여서, 가톨릭을 믿지 않는 자들은 오랑캐이며 신을 몰라보는 상종 못할 인간이라는 인식이 널리 퍼져 있었죠. 당시 대부분의 가톨릭 국가들이 그랬던 것처럼 말입니다. 가톨릭을 믿지 않는 리투아니아와의 결혼은, 폴란드 왕족 입장에서는 쿠데타를 원하는 세력에게 빌미를 제공하는 것이었습니다.

――― "저 여왕은 신을 몰라보는 리투아니아 남편과 결혼한 악마
       다! 내가 신을 알아보는 제대로 된 국가를 만들 테니 나를
       따르라!"

아마 이런 명분으로 쿠데타가 일어날지도 모를 일이었죠.

중세 유럽 역사를 보면 가톨릭을 받아들이지 않던 국가들이 하루아침에 '갑작스럽게' 가톨릭을 받아들이기도 합니다. 리투아니아도 그래야 했죠. 그렇게 리투아니아 대공과 폴란드 여왕의 결혼은 잘 성사되었지만, 또 한 가지 더 난해한 문제가 있었습니다. 두 국가의 지도자가 결혼까지 했는데 2개의 국가와 두 명의 왕이 있는 것은 무언가 그림이 좋지 않았던 거죠. 결국 폴란드 여왕은 왕위를 포기했고, 남편이었던 리투아니아의 대공 요가일라가 폴란드-리투아니아의 공동 통치 왕이 되죠. 이때 요가일라는 **브와디스와프 2세**Władysław II(재위 1377~1381)라는 이름으로 왕이 됩니다.

당시 폴란드와 리투아니아의 왕은 한 명이었지만 두 국가가 완전하게 통합된 형태는 아니었습니다. 왕은 한 명이어도 법체계와 국가 운영 방식은 각각 달랐죠. 그런데 1399년에 야드비가가 사망하면서 폴란드 지역에서 원래 리투아니아의 대공이었던 브와디스와프 2세의 입지가 애매해지기 시작합니다. 와이프 빨로 폴란드를 통치하고 있었으니 말이죠. 그런데 브와디스와프 2세에겐 다행이고 폴란드에게는 불행한 일이 생깁니다.

튜턴 기사단과 루블린 연합

교황의 영향력 확대를 위해 일어난 십자군 전쟁을 잘 아실 겁니다. 십자군은 중동 아랍뿐 아니라 북유럽 지역에도 있었습니다. 그들을 북방 십자군^{Northern Crusades}이라고 부르죠. 북방 십자군 세력 중에는 종교를 명분으로 자신들의 세력을 확대하기 위해 전쟁광처럼 행동하던 튜턴 기사단^{Teutonic Order}이 있었습니다. 1190년을 시작으로 튜턴 기사단은, 사탄과도 같은 이교도들이 가톨릭을 믿게 만들겠다는 명분으로 특정 지역, 부족을 박살 낸 후 전리품을 수집하여 자신들의 부를 쌓아 가고 있었습니다. 이들은 폴란드-리투아니아 왕국 주변에서도 설쳐 대고 있었죠. 아예 튜턴국^{State of the Teutonic Order}이라는 국가 형태까지 갖추고 있었습니다. **❶** 게다가 이들이 설쳐 대던 시절은 교황이 십자군을 모아서 예루살렘을 되찾아 와야 구원받을 수 있다고 난리 치던 시대였으니,

> **❶**
> 현대에 와서는 자선단체로 발전했다.

다른 가톨릭 국가들도 함부로 이들을 비판할 수 없는 처지였죠. 이들은 선 넘는 짓까지 일삼았습니다. 이미 가톨릭을 믿는 국가들까지 쳐들어가서

───── "니네는 믿음이 약하니까 이교도야. 그냥 죽어!"

이런 식으로 약탈을 하고 전쟁을 일으켰죠. 당시 폴란드 사람들은 자

폴란드와 리투아니아, 그리고 튜턴국의 세력도

신들의 원래 왕이었던 야드비가 여왕이 사망한 후 그녀의 남편이었던 브와디스와프 2세를 탐탁지 않아 했지만, 튜턴 기사단으로부터 폴란드를 지켜 줄 왕이 급하게 필요한 상황이었습니다. 때문에 여왕의 사망 이후 폴란드 국민들이 왕의 정통성을 두고 가타부타 따질 겨를이 없었던 거죠. 폴란드와 리투아니아의 관계는 마치 형제 같지만 또 갈라지고 싶기도 한 애매한 연합 관계였습니다. 이후 역사를 보면 또다시 왕이 둘이 되었다가 다시 하나가 되기를 반복하죠.

1569년 두 국가는 루블린 연합Union of Lublin을 결성하여, 폴란드-리투아니아에서 한 명의 왕을 선출하고 폴란드와 리투아니아를 각각

두 명의 기사가 폴란드와 리투
아니아의 깃발을 들고 있다.
깃발 위 얇은 흰색 리본에 '공
동의 이익을 위해, 영원히 단
결'이라는 문구가 적혀 있다.
마르첼로 바치아렐리Marcello
Bacciarelli, 1785

다스리기로 못 박아 버립니다. 폴란드와 리투아니아는 아예 별개의
국가이지만 동시에 동등한 국가이며, 각자 독자적인 법체계, 행정부,
군대를 갖고 '대외적 국방, 외교 문제'의 경우에는 협의해서 함께 해
결하자고 합의하죠. 위치상 이민족, 외세의 침략이 많을 수밖에 없어
불안정한 안보 환경에 놓여 있던 양국의 특성 때문에 발생된 통치 체
제라고 생각하면 좋을 것 같습니다.

　　그런데 1572년 폴란드-리투아니아 연합의 왕이었던 지그문트
2세Zygmunt II(재위 1548~1572)가 단 한 명의 자녀도 남기지 않은 채 사
망해 버립니다. 이제 폴란드-리투아니아의 왕조는 끊겼습니다. 어떻

후계를 남기지 않고 세상을 떠난 지그문트 2세.
소小 루카스 크라나흐Lucas Cranach the Younger, 1553

게든 새로운 왕조가 들어서야 했죠. 그런데 폴란드-리투아니아는 기발한 생각을 떠올립니다.

💬 선거로 왕을 선출한다?

왕위 계승자가 없어 왕이 공석이었던 폴란드-리투아니아 연합. 귀족들은 비어 있는 왕위에 대해 논의한 끝에 뜻밖의 결정을 내립니다.

——— "귀족들이 투표를 해서 왕을 뽑자!"

사실 유럽에서 왕을 투표로 뽑는다는 게 새로운 개념은 아니었습니다. 당장 폴란드 주변의 신성로마제국이나 스웨덴 등 국가들도 선거로 황제나 왕을 뽑곤 했죠. 그리고 폴란드도 새로운 왕이 왕위에 오르기 위해서는 형식적으로나마 '선제후' 지위를 가진 높은 귀족들의 승인이 필요했습니다.

그런데 이 시기부터 정말 실질적으로 귀족들이 투표로 왕을 뽑기 시작한 겁니다. 당시 투표에는 '선제후'뿐만 아니라 모든 귀족이 참여할 수 있었다고 전해집니다. 문제는 이후로 왕이든 왕이 되고 싶은 사람이든 투표권을 가진 귀족들에게 아부하며 지내야 하는 신세가 되어 버렸다는 거죠. 폴란드 왕의 권력을 사실상 귀족들이 모두 나눠 갖게 되어 버린 겁니다. 이렇게만 보면 참 민주적이고 좋아 보이기도 합니다.

─────── '국민이 아니라 귀족에게만'

물론 그 권력은 국민이 아닌 귀족들에게만 분산된 것이지만 말이죠. 새로운 법을 만들고 반포하는 권한도 모두 '귀족 의회'로 넘어갑니다. 당시 폴란드-리투아니아 연합에서 '왕'은 이런 존재였습니다.

─────── 귀족들을 최대한 자기편으로 만들어야 하고,
　　　　　 자기편이 된 귀족의 입맛에 맞는 정책을 펼쳐야 하고,
　　　　　 언제 귀족들에게 팽 당할지 모르는 왕.

게다가 더 버라이어티한 일이 일어납니다. 당시 유럽의 '다른 나라' 왕들이 폴란드의 왕족들이 되기 위한 선거에 뛰어들기 시작한 겁니다.

─────── "폴란드 귀족님, 저 A 국가 왕족인데요, 제가 거기 왕이 되면 귀족 분들 잘 먹고 잘살게 해 드릴게요!"

프랑스의 앙리 3세

러시아의 이반 4세

오스트리아의 에른스트

스웨덴의 요한 3세

1572년 이후 공석이었던 폴란드 왕 선거에, 프랑스의 앙리 3세 Henry III, 러시아의 이반 4세Ivan IV, 오스트리아의 에른스트Archduke Ernest, 스웨덴의 요한 3세Johan III까지 참여합니다. 그들 모두 폴란드 귀족들에게 표 받아먹으려고 만나서 소주도 사 주고 갈비도 사 주고 사과 박스도 챙겨 주며 난리도 아니었죠.

앞서 말씀드린 지그문트 2세가 사망한 후, 이듬해인 1573년 선거를 치른 결과 프랑스 왕 앙리 2세Henry II의 아들인 앙리 3세가 폴란드 왕으로 선출됩니다. 당시 폴란드-리투아니아는 오스만제국과 동맹 관계를 맺고 있었는데, 오스만제국과의 사이가 틀어지지 않기 위해서라도 프랑스 출신의 앙리 3세가 필요했습니다. 프랑스도 오스만제국과 동맹 관계였기 때문이죠.

그런데 폴란드-리투아니아 귀족들은 앙리 3세에게 헨리크 조항 Henrician Articles에 사인하라고 압박하기 시작합니다. 헨리크 조항은 폴란드-리투아니아의 '왕'이 귀족 의회의 승인 없이는 조세 및 관세를 부과할 수 없다는 것과 총동원령 금지, 선전포고 금지 등의 내용을 담고 있었습니다. 사실상 왕을 식물 국왕으로 만들려는 조항이었죠. 헨리크 조항의 의미는 정말 끔찍했습니다. 조항대로라면 외세가 침략해 오더라도 왕은 총동원령을 내릴 수 없었습니다. 반드시 귀족 의회의 승인을 거쳐야 했죠. 문제는, 귀족들이 총동원령을 내리지 않고, 쳐들어오는 외세와 손을 잡고 땅을 가져가라고 할 수도 있었다는 겁니다. 자신들의 귀족 지위와 부를 유지하기 위해서 말이죠. 폴란드-리투아니아의 귀족들은 나라를 팔아먹어서라도 자신들의 지위만 유지하면 그만이었던 겁니다.

프랑스 출신의 폴란드-리투아니아의 왕 앙리 3세는 당연히 조항이 마음에 들지 않았지만 일단 사인합니다. 그리고 정말 어이없게도 앙리 3세는 폴란드-리투아니아 왕이 된 후 고작 134일 만에 프랑스 왕으로 선출되어서 폴란드-리투아니아 왕 자리에 사표를 내고 다시 고향인 프랑스로 돌아갑니다.

하지만 헨리크 조항은 여전히 남아 있었습니다. 앞으로 누가 폴란드-리투아니아의 왕이 되더라도 헨리크 조항에 의해 국가의 중요 의사 결정은 귀족들이 할 예정이었죠. 그런데 가면 갈수록 폴란드-리투아니아에는 사공이 오지게 많아져 갔습니다. 귀족들은 지들 잘났다며 파벌을 형성했고, 자신들이 원하는 왕을 선출하기 위해 서로에게 죽여 버리겠다는 협박까지 하기 시작했죠. 이후 귀족들이 해 먹던 폴란드-리투아니아는 지구에서 18세기가 되면 사라지게 됩니다.

💬 폴란드-리투아니아의 주변 국제정치 상황

한때 폴란드-리투아니아는 동유럽 최강의 국가라고 불러도 손색없을 대국이었습니다. 문제는 영토 확장의 야욕을 품고 있던 러시아, 오스만제국, 프로이센, 오스트리아에게 둘러싸여 있다는 것이었죠. 참고로 프로이센은 과거 폴란드를 괴롭히던 튜턴국이 폴란드-리투아니아 연합 왕국 밑에 눌려 있다가, 신성로마제국의 브란덴부르크

선제후국과 합병되면서 세워진 나라입니다. 후에 프로이센을 중심으로 독일이라는 국가가 생기게 되죠.

아무튼 폴란드-리투아니아는 안보적으로 상당히 불안정한 처지에 놓여 있던 겁니다. 이렇게 엄중한 상황임에도 불구하고 국가를 장악하고 있던 귀족들은 정신을 못 차리고 있었습니다. 무슨 경매를 벌이듯 뇌물을 가장 많이 주는 놈을 왕으로 선출해 줬던 것이죠. 게다가 폴란드-리투아니아의 귀족들은 상상을 초월하는 권력을 갖고 있었습니다.

1. 법원의 재판 없이 귀족들을 체포할 수 없다.(불체포 특권)
2. 법원의 재판 없이 귀족의 재산권을 침해할 수 없다.(재산 불가침권)
3. 의회의 승인 없이 (정확히는 귀족들의 승인 없이) 왕이나 특정 세력이 독단적으로 법을 제정할 수 없다.
4. 의회(귀족들)는 왕을 선출할 수 있다.
5. 귀족들은 세금이 감면된다.

고귀하신 귀족 나으리들께서는 왕보다도 우월한 지위를 가지고 계셨습니다. 폴란드-리투아니아 귀족들의 권한 중 특히나 대박이었던 것은 **리베룸 베토**Liberum Veto라고 불리는 '자유 거부권'이었습니다. 어떤 안건이든 거부할 수 있는 권리였죠. 즉, 안건이 통과되기 위해서는 모든 귀족들의 '만장일치'가 필요했다는 것입니다. 만장일치가 되어야만 안건이 통과될 수 있었으니 의회가 제대로 기능할 리가 없었습니다. 아무리 국가 사회 발전을 위한 법안이더라도 귀족 한 명만 싫다고 하면 통과될 수 없게 만들어 놨으니 말이죠. 그러다 보니 뇌물을 주고받는 게 일상이 되어 갔습니다. 한 귀족이 어떤 안건이든 일단 거부하겠다는 눈치를 주면 해당 안건이 꼭 통과되길 바라는 귀족, 왕, 자본가들이 찾아가서 뇌물을 꽂아 주곤 했죠. 폴란드-리투아니아의 귀족들도 이러한 식물 국회의 문제점을 잘 알고 있었습니다. 그러나 그들에게 가장 중요한 것은 이것이었습니다.

———— "그래도 우리의 권력, 특권은 단 1도 내려놓지 않을 거야."

아무리 국가가 망해 가도 지들의 특권은 단 1도 내려놓고 싶지 않았죠. 귀족들 중에 폴란드-리투아니아라는 국가를 위해 봉사하겠다거나 애국의 마음을 가진 인간들이 얼마나 있었을까요? 나라 꼴을 혼란스럽게 만들던 '귀족 민주주의'가 생긴 지 약 200년이 흘렀던 18세기 당시 폴란드-리투아니아에는 귀족 카르텔 양대 산맥이 있었습니다.

———— 차르토리스키Czartoryski 파벌
　　　　포토츠키Potocki 파벌

폴란드-리투아니아 연합의 왕으로 아우구스트 3세August III(재위 1733~1763)가 즉위한 지 얼마 되지 않았을 때, 차르토리스키 가문은 온갖 정부 요직에 자기네 사람들을 낙하산으로 꽂고 있었습니다. 반면에 비교적 귀족 의회에서 영향력이 약했던 포토츠키 파벌은 아예 다른 국가들(프로이센, 프랑스, 오스만 제국, 스웨덴)에게 지원을 해 달라며, 그들이 원하는 왕을 앉혀 주려고 설계질을 하고 있었죠. (다시 한번 강조하자면 당시 폴란드-리투아니아는 자기 나라 사람

아우구스트 3세의 초상화.
루이 드 실베스트레Louis de Silvestre, 1733

이 아니더라도 왕이 될 수 있었으며, 다른 국가의 뇌물, 로비가 잘 먹혀 드는 국가였습니다)

이후 폴란드-리투아니아의 왕은 차르토리스키 파벌과 결별하고 포토츠키 파벌과 가까워지기 시작합니다. 그러자 차르토리스키 파벌은 지들 멋대로 '귀족 의회'를 해산시켜 버리는 식으로 깽판을 치면서 폴란드-리투아니아를 노리고 있던 러시아제국과 가까이 지내게 됩니다. 두 파벌과 왕의 권력 다툼은 결국 훗날 폴란드를 지구에서 사라지게 만듭니다.

러시아 황제의 애인이 폴란드-리투아니아의 왕이 되다

한편, 비슷한 시기 러시아에서는 황제 표트르 3세$^{Pyotr\ III}$(재위 1762.1.~1762.7.)와 황후였던 예카테리나 2세$^{Ekaterina\ II}$가 최악의 부부 생활을 하고 있었습니다. 1745년에 결혼식을 올린 이들은 서로가 서로를 경멸하고 다른 사람들을 마음에 품고 있었다고 전해지죠. 그냥 법적인 배우자 관계에 가까웠던 겁니다. 특히 예카테리나 2세는 애인을 참 많이 두었던 걸로 유명한데, 젊은 시절 만난 남자 중 한 명은 외국인이었습니다. 바로 폴란드-리투아니아의 외교관으로 근무 중이던 **포니아토프스키**$^{Stanisław\ August\ Poniatowski}$였죠. 하필 또 포니아토프스키

표트르 3세와 예카테리나 2세.
예카테리나 2세는 표트르 3세를 제거한 후 자신이 러시아의 황제가 된다.

는 차르토리스키 가문 사람의 조카였습니다. 포니아토프스키가 예카테리나 2세와 연인이 됐다는 걸 알게 된 차르토리스키 사람들은 든든한 보험을 들어 놓은 듯했을 겁니다.

반대로 예카테리나 2세 입장에서도 포니아토프스키는 아주 좋은 외교 카드였습니다. 예카테리나 2세는 폴란드-리투아니아가 사실상 귀족들에 의해 쥐락펴락되고 있으며, 귀족들은 국가 발전이 아닌 자신들의 콩고물 챙기기에만 혈안이 되어 있다는 것을 잘 알고 있었습니다. 폴란드-리투아니아의 왕위와 국가 정책은 모두 귀족들의 '투표'를 통해 결정되며, 타국의 외교관들이 귀족들에게 뇌물을 줘서 자기 집 안방마냥 폴란드-리투아니아의 법안을 쥐락펴락하는 것까지 꿰뚫어 보고 있었을 겁니다.

때마침 1763년 10월, 폴란드-리투아니아 왕 아우구스트 3세가 사망하는 일이 벌어집니다. 다시 새로운 왕을 선출해야 될 때가 도래한 거죠. 마침 표트르 3세를 몰아내고 이제 막 러시아의 황제가 된 예카테리나 2세(재위

포니아토프스키의 초상화.
마르첼로 바치아렐리, 1792

1762~1796)에게는 이게 황제 즉위를 축하하는 선물과도 같았을 겁니다. 폴란드 지역을 먹을 수 있는 천재일우의 기회였으니까요. 외국인들의 뇌물 때문에 국가 정책이 바뀌는 게 폴란드-리투아니아라는 나라인데 하물며 거대 정치 세력인 차르토리스키 파벌 사람과 끈적한 관계였으니, 예카테리나 2세가 폴란드-리투아니아 정치에 관여하는 건 넘나넘나 쉬운 일이었겠죠. 비록 포니아토프스키가 1758년에 본국으로 돌아가면서 더 이상 그와 연인 관계는 아니었지만 둘은 여전히 가까운 사이였고, 정치질을 위해서라도 예카테리나 2세는 옛 남자친구 포니아토프스키를 이용해야 했습니다. 그렇게 예카테리나 2세는 포니아토프스키가 폴란드 왕이 되는 걸 지지한다고 표명했죠.

폴란드 내에서는 차르토리스키 파벌과 포토츠키 파벌의 대립이 격화되더니 서로 무기를 꺼내 들기 시작합니다. 포토츠키에 비해 힘이 딸린다고 생각한 차르토리스키 파벌은 곧바로 예카테리나 2세 누님에게 SOS를 치죠. 예카테리나 2세는 옳다구나 했을 겁니다. 러시아의 대군이 폴란드-리투아니아의 국경을 넘어 현재의 폴란드 수도 바르샤바를 포위합니다. 특정 귀족이 지들 권력만을 위해 다른 국가에게 군대를 몰고 들어와 달라고 한, 진짜 답도 없는 희대의 사건이었죠. 1764년 6월, 양측 진영은 전투를 벌였고 당연히 포토츠키 파벌은 멸망합니다. 이제 차르토리스키 파벌 마음대로 선거가 치러질 수 있게 된 거죠. 어쩌면 예카테리나 2세는 이렇게 생각했을지도 모르겠군요.

───── '이 나라는 이제 내 거야.'

정치 고단수였던 예카테리나 2세는 이런 속내를 곧이곧대로 드러낸 건 아닌 듯합니다. 최소한 겉으로는 폴란드 선거에 개입 안 한다는 걸 보여 주려고 했던 건지, 러시아 군대를 바르샤바에서 몇 킬로미터 떨어진 곳으로 철수시킨 거죠. 대신 차르토리스키 파벌의 돈을 받은 군인들이 선거 기간 동안 치안을 담당하게 됩니다. 물론 차르토리스키 파벌이 지불했다는 돈은 예카테리나 2세로부터 나온 것이었습니다. 군대만 뒤로 물렸지 결국은 싹 다 예카테리나 2세의 오더 아래 선거가 치러지고 있었던 거죠. 기록에 따르면 이 선거를 위해 러시아는 총 250만 루블을 지불했다고 합니다.

그렇게 예카테리나 2세의 전 애인이었던 포니아토프스키가 1764년에 새로운 폴란드 왕으로 등극합니다. 그런데 포니아토프스키는 전 애인이었던 예카테리나 2세의 하수인이 되고 싶진 않았습니다. 왕이 되자마자 폴란드-리투아니아 귀족들이 갖고 있던 강력한 권력을 자신에게 집중시키려 했습니다. 나라를 제대로 운영하든 자기가 해 먹기 위해서든 우선은 귀족 중심의 괴상한 정치 시스템부터 뜯어고쳐야 했던 거죠. 그래서 기존 귀족들의 특권, 특히 그놈의 '자유 거부권'을 없앨 것이며, 또 다양한 개혁을 이루겠다고 선포합니다.

하지만 인생이란 원래 자기 마음대로 되지 않는 법입니다. 당연히 이게 제대로 될 턱이 없었죠. 귀족들은 일제히 왕에게 등을 돌리기 시작했고, 한마음 한뜻이 되어 러시아는 물론이고 프로이센(이후 독일)한테까지 빌붙어서 저 왕을 끌어내려 달라고 요청하기 시작합니다. 이에 프로이센과 러시아가 포니아토프스키를 갈구기 시작합니다.

프로이센과 러시아 입장에서는 폴란드가 개혁이 되어서 좋을 게 하나도 없었기 때문이죠. 지금까지 그래 왔듯 앞으로도 쭉 귀족들이 무한 거부권이나 행사하면서 왕과 국가 행정을 무력화시킨다면 러시아와 프로이센은 무정부 상태인 폴란드를 마음대로 요리할 수 있을 것이었습니다. 그런데 이걸 뜯어고치겠다고 나대는 포니아토프스키가 영 마음에 안 들었던 거죠.

여기서 러시아는 생각했습니다. 어떻게든 자신들이 앉혀 놓은 왕(포니아토프스키)부터 러시아의 말을 잘 듣는 착한 어린 양으로 만들어서 폴란드를 식물 국가로 만들어야겠다고 말이죠. 이를 위해 러시아는 폴란드 왕의 반대 세력을 지원하기 시작합니다. 아마 어이가 없어서 이해가 잘 안 되실 겁니다. 당시 상황을 정리해 보면 아래와 같습니다.

1. 폴란드-리투아니아를 쥐락펴락하기 위해 러시아 황제의 애인을 왕으로 앉혔다.
2. 그런데 앉힌 왕이 러시아의 말을 들어 먹질 않는다.
3. 러시아는 자신들이 앉힌 왕의 반대 세력을 키우기 시작했다.

러시아는 자기들이 앉혀 놓은 폴란드-리투아니아의 왕에 대항하는 **라돔 동맹**Radom Confederation을 조직하기 시작합니다. 그들에게 러시아 군대까지 아낌없이 지원했죠. 거기까지만 했으면 좋았을 텐데, 러시아가 선을 넘기 시작합니다. 폴란드-리투아니아에는 가톨릭을 믿지 않는 사람들도 꽤 살았습니다. 가톨릭 국가였던 폴란드-리투아니아에서는 종종 개신교, 정교회, 유대교. 이슬람교 등 다른 종교를 믿는 사람들 때문에 갈등이 생기기도 했죠. 그래서 개신교 국가인 프로이센과 정교회 국가인 러시아가 이 종교 문제에 대해서도 개입하는 경우가 있었는데 이번에 러시아가 대놓고

———— '폴란드-리투아니아는 이교도의 종교적 자유를 보장해 줘야 한다!'

라며 폴란드-리투아니아 정부에게 다른 믿음을 가진 사람들의 권리를 보장해 주라고 압박을 가하기 시작한 겁니다. 이건 폴란드-리투아니아의 국교였던 가톨릭 자체를 대놓고 무시하는 것처럼 들리는 말이었고, 동시에 개신교나 정교 신도들을 일부러 부추겨 폴란드-리투아니아의 왕을 끌어내리게 하려는 개수작이었죠. 그러나 대부분 가톨릭을 믿고 있던 폴란드-리투아니아의 사람들은 오히려 러시아의 개수작에 반대하며, '반러 세력'인 **바르 동맹**Bar Confederation을 결성하게 됩니다. 이때부터 폴란드-리투아니아의 귀족들은 러시아와 선을 긋기 위해 반러 분위기를 퍼뜨리기 시작했고, 러시아는 강압적으로 군대를 보내 위협했죠.

한편 러시아제국 아래에는 조용히 있던 거대한 국가가 있었습니다. 바로 오스만제국이죠. 오스만제국은 러시아제국이 군대까지 보내

폴란드-리투아니아를 아예 다 먹어 버리려는 것을 보고 이런 생각을 하게 됩니다.

───── '러시아제국이 너무 거대해지면 그다음에는 우리 오스만제
국까지 먹으려고 할 텐데….'

그렇게 1768년 10월, 오스만제국은 폴란드-리투아니아의 권리를 보호해 주기 위한 수호 세력을 자처하며 러시아에 선전포고를 합니다.[1] 일이 점점 복잡해지고 있었습니다. 폴란드-리투아니아와 관련해 러시아제국, 프로이센뿐 아니라 중동 아랍에 있던 오스만제국까지 개입하고 있었으니 말이죠.

❶
오스만제국과 러시아제국은 16세기 중후반부터 1차 세계 대전까지 내내 싸웠다. 책에서 얘기하는 오스만-러시아 전쟁은 1768~1774년의 전쟁이다.

💬 폴란드가 지구에서 사라지다

갑자기 일이 걷잡을 수 없이 커지자 방금 전까지 폴란드-리투아니아의 통수를 씨게 때리고 있던 러시아는 폴란드-리투아니아에게 지원을 요청하기 시작합니다. 너희도 가톨릭이라는 종교를 믿고 있으니, 저 이교도 이슬람의 오스만제국에 맞서 싸우는 것을 지원해 달라고 말이죠. 뻔뻔함도 그런 뻔뻔함이 없었습니다. 당시 폴란드-리투아

니아의 왕, 즉 예카테리나 2세의 전 남친은 러시아의 요청을 거부합니다. 그의 계산은 이러했습니다.

———— '러시아가 오스만제국을 쉽게 이길 수 있겠어? 분명 이거
전쟁 장기화 각이야! 그럼 한동안 러시아는 우리 폴란드-
리투아니아에 신경을 덜 쓰게 되겠지!?'

당시 폴란드-리투아니아 왕은 러시아가 지나치게 간섭하는 것에 혈압이 올라 있었습니다. 그래서 러시아와 오스만제국의 전쟁이 장기화되는 틈을 타 '또' 다른 국가를 개입시켜 폴란드-리투아니아에서 러시아 세력을 쳐낼 설계를 하고 있었죠. 폴란드-리투아니아는 그렇게 팝콘이나 뜯으며 강 건너 불구경 하듯 러시아와 오스만제국의 전쟁을 방관하기 시작합니다.

그런데 포니아토프스키는 후회하게 됩니다. 막상 전쟁이 시작되고 보니 오스만제국이 생각보다 약했던 겁니다. 1770년, 러시아는 육군과 해군을 동원해서 오스만제국에 대해 대대적으로 공격을 퍼붓기 시작했고, 조금씩 러시아제국의 전쟁 승리 각이 보이기 시작합니다. 심지어 국내에서 계속 세력을 키워 오던 바르 동맹(러시아를 반대하던 폴란드-리투아니아의 귀족 단체)이 폴란드-리투아니아의 왕 포니아토프스키를 폐위시키겠다는 선포를 때려 버립니다. 개혁을 추진하던 왕이 맘에 들지 않았던 귀족들이 프랑스, 오스트리아, 작센 공국 등에 지원을 요청하며 왕을 끌어내리려고 했던 거죠.

1770년 체쉬메 Chesme **해전에서 불타고 있는 오스만제국 함대.**
야콥 필립 하케르트Jacob Philipp Hackert, 1771

마침 1771년에 오스만제국이 러시아한테 박살이 났고, 오스만제국이 휴전하고 싶다며 다른 유럽 국가들에게 중재를 해 달라고 요청합니다. 이 와중에 러시아는 현재의 몰도바와 루마니아까지 집어삼키기 시작했고, 점차 오스만제국의 본토까지 진입하기 시작했죠. 계속 내버려 두면 러시아제국의 영토는 지중해까지 확장될 예정이었습니다. 이대로 가다간 러시아제국의 세력이 선 넘게 확장될 것 같았던 오스트리아와 프로이센은 러시아에게 빅딜을 제안합니다.

───── "러시아야! 오스만이랑 전쟁하느라 피곤하지?

이쯤 하고 우리 셋이 폴란드-리투아니아 나눠 먹고 끝내자! ㅎㅎ"

당시 상황은 이러했습니다. 사실 전쟁 중반부터 러시아의 예카테리나 2세는 프로이센에게 '폴란드-리투아니아' 영토를 나눠 먹자고 러브콜을 날리고 있었습니다. 그런데 러시아에게만 더 유리하게 협의가 이루어질 것을 우려했던 프로이센이 오스트리아까지 껴서 셋이 나눠 먹자고 제안했었죠. 그런데 오스트리아가 생뚱맞게 '슐레지엔' 지역(현재의 폴란드와 체코 영토)을 자신들에게 토해 내야만 폴란드-리투아니아 분할에 개입하겠다고 프로이센에 얘기하면서 일이 상당히 복잡하게 돌아가고 있었습니다. 이 때문에 처음에는 폴란드 분할에 대한 협의가 파투가 났었죠. 그런데 러시아제국이 오스만제국과의 전쟁에서 승승장구하며 지중해까지 확장되어 가자, 마음이 급해진 오스트리아와 프로이센이 러시아에게 셋이 사이좋게 나눠 먹자고 얘기를 꺼낸 거죠.

그렇게 1771년 중반에 러시아제국은 프로이센, 오스트리아와 함께 폴란드-리투아니아를 분할하는 것에 대한 논의를 시작합니다. 이 와중에 폴란드-리투아니아 귀족들은 내분을 벌이고 있었습니다. 1771년 11월, 바르 동맹의 귀족들이 폴란드 왕을 납치하는 사건이 벌어진 거죠. 러시아, 프로이센, 오스트리아 입장에서는 아주 좋은 일이었습니다.

――――― "사랑하는 국민 여러분, 친애하는 이웃 유럽 국가 여러분!

지금 폴란드-리투아니아는 국왕이 납치될 정도로 나라

꼴이 말이 아닙니다! 이 폭도들이 뭔 미친 짓을 할지 모르

는데, 우리들의 안보는 우리 손으로 지켜야 하지 않겠습

니까!!"

폴란드-리투아니아는 이미 정상적인 내정 운영이 불가능한 나라

이고 이런 무정부 상태가 이어지면 주변국 안보에 위협이 된다며, 자신

들이 손수 군대까지 동원해서 폴란드를 관리해야 한다는 드립을 치게

된 거죠. **'국제정치는 야생'**이라는 게 여지없이 드러나는 사건입니다.

이후 1772년 8월 러시아, 프로이센, 오스트리아 3국의 군대가 폴

란드로 진군하면서 1차 폴란드-리투아니아 분할이 시작됩니다.

――――― • 러시아 : 9만 3000km²의 영토(12.68%), 130만 명 인구

• 프로이센 : 3만 6300km²의 영토(4.95%), 58만 명 인구

• 오스트리아 : 8만 1900km²의 영토(11.17%), 265만 명 인구

　※괄호 안은 원래 1차 분할 전 폴란드-리투아니아 영토 대비 면

　적 비율을 의미함

당시 폴란드는 1차 분할에서만 무려 남한 면적의 두 배에 해당하

는 21만 1200km²의 영토와 453만 명의 인구를 잃게 되죠. 아직은 폴

란드-리투아니아의 모든 영토를 빼앗긴 건 아니었습니다. 하지만 영

토의 가장자리부터 계속해서 주변 국가들에게 땅과 국민들을 빼앗기기 시작했죠.

한편 폴란드-리투아니아 국민들은 1차 분할을 겪고 나서야 국가의 귀족들이 지금까지 쓰레기 짓을 하고 있었다는 것을 깨닫고 국가 전반의 개혁을 요구합니다. 그리하여 폴란드에서는 1788년부터 종교적 관용, 국민들의 참정권 확대 등 여러 법률이 제정되기 시작했고, 1791년 5월 3일에는 미국에 이어 전 세계 두 번째로 성문 헌법을 채택해서 국민이 선출하는 의회, 국왕, 법원이라는 삼권분립 원칙으로 국가가 운영되게 되죠. 그러나 폴란드-리투아니아의 개혁은 주변 국가들의 왕, 황제의 입장에서는 아주 꼴도 보기 싫은 일이었습니다.

───── '폴란드-리투아니아 재네가 만든 것들이 우리나라에도 들
        어오면 어떡하지?'

동시에 폴란드-리투아니아 귀족들 중 높은 지위를 누리던 대귀족들도 자신들의 권력이 약화되는 꼴을 볼 수 없었습니다. 두 집단의 마음이 통했던 겁니다. 그렇게 폴란드-리투아니아의 대귀족들은 러시아군을 데리고 와서 셀프로 자기네 나라 정부를 공격하죠.

한편, 옆에 있던 프로이센 또한 그 꼴을 그냥 두고 볼 수 없었습니다. 러시아가 혼자서 폴란드-리투아니아의 땅을 또 가져갈 것 같았으니 말이죠. 당시 프로이센은 폴란드-리투아니아와 군사동맹을 맺고 있었지만 러시아와 전쟁을 벌일 상황은 아니었습니다. 이제 막 프

랑스혁명 전쟁(1792~1802)에 참전했기에 적국을 하나 더 늘릴 수가 없었던 거죠. 그래서 그냥 폴란드-리투아니아의 통수를 치고 러시아와 손잡게 됩니다. 러시아와 함께 다시 한번 폴란드-리투아니아로 쳐들어간 거죠. 몇 세기 동안 국가의 실권을 쥐고 있었으면서도 국가의 백년대계 대비 따위 진작부터 안드로메다로 집어던져 버렸던 폴란드-리투아니아의 귀족들과 정부군은 러시아와 프로이센 군대에게 박살 나죠. 그렇게 1793년, 폴란드-리투아니아의 2차 분할 협상이 시작됩니다.

──────

- 러시아 : 25만 200km²의 영토(34.11%)
- 프로이센 : 5만 7100km²의 영토(7.78%)

1차 분할(28.8%)과 2차 분할(41.89%)을 겪으면서 폴란드-리투아니아 영토는 기존의 30%도 안 되는 면적으로 축소됩니다. 폴란드-리투아니아의 국민들은 엄청난 충격을 받게 되죠. 자신들이 믿어 왔고 사랑해 왔던 국가의 군대가 외세에 제대로 대항하지도 못하고 영토의 70%가량을 날려 먹었으니 말이죠. 2차 분할 이후 폴란드에서는 민족주의가 유행하기 시작합니다. 자연스러운 일이라고도 할 수 있겠습니다. 국민들이 자신의 국가를 지켜야 한다는 애국심의 일환이었으니까요. 그러나 안타깝게도 그 민족주의와 애국심은 **폴란드-리투아니아를 아예 집어삼킬 좋은 명분이 됩니다.**

🗨 3차 분할로 폴란드가 지구에서 사라지다

미국은 원래 영국의 북아메리카대륙 식민지에서 떨어져 나온 국가입니다. 영국으로부터 독립하기 위해 했던 전쟁을 미국독립혁명으로 부르는 거죠. 이 미국의 독립 과정을 보고 감명받았던 폴란드인 장교가 있었습니다. 바로 **타데우시 코시치우슈코**Tadeusz Kościuszko(1746~1817)였죠. 그는 미국독립전쟁에 참전했는데 꽤 큰 활약을 하여 미군 준장까지 승진하고 미국 시민권도 받았죠. 이후 1784년 폴란드로 귀국하여 눈앞에서 조

바다 건너 미국에서도 싸웠던 타데우시 코시치우슈코의 초상화.
칼 고트리브 슈바이카트Karl Gottlieb Schweikart, 1802

국이 갈가리 찢겨지는 모습을 목격합니다. 1794년에 러시아와 프로이센이 폴란드에 무장해제(무장해제를 요구한다는 것은 실질적으로 아예 군대를 없애 버리라는 것과 비슷하다고 생각하면 됩니다)까지 요구하는 걸 보고 봉기를 일으킵니다. 수많은 폴란드-리투아니아의 국민들도 동참했죠.

그러나 폴란드-리투아니아는 국가로서의 기능이 사실상 사라진 지 오래였습니다. 군수물자도 충분치 않았죠. 게다가 당시 주변 국가

들도 폴란드-리투아니아의 영토를 빼앗을 생각으로 가득 찼을 뿐 폴란드-리투아니아의 편을 들어 줄 국가는 거의 없었습니다. 결국 러시아는 폴란드-리투아니아에서 일어난 민중 봉기를 대대적인 군사력으로 박살 냅니다. 그 과정에서 '또다시' 콩고물을 얻고 싶었던 프로이센과 오스트리아는 러시아가 박살 내던 폴란드-리투아니아 민중봉기를 같이 박살 내자며 꼽사리를 끼게 되죠. 전쟁에 참여하여 승리하면 항복한 세력으로부터 척추의 척수까지 다 뽑아낼 수도 있기에, 이길 게 뻔한 전쟁에 참여하지 않는 게 바보였던 거죠. 그 결과 1795년에 폴란드-리투아니아의 3차 분할이 시작됩니다.

———— • 러시아 : 12만 km²의 영토(16.36%)

• 프로이센 : 4만 8000km²의 영토(6.54%)

• 오스트리아 : 4만 7000km²의 영토(6.41%)

러시아, 프로이센, 오스트리아는 앞서 1차, 2차 분할에서 폴란드-리투아니아의 영토 70%가량을 가져갔고, 이번 3차 분할에서 그나마 남아 있던 약 30%의 영토까지 싹 다 긁어 가 버린 것입니다. 그렇게 폴란드-리투아니아는 아예 지구에서 사라지게 됩니다. 이후 폴란드는 1918년에 폴란드 제2공화국이 설립될 때까지 123년간 지구에서 찾아볼 수 없었죠.

***

폴란드-리투아니아는 귀족과 외세에 의해 흔적도 없이 사라졌습니다. 폴란드 귀족들에게 폴란드라는 국가는 자신들에게 권력을 부여해 줄 수 있는 수많은 국가들 중 하나일 뿐이었습니다. 자신들의 권력을 유지하기 위해서라면 폴란드라는 조국이 사라지는 것 따위는 그들에게 상관없는 일이었죠. 오늘날 대한민국의 정치인들은 국가와 국민을 통해 명예와 권력을 제공받고 있습니다. 그러나 그들도 언젠가 자신들의 권력을 유지하기 위해 더 좋은 수단이 생긴다면, 언제든 국민의 눈을 속이고 국가를 버릴지 모를 일이죠.

제 7 장

왕과 귀족의 국민 호구 만들기 작전

영국 의회의 탄생

영국은 지도에서 찾아 보면 작은 섬나라처럼 보이지만 사실 유럽, 나아가 전 세계에서 알아주는 강대국 중 하나입니다. 경제 규모도 전 세계에서 다섯 번째로 크고, 미국과 러시아만 빼면 영국의 해군이 전 세계에서 가장 강하다고 봐도 무방할 정도입니다.

영국은 인지도가 높은 만큼 참 다양한 키워드를 떠올리게 만드는 국가입니다. 예를 들어 '신사의 나라', '해가 지지 않는 나라', '여왕', '해군', '제국' 등이 있죠.

효기심 유튜브 시청자들 사이에서는 '또국'으로 불리기도 합니다. 세계 역사 속 크고 작은 사건에 꼭 빠지지 않고 영국이 등장하는 걸 보고 '또 영국이냐!!'라는 의미로 '또국'이라고 쓰는 거죠. 그만큼 영국은 전 세계에 아주 큰 영향을 미친 국가입니다. 심지어 한국의 학생들도 영국의 언어인 영어를 배우려고 죽어라 고생하고 있죠.

여기서 영국과 잉글랜드가 똑같은 것이라고 생각하시는 분들이 계실지도 모르겠습니다. 영국을 영어로 하면 잉글랜드가 아니냐는 거죠. 영국^{United Kingdom}은 사실 잉글랜드, 스코틀랜드, 웨일스, 북아일랜드 총 4개의 국가로 이루어져 있습니다.

영국이 단일 국가이긴 하지만 구성국들에게 상당한 자치권을 인정해 주고 있죠. 구성국들마다 수도도 따로 있고, 국교가 다른 경우도 있습니다. 한국의 지방자치제보다 좀 더 강력한 느낌이라고 할 수 있죠. 참 묘한 일입니다. 대륙도 아니고 조그만 섬에서 굳이 서로 나뉘어져서 각자의 정체성을 확고하게 지키려고 하니 말이죠.

이건 역사적인 배경과도 무관하지 않습니다. 영국의 역사는 서로가 서로를 견제하는 역사라고 해도 과언이 아닙니다. 서로 다른 4개 국가들끼리뿐만 아니라 한 나라 안의 왕과 귀족끼리도 계속 티격태격했습니다. 혹시나 왕이 선 넘게 함부로 행동하면 귀족들이 들고 일어납니다. 그리고 귀족들끼리 모여 결정한 사안을 왕이 함부로 거절할 수 없는 분위기가 만들어졌죠. 그렇게 영국에서는 의회라는 시스템이 확립됩니다.

물론 의회의 첫 모습은 현재와는 달랐습니다. 지금은 투표를 통해 국민들이 직접 자신들의 대표자를 뽑고, 각 대표자들이 의회에 모여 국가의 중요 의사를 결정하죠. 투표를 통해 모든 국민들이 정치에 참여할 기회를 얻는 거죠. 하지만 영국의 초창기 의회는 귀족을 위한 것이었죠.

그러나 이상한 일이 벌어집니다. 영국 귀족들이 먼저 평민들에게 의회의 문을 열어 준 것이죠. 영국의 귀족들이 특별히 착해서 그랬던 것일까요? 물론 그건 아닐 겁니다. 영국 의회에서는 도대체 무슨 일이 일어난 것일까요?

영국은 어떻게 민주주의가 발달할 수 있었을까?

2022년 9월 영국 여왕 엘리자베스 2세^{Elizabeth II}(재위 1952~2022)가 사망하면서 오랜 기간 왕세자였던 찰스 3세^{Charles III}의 시대가 도래했습니다. 영국 파운드화 화폐의 얼굴도 모두 찰스 3세의 얼굴로 변경될 예정이죠. (영국은 국가 화폐에 현직 왕의 얼굴을 그려 넣습니다) 국왕이 존재하며 정부의 실권은 총리와 국회가 갖고 있는 입헌군주국 형태의 국가들이 현대까지 꽤 많이 남아 있습니다. 대표적인 예로 영국과 일본이 있죠. 이러한 입헌군주국 체제가 가장 먼저 발전한 국가는 영국이었습니다. 다른 유럽 국가들에 비해 영국은 한 템포 빠르게 의회(국회)와 헌법을 만들어 냈고 왕의 권한을 축소시켰죠. 전 세계 국가들은 영국의 민주주의를 롤 모델로 삼으면서 민주주의를 키워

엘리자베스 2세가 그려져 있는 영국 50파운드 화폐

나갔다고 해도 과언이 아닙니다. 그리고 현재 2022년 많은 국가들이 민주주의라는 정치체제를 당연한 것으로 받아들이고 있죠. 그런데 영국은 '어째서' 다른 국가들에 비해 민주주의가 빨리 발달할 수 있었던 것일까요?

사실 영국의 입헌군주제, 의회 민주주의의 발전 과정은 생각만큼 위대하거나 숭고하지 않았습니다. 게다가 민주주의가 대다수 국민을 위한 것도 아니었죠.

———— 국민을 위한 민주주의가 아니라고?

영국뿐 아니라 다른 유럽 국가들도 마찬가지긴 했습니다. 대부분의 민주주의 도입은 대다수 국민을 위해서가 아니라 특정 이익집단을 위해, 국민들의 반발을 감소시키기 위해 추진되었죠.

영국의 역사

　영국의 민주주의 발전을 알아보기 전에 우선 영국의 역사부터 간략히 알고 넘어갑시다. 선사시대에 현재의 영국 섬에 새로운 민족이 유입됩니다. 그들은 스스로를 '켈트Celt'라고 불렀죠. 켈트족은 영국 섬에만 존재하진 않았습니다. 유럽 대륙 전역에 분포되어 있었죠. 로마는 켈트족들이 있던 서유럽, 중유럽을 자기들 멋대로 '갈리아'라고 불렀습니다. (민족명은 갈리이Galli, 지역은 갈리아Gaul로 불렸습니다) 앞서 책 1장에서 언급했던 율리우스 카이사르의 갈리아 원정은 유럽 대륙에 있던 켈트족을 포함한 다른 여러 이민족들의 기강을 잡기 위한 것이었죠.[1] 유럽 대륙에 있던 켈트족은 기원전 8세기경 현재의 영국 섬으로 이주를 시작한 것으로 보입니다. 섬에 들어온 켈트족은 원래 영국 섬에서 살던 원주민들을 박살 내고 영국 섬 전역을 켈트족

> [1]
> 현재 켈트족이 언제, 어디서, 뭘 하다가, 어떻게 유럽 대륙까지 오게 되었는지에 대해서는 갑론을박이 있다.

의 섬으로 바꾸죠. 즉 현재 영국인들의 조상 중에는 '켈트족'이 포함되어 있는 겁니다. 고대 그리스인들은 영국 섬을 '프레타니케Prettanikē'라고 불렀는데, '몸에 그림을 그리는 사람'이라는 뜻의 켈트어 '프레타니Pretani'에서 따온 것으로 추정됩니다. 그 영향을 받아 이후 로마인들은 영국 섬의 켈트인들을 '브리튼Britain'으로 부르게 되죠. 때문에 현재 영국 섬을 '브리튼 섬Great Britain'으로, 영국을 '브리티시British'로 부르기도 하는 거죠.

이후 기원전 55년부터 로마 율리우스 카이사르의 갈리아 원정군은 유럽 전역의 이민족들을 박살 내러 떠납니다. 율리우스 카이사르는 유럽 대륙뿐 아니라 바다 건너 켈트족을 복속시키기 위해 영국 섬까지 쳐들어가죠. 당시 영국 섬에는 광물, 특히 로마 귀족들이 좋아하던 진주도 많았었다고 전해집니다. 이후 100년 뒤인 기원후 43년부터 로마의 클라우디우스 황제가 또다시 영국 섬 정벌에 나서기 시작합니다. 로마제국은 춥고 자원도 별로 없던 오늘날 스코틀랜드 지역을 제외한 대부분의 영국 섬을 장악하고 지배하기 시작했죠. 이후 영국 섬은 기원후 410년까지 약 400년간 로마의 지배를 받게 됩니다. 그리고 이 400여 년의 기간 동안 영국 섬에는 당시 유럽의 선진국이었던 로마제국의 언어, 문명, 기술들이 유입되기 시작합니다. 영국 섬에도 로마의 법체계가 사용되기 시작하죠. 그런데 한 가지 의문인 것이 있습니다. 도대체 어쩌다가 영국인들이 **앵글로색슨족**^{Anglo-saxons}으로 불리게 된 것일까요?

―――― 앵글로색슨족?

현재 영국인과 미국인의 조상은 앵글로색슨족으로 알려져 있습니다. 앞서 설명했다시피 분명히 영국 섬에는 '켈트족'이 살고 있었는데 말이죠. 기원후 410년 이후 로마는 영국 섬에서 모두 빠져나갑니다. 게르만 민족에 의해 갑자기 서로마제국이 멸망하게 되면서 말이죠. 그런데 서로마제국을 멸망시킨 게르만 민족은 단순한 하나의 민

영국을 구성하는 주요 지역

족이 아니었습니다. 그들 중에는 앵글족, 색슨족, 주트족 등도 있었
는데, 그중 앵글족과 색슨족이 점차 영국 섬의 모든 지역을 차지하며
7개의 왕국을 세웠고, 원래부터 영국 섬에 살던 켈트족은 현재의 스
코틀랜드Scotland, 웨일스Wales 지역으로 밀려나게 되죠.

　그렇게 영국 섬은 앵글족과 색슨족, 즉 앵글로색슨족의 차지가
됩니다. 물론 켈트족이 모여 있는 스코틀랜드와 웨일스 지역을 뺀 나
머지 지역만 가져간 거죠. 앵글로색슨족이 다스리는 이 지역들은 앵
글로의 땅이라고 해서 '잉글랜드England'로 불리게 됩니다. 현재의 영
국에 잉글랜드, 웨일스, 스코틀랜드가 다른 민족성, 다른 조상을 갖고

11세기 영국 섬 지역의
세력도

있다고 말하는 건 이런 과거 때문입니다. 그러나 대영제국이라는 국
가 내에서 다 같이 살고 있는 '똑같은 영국인'이라는 정체성도 공존하
는 아주 애매꼴랑한 관계가 현재까지 이어지고 있죠. 이와 같이 영국
섬에 기존의 켈트족뿐 아니라 게르만 민족의 후예인 앵글로색슨족이
공존하면서 영국인들은 굉장히 다사다난한 역사를 겪지만, 영국 의회
이야기로 빨리 넘어가기 위해 더 이상의 자세한 설명은 생략하겠습
니다.

927년부터 현재의 영국 섬 중부와 남부 지역에는 잉글랜드 왕

국이 존재하고 있었습니다. 지배 가문은 웨섹스^{Wessex} 가문이었죠. 11세기 중반에 잉글랜드 왕국의 에드워드 왕^{Edward the Confessor}(재위 1042~1066)이 사망하자, 이후 그의 처남, 즉 왕비의 남동생이었던 해럴드 2세^{Harold Godwinson}(재위 1066.1.~1066.10.)가 즉위하게 됩니다. 그런데 에드워드 왕과 해럴드 2세의 사망 연도는 1066년으로 같습니다. 즉 에드워드 왕의 뒤를 이어 즉위한 해럴드 2세도 왕이 된 지 1년도 되지 않아 요단강을 건넜다는 얘기죠. 문제는 해럴드 2세는 에드워드 왕과 달리 웨섹스 가문이 아니었다는 겁니다. 웨섹스 가문이 아니더라도 왕이 될 수 있다는 빌미를 줬던 거죠. 이런 상황에서 해럴드 2세가 빨리 죽어 버리자 사방팔방에서 개나 소나 왕이 되겠다며 반란이 일어나게 되었죠.

그런데 생뚱맞게도 이후 영국의 왕은 영국 섬이 아닌 현재 프랑스 북부 노르망디 지역의 공작이었던 윌리엄 공작^{William the Conqueror}(재위 1066~1087)이 차지하게 됩니다. 윌리엄 공작은 자신이 잉글랜드의 왕이 되어야 한다며 객기를 부렸는데 명분은 이러했습니다.

윌리엄 1세의 초상화

──── "죽은 에드워드 왕이 나한테 충성을 맹세했어. 그

243

사람이 이제 죽었으니 나라를 통째로 나한테 주는 게 당연한 거 아니냐??"

앞서 에드워드 왕은 과거에 배 타고 마실 나갔다가 윌리엄 공작이 있던 노르망디공국Duchy of Normandy에 포로로 잡혔던 일이 있습니다. 그 당시 에드워드 왕은 윌리엄 공작에게 머리까지 숙이고 충성을 맹세했죠. (물론 윌리엄 공작의 주장입니다) 윌리엄 공작의 논리는 '**충성을 맹세한 에드워드 왕이 죽었으니, 그의 국가 전체를 노르망디공국에게 헌납하라**'는 것이었습니다. 당연히 잉글랜드 왕국의 귀족들은 반발했고, 전쟁이 시작되었죠.

───── 잉글랜드 왕국 VS 노르망디공국

그런데 이 전쟁에서 윌리엄 공작이 승리하게 됩니다. 잉글랜드 왕국은 이제 기존의 웨섹스 가문도 아니고 게다가 영국 섬의 사람도 아닌 윌리엄 공작이 차지합니다. 그렇게 1066년부터 1485년까지 노르망디 가문House of Normandy이 잉글랜드를 지배하게 됩니다. 노르만 왕조가 탄생한 거죠.

당시까지만 해도 영국 섬은 다른 유럽 대륙 국가들에 비해 정치, 문화, 기술 등 다양한 분야에 있어서 뒤처져 있었습니다. 이와 유사하게 일본도 메이지유신(1868~1871)이라는 근대화 과정을 거치기 전까지, 다시 말해 무려 19세기 중후반까지 큰 변화를 겪지 않았던 역사를 갖고 있죠. 두 나라의 공통점은 섬이라는 겁니다. 교통이 발달하기 전이라 외부 세계와의 교류가 별로 없었으니 뒤처지는 게 당연해 보입니다. 어쩌면 영국 음식이 맛없는 것도 이런 역사적 배경 때문일지도 모르겠습니다. 그런데 노르망디공국의 윌리엄 공작이 잉글랜드 왕국의 왕이 되면서 1066년 당시의 최신 업데이트판 소프트웨어들이 영국 섬에 유입되기 시작합니다. 이때 윌리엄 공작은 영국 섬에 봉건제도를 도입하기 시작했죠.

봉건제도는 쉽게 말해 이런 것입니다.

1. 왕은 A다.
2. 왕 A는 B~Z까지의 많은 귀족들에게 국가의 영토를 나눠 주고 다스리라고 한다.
3. 귀족들이 왕에게서 받은 땅은 '영지'다. 즉 그들은 이제 '영주'가 되었다.
4. 귀족들은 왕을 존경하는 '척'이라도 하면서, 자신의 영지 주민들을 착취해 호의호식하며 살아가면 되었다.
5. 즉 봉건제도는 내란을 방지하기 위한 중앙의 왕의 통치 수단이었던 것이다.

이런 방식의 통치를 봉건제도라고 이해하시면 좋을 것 같습니다.

노르망디공국 윌리엄 공작의 지배 시기부터 영국 섬에 유럽의 문화가 전파되고 변화가 시작된 것은 분명했습니다.

[번외의 말씀]

이 시점에서 잠시 이 책을 통해 효기심이 말씀을 드리고 싶은 것이 한 가지 있습니다. 앞서 폴란드 분할 편에서도 말했지만, 한국에는 '어떤 나라가 외세의 침략을 받아서 무언가가 발전했다'는 말을 매우 싫어하는 분들이 많습니다. 일제강점기를 거치면서 대한민국이 발전했다는 말로 들리기 때문이겠죠.

그런데 효기심은 앞으로 한국 사회에서도 인정할 것은 인정해야 한다고 생각합니다. 일제가 강점기에 한반도에서 착취한 것들이 수두룩하지만, 침략 이후 한반도로 유입된 여러 제도 같은 것들까지 모두 부정할 경우 역사를 있는 그대로 인식하기 어려워지기 때문이죠.

일본은 한반도를 근대화시키고 싶었습니다. 물론 한반도 주민을 사랑해서 한 것은 아니었겠죠. 자신들의 영토가 된 한반도를 모두 일제식으로 바꾸려다 보니 그게 우연히 근대화의 일환이 된 것일 뿐이죠. 일본인들의 침략질까지 우리가 칭찬해 주고 박수칠 이유야 없지만, 온갖 이유를 들먹이며 그들의 모든 행동을 하나부터 열까지 모두 비판만 하는 것은 역사를 공부함에 있어 적절하지 않은 태도인 것 같습니다. 역사를 공부하기 위해서는 감정을 배제하고, 제3자와 같은 입장에서, 우리의 역사더라도 '관조적 시각'으로 역사를 바라보려 노력할 필요가 있다고 효기심은 생각합니다.

● 영국 의회의 시작

봉건제도처럼 게르만족이 대륙에서 영국 섬으로 들고 들어온 것이 하나 더 있었습니다.

——— 위테나예모트^{Witenagemot} ❶

위테나예모트는 다른 게르만 국가에서도 흔하게 찾아볼 수 있는 왕의 '자문 기구' 같은 것이었습니다. 국가에 중차대한 문제가 있을 경우 국왕과 귀족, 지방의 호족, 대주교, 수도원장 등 국가의 주요 인사들이 모여서 정책에 대한 자문과 회의, 새로운 법률 제정까지 하던 모임이었죠. 앵글로색슨의 7왕국이 존재하던 7세기부터 영국 섬에도 위테나예모트라는 이름으로 왕의 자문 기구가 운영되었죠. 위테나예모트는 수정 보완을 거치며 노르만왕조의 잉글랜드 왕국부터는 '대자문회^{Magnum Consilium}'라는 이름으로 재탄생됩니다. 물론 아직은 왕한테 맞먹을 수 있는 기구는 아니었습니다. 하지만 신하들이 왕에게 말이라도 꺼낼 수 있는 제도가 있었다는 게 중요합니다. 이런 바탕이 있었기에 영국 의회 제도, 그리고 왕의 권력을 대놓고 약화시켰던 **마그나카르타**^{Magna Carta}(1215) 즉 **대헌장**이 탄생될 수 있었겠죠.❷

우리가 중고등학교 시절 역사 시간에 배웠던 마그나카르타는, 폭군이었던 잉글랜드 왕국의 존 왕^{John, King of England}(재위 1199~1216) 시절에 탄생됩니다. 존 왕은 국민들이 살기 힘든 시절에도 세금을 올

❷

영국이 의회 및 민주주의 형성에 지대한 공헌을 한 것은 팩트다. 하지만 현대 의회와 비슷한 정치기구가 영국에서 최초로 등장한 건 아니다. 본문에서 언급한 것처럼, 게르만 사회에서는 왕의 자문 기구를 운영하는 경우가 많았다. 또한 1188년에 스페인의 알폰소 4세Alfonso IX(재위 1188~1230)가 쿠리아 레지아 Curia Regia, 즉 '궁정 평의회'를 출범시킨 바 있는데, 현재까지는 이 평의회가 유럽 역사상 가장 오래된 의회의 원형으로 인정받고 있다. 이 평의회에서 발효된 1188년 레온 법령Decreta de León de 1188은 근대 의회 민주주의의 최초 시작점을 보여 주는 기록물이라고 평가받아 2013년 유네스코 세계기록유산으로도 등재되었다. 물론 스페인이 의회 원조 맛집이라고 주장할 수는 있겠으나, 영국에 비해 이후 전 세계 정치사에 큰 파급 효과는 없었다.

려 민심을 잃었고, 종교가 세상을 지배하던 중세 시대에 무려 교회의 재산을 몰수하여 교황에게 파면까지 당했던 인물이죠. 존 왕이 얼마나 민중을 괴롭혔던지 영국 민담이나 설화 속에 악역으로 박제될 정도였습니다. 제일 유명한 게 바로 '로빈 후드'죠. 주인공 로빈 후드가 신들린 활 솜씨로 쓰레기 같은 정치꾼들에게 정의 구현을 선사했다는 설화입니다. 원래 존 왕 이전부터 영국인들 사이에서 유명했던 이야기인데, 16세기에 각색되는 과정에서 존 왕이 '로빈 후드'의 메인 빌런으로 등장하게 되었다고 하죠. 존 왕이 죽고 몇 백 년의 시간이 지났는데도 악명이 자자했던 겁니다.

그런데 존 왕은 나라 밖에서도 폐급 수준의 능력을 보여 줍니다. 프랑스 북부에 있던 영국의 영토까지 다른 나라에게 대부분 빼앗겨 버린 거죠. 게다가 빼앗긴 영토를 되찾겠다며 백성들에게서 세금을 추가로 걷기 시작합니다. 미리미리 대비하지 않고 일이 터지면 세금을 추가로 걷어서 땜빵 하려던 인간이었던 거죠.

1215년 쓰여진 마크나카르타의 일부분

도가 지나친 막장 행보에 영국의 백성들뿐 아니라 귀족들도 더 이상 참을 수 없었습니다. 국가가 개판 되어 가는 것을 눈 뜨고 볼 수 없었던 영국의 귀족들은 존 왕에게 63개 조항이 담겨 있는 요구서를 바치죠. 그 요구서의 주요 내용을 요약하면 이렇습니다.

제12조 : 왕이 자기 멋대로 세금을 정해선 안 된다.

제14조 : 세금은 절차에 따라 소집된 의회와의 합의로 결정해야 한다.

제20조 : 범죄자이더라도 생계가 불가능할 정도의 큰 벌금을 부과하거나 함부로 재산을 압수해선 안 된다. 벌금도 각 지역의 사람들이 정하게 해야 한다.

제30조 : 소유자의 동의 없이 말, 수레를 징발해선 안 된다.

제31조 : 소유자의 동의 없이 목재를 징발해선 안 된다.

제38조 : 왕실의 관료가 증거도 없이 증언한 것만으로 특정인을 재판에 회부해선 안 된다.

─── "왕 니 멋대로 세금 많이 뜯어 가지 말고, 니 멋대로 사람들 잡아가지 마!!"

요약하면 이런 정도의 의미로 생각하면 좋을 것 같습니다.

저 마그나카르타는 유럽 역사상 최초로 왕에 대한 견제를 명시한 문서였습니다. 유럽 최초로 왕의 권한을 '법'으로 제한하고, 왕의 통치를 받던 귀족이나 국민들도 왕의 말을 무조건 다 따르지 않을 수 있는 근거 조항들을 넣어 놨죠. 그런데 이 상황에서도 존 왕은 눈치가 없었습니다. 상황 파악 못하고 마그나카르타를 거부했던 거죠. 잉글랜드의 귀족들은 더 이상 안 되겠다며 군대를 이끌고 존 왕에게 쳐들어갔습니다. 그제야 주제 파악을 한 존 왕은 목숨이라도 건지기 위해 1215년 6월 15일 마그나카르타에 서명합니다. 그렇게 영국에서 왕의 권한이 제한되고 귀족들의 권력은 강해졌죠.

─── '그런데'

저 멀리 계시던 교황이 마그나카르타는 무효라는 드립을 치기 시작한 겁니다. 알고 보니 이건 존 왕의 수작이었습니다.

———— "교황님!! 저희 잉글랜드, 앞으로 교황님 말씀 잘 들을게요. 대신 저 귀족들이 만든 마그나카르타 무효라는 드립 좀 쳐 주세요!! ㅠㅠ"

교황은 영국에서 마그나카르타를 무력화하기 위해 압력을 가하기 시작했고, 그사이 존 왕은 프랑스 국경 가까이 있던 도버 성으로 튑니다. 그리고 자신에게 반대하던 귀족들과 맞서 싸울 용병들을 모으기 시작했죠. 이것을 역사 교과서에서는 **제1차 남작 전쟁**First Barons' War이라고 부릅니다.

내전이 시작된 지 1년 정도가 흐르고, 1216년 10월 갑작스럽게 존 왕이 사망합니다. 그의 뒤를 이어 존 왕의 아홉 살짜리 아들이었던 헨리 3세Henry III of England(재위 1216~1272)가 왕위에 오르면서 1217년에 왕과 귀족들은 타협을 보고 전쟁은 종결되죠. 그런데 헨리 3세도 나이만 어렸지 생각하는 것은 지 아빠랑 똑같았습니다. 어느 정도 나이를 먹은 헨리 3세는 마그나카르타의 내용을 무시하고 자기 아빠가 했던 것처럼 자기 멋대로 세금을 걷어 대기 시작합니다. 게다가 당시 잉글랜드의 경쟁자이자 강대국이었던 프랑스의 공주를 아내로 맞이해서 처가 식구들의 보호를 받으며 정치질을 시작했죠. 결국 영국 귀족들은 국가의 중차대한 사안을 귀족들의 투표 참여로 결정할 수 있게 해야 한다고 헨리 3세에게 요구합니다. 그러나 헨리 3세가 순순히 귀족들의 말을 들어줄 리 없었죠. 그런데 헨리 3세가 이렇게까지 객기를 부리며 세금을 걷어 대던 이유는 따로 있었습니다.

──── "내 아들을 꼭 시칠리아 왕으로 만들고 말 거야!!"

1258년에 헨리 3세의 친척이었던 시칠리아 왕이 사망합니다. 그런데 당시 헨리 3세는 비어 있던 시칠리아 왕 자리에 자신의 둘째 아들 에드먼드Edmund Crouchback를 꽂고 싶어 했죠. 그런데 마음대로 꽂을 수는 없으니 공신력 있는 사람을 통한 언론 플레이가 필요했습니다.

──── 바로 교황 말이죠.

당시 1250년대에는 가톨릭 국가 군대와 중동 아랍 이슬람 국가 간의 십자군 전쟁이 한창이었습니다. 교황은 십자군 전쟁을 통해 이슬람 이교도를 '악마'로 만들었고, 유럽 가톨릭 신자들이 그 악마로부터 살아남기 위해서라도 신, 종교와 교황에게 미쳐 있게 만들려 했습니다. 십자군 전쟁은 남는 장사도 아닌, 그저 교황의 권력 강화를 위한 전쟁이었죠. 십자군 전쟁에는 막대한 전쟁 자금이 필요했습니다. 헨리 3세는 십자군 전쟁에 필요한 전쟁 자금을 위해 국민들의 세금을 탈탈 털어서 바치려 했습니다. 그리고 교황께서 이 한마디를 해 주길 원했죠.

──── 교황 曰
"신의 이름으로 헨리 3세의 아들 에드먼드를 시칠리아 국왕으로 임명하노라!"

그런데 타이밍이 기가 막히게 안 좋았습니다. 헨리 3세가 한창 세금을 뜯어 대던 시기에 영국 섬에는 3년 연속 흉작 크리티컬이 터졌던 거죠. 결국 헨리 3세는 민심을 잃고 귀족들의 쿠데타에 탈탈 털려 버렸던 아빠(존 왕)와 똑같은 상황을 마주하게 됩니다. 잉글랜드의 귀족들이 헨리 3세를 상대로 쿠데타를 일으킨 거죠. 게다가 당시 쿠데타의 주요 세력은 헨리 3세의 매제(여동생의 남편)인 **시몽 드 몽포르** Simon de Montfort라는 귀족이었습니다. 여동생의 남편까지 쿠데타에 가담할 정도로 민심 개차반이었던 헨리 3세였습니다. 결국 헨리 3세는 쿠데타로 인해 어쩔 수 없이 왕실위원회를 열게 됩니다. 왕실위원회는 1258년 4월에 국왕 측 12명, 귀족 대표 12명 총 24명으로 구성되었죠.

───── "박살 난 나라 경제는 우리가 알아서 살려 낼 테니, 헨리 3세 너는 도장이나 찍어!"

왕실위원회에서 귀족들은 왕에게 도장이나 찍으라고 협박합니다. 그곳에서 옥스퍼드 조례Provisions of Oxford(1258)라는 개혁안이 탄생됩니다. 옥스퍼드 조례에는 이전의 마그나카르타보다 더욱 강력하게 왕의 권력을 제한하는 조항들이 담겨 있었습니다. 15명의 귀족들로 구성된 귀족위원회를 만들고, 앞으로 귀족들이 노골적으로 국정 운영에 참여할 수 있다는 내용이었죠. 게다가 왕국의 국민들은 왕뿐 아니라 귀족위원회에도 충성해야 한다고 명시되어 있습니다. 왕에게만 충성하지 않고 귀족에게도 충성해야 한다는 것은 앞으로 왕이 귀족들 마음에 들지 않으면 손쉽게 쿠데타를 일으키겠다는 얘기였습니다.

헨리 3세는 대차게 귀족들의 통수를 칩니다. 직속 친위대를 시켜서 귀족들의 목에 칼을 들이밀고 옥스퍼드 조례를 철회하라는 명령을 내린 거죠. 그런데 귀족들은 또다시 쿠데타를 일으켰고, 어이없게도 또 귀족들이 승리합니다. 귀족들은 더 이상 타협 따위는 없었습니다. 영국 잉글랜드의 국왕은 앞으로 부질없는 존재가 될 전망이었죠. 귀족들은 앞서 쿠데타의 주요 세력이었던 헨리 3세의 매제 시몽 드 몽포르를 중심으로 잉글랜드 귀족 연합을 만듭니다. 그리고 그들은 영국이라는 국가의 실질적인 지배자가 되죠.

실제로 1265년 1월, 시몽 드 몽포르는 국왕의 이름을 자기 멋대로 들먹이며 런던에 의회를 소집합니다. 국왕은 원치도 않는데 국왕이 의회를 소집했다고 제멋대로 얘기할 수 있을 정도로 권력이 막강했던 거죠. 당시 의회에는 120명의 성직자와 23명의 귀족 대표, 각 지방에서 선출된 기사 대표 2명, 각 도시에서 선출된 시민 대표 2명까지 참석합니다. 이 의회가 영국 최초의 의회라고 불리는 시몽 드 몽포르 의회입니다.

그러나 헨리 3세의 매제 시몽 드 몽포르의 권력도 오래가진 못했습니다. 당시 헨리 3세의 장남이었던 에드워드 1세Edward I of England(1272~1307)가 왕을 지지하던 세력들을 모아 군대를 만들었고, 시몽 드 몽포르(에드워드 1세 입장에서는 고모부)와의 전쟁에서 승리하게 되죠. 에드워드 1세는 자신의 할아버지(존), 아버지(헨리 3세) 모두 귀족들에게 쥐락펴락 당하고 탈탈 털리다가 돌아가신 것을 알고 있었을 겁니다.

우선 그는 영국 섬에서 정벌되지 않았던 웨일스와 스코틀랜드부터 정벌하기 시작합니다. 국민들에게 위대한 잉글랜드의 영토를 보여 주고, 우선 왕이 능력 있는 사람이라는 인식부터 심어 주기 위해서 말이죠. 잉글랜드 귀족들은 불안해서 잠도 못 자고 있었습니다. 국민들의 지지를 받는 에드워드 1세가 국민 지지를 등에 업고 자신들을 다 박살 낼 것 같았으니 말이죠. 그러나 에드워드 1세는 아버지와 달랐습니다. 1295년 에드워드 1세는 직접 의회를 소집했고, 스코틀랜드와 웨일스 정복에 필요한 전쟁 비용을 위한 세금 부과를 허락해 달라고 귀족들에게 얘기합니다. 즉 왕이 자기 멋대로 하진 않았던 거죠. 에드워드 1세는 멍청하지 않았습니다.

───── '이 국가에서 왕은 모든 권력을 다 갖고 있어야 해!!'

가 아닌,

───── '왕은 하나부터 여섯까지만 하고, 넷은 그냥 귀족들 하게
        두지 뭐. ㅎㅎ
        어차피 난 왕이잖아?'

이런 마인드를 가진 사람이었죠.

왕과 귀족, 그리고 성직자들은 자주 만나기 시작합니다. 에드워드 1세는 귀족과 성직자들의 입장을 고려해 국가의 중차대한 사안을 결정했죠. 즉 현대사회에서 정기적으로 열리는 국회와 비슷한 형태가 자리 잡히기 시작한 겁니다. 당시 에드워드 1세가 소집하던 의회가 현재의 영국 의회의 모범이 된다고 하여 '**모범의회**Model Parliament' 라고 불릴 정도입니다. 물론 당시만 해도 '국회(의회)'라는 존재는

——— 왕 VS 귀족

왕과 귀족들을 위한 기구였지만 말이죠. 그런데 문제는 왕의 지지율이 높을 때였습니다. 국민들의 지지를 받는 왕은 귀족들의 말을 잘 들어주지 않아도 됐습니다. 어차피 귀족들이 쿠데타를 일으키려 해도 왕을 지지하던 국민들이 잘 따라 주지 않았을 테니 말이죠. 귀족들은 자신들이 해 먹기 위해서라도 왕을 견제해야 했고, 어떻게든 국민들이 왕을 싫어하게 만들어야 했습니다. 왕이 잘하고 있더라도 정치질을 해야만 했죠. 당시의 귀족이나 지금의 정치인들이나 별반 다를 것 없었던 것 같습니다. 그러나 영국의 귀족들은 엘리자베스 1세Elizabeth I(재위 1558~1603) 시기에 결코 수작질을 할 수 없었습니다. 그녀가 통치하던 시기의 영국은 강력한 절대왕정 시대를 맞이했기 때문이죠.

엘리자베스 1세 여왕 시절 영국은 당시 무적함대로 불리던 초강대국 스페인의 함대와의 전투에서 대승을 거둡니다. 스페인은 강력한 해군력을 이용해 영국 섬을 침공하고자 했지만 모두 실패로 돌아갔

영국 절대왕정의 상징과도 같은 엘리자베스 1세

죠. 이후 영국에서 엘리자베스 1세는 국가의 수호자이자 영웅이 되어 갑니다. 이 당시 활동했던 셰익스피어와 같은 문학가들의 작품들 속에서도 그녀를 성역화하고 영웅화하려는 시도를 쉽게 찾아볼 수 있죠. 엘리자베스 1세는 평생 독신으로 살아서 자식이 없었는데, 기독교인들은 그런 여왕의 모습을 성모 마리아와 같은 처녀로 묘사하며 신격화하는 일까지 있었죠. 심지어 여왕의 이미지를 이용하여 영국이라는 국가 자체를 거의 '모에화'❶하는 지경에 이르게 됩니다. 삼지창과 방패를 들고, 헬멧을 쓴 여전사 브리타니아^{Britannia}의 동상이 영국 곳곳에 세워지게 된 거죠.

> **❶**
> 모에화 ^{萌え化}: 일본의 오타쿠 문화에서 유행하는 의인화 방식을 의미한다. 동물, 사물뿐만 아니라 특정 국가, 추상적인 현상이나 개념들까지도 의인화하며, 일반적으로 귀여운 미소년 및 미소녀의 모습으로 묘사된다.

이와 같은 여왕에 대한 국민들의 지지와 애정 덕분에, 그동안 영국에서 노상 벌어졌던 왕과 귀족들 간의 권력 다툼이 엘리자베스 1세 여왕 시기에 이르러 크게 줄어들 수 있었습니다. 엘리자베스 1세도 정책적 실패를 안 한 것은 아니었지만, 그렇다고 엄청난 지지를 받는 여왕을 공격해서 굳이 자폭을 선택하려는 귀족은 거의 없었죠. 때문에 엘리자베스 1세의 통치기가 끝난 17세기에 들어서야 왕에게 거의 맞먹을 정도의 정치 세력이 성장할 수 있게 됩니다.

🗨 영국 의회가 왕에 맞서다

1625년 영국 왕이 된 찰스 1세^{Charles I}(재위 1625~1649)는 재위 기간 내내 영국 의회와 큰 갈등을 겪고 있었습니다. 찰스 1세의 아버지 제임스 1세^{James I}(재위 1603~1625)는 왕권신수설❷을 주장하던 사람이었는데, 아들이었던 찰스 1세도 앵무새처럼 왕권신수

> **❷**
> 왕권신수설: 왕의 권한이 신으로부터 나오는 것이니, 신을 믿는다면 왕한테도 함부로 개길 생각 하지 말라는 소리다.

찰스 1세의 초상   제임스 1세의 초상

설을 반복해서 주장하였죠. 당시 영국은 종교전쟁으로도 불리는 30년 전쟁을 하느라 국고가 바닥을 보이는 상황이었고, 찰스 1세 시기정부 관료들의 정책 실패까지 문제가 되고 있었습니다. 당연히 영국의회는 찰스 1세를 죽어라 비판하고 있었죠. 그러자 찰스 1세는 의회를 아예 해산시켜 버립니다. 의회를 해산시키려면 엘리자베스 1세 여왕처럼 국민들의 엄청난 지지라도 받고 있었어야 했습니다. 그래야귀족들이 함부로 왕에게 개기지 못할 테니 말이죠. 그런데 찰스 1세는 엘리자베스 1세가 아니었습니다. 1628년 영국의 귀족들은 찰스 1세에게 '권리청원Petition of Rights'을 제출합니다. 우리들이 과거 학창

시절에 '시민권을 보호하고 왕권을 견제하기 위해' 작성된 문서라고 배웠던 그 '권리청원'입니다. 권리청원의 내용은 대략 이러했습니다.

- 그 누구도 함부로 체포하거나 구금할 수 없다.
- 국민이 군법으로 재판 받아선 안 된다.
- 군대가 민가에 강제로 투숙해선 안 된다.
- '의회의 동의 없이' 강제 기부, 과세, 증여를 부과해선 안 된다.

즉 당시 귀족들은 '지들 권력 강화를 위해' 국민을 위한다는 명분을 넣은 권리청원을 만든 겁니다. 당시 의회의 귀족들은 국민들이 선출한 국회의원 같은 존재들도 아니었고 말이죠. 당시 영국의 국고는 바닥을 보이고 있었고 찰스 1세는 국민들에게 민심까지 잃고 있었으니, 귀족들의 입장에서 찰스 1세는 엘리자베스 1세와 같이 비교하기도 민망할 정도의 허울뿐인 왕이었습니다. 타이밍을 잘 잡은 영국의 귀족들 덕분에 찰스 1세는 권리청원에 서명할 수밖에 없었습니다. 그러나 그것도 잠시, 의회와의 지속되는 트러블에 폭발한 찰스 1세는 1629년에 또다시 의회를 해산시켜 버리고 이후 11년간 절대왕정 정치를 하기 시작했죠. (국민들의 지지도 없는데 감히?) 당시 상황은 찰스 1세와 귀족의 대결로 보였지만 실제 문제는 다른 곳에 있었습니다. 영국에서 청교도Puritan가 계속 늘어나고 있었던 거죠.

청교도를 시작으로 한 스노볼[1]

앞서 3장에서 설명했던 종교개혁을 기억하실 겁니다. 종교개혁 이후 유럽 전역에서는 부패한 교황과 로마 가톨릭이 아닌, 성경 그대로 신의 말씀을 따르는 '새로운 종교' 개신교가 탄생하게 되죠.

[1] 작은 눈덩이를 굴리고 굴리면 훗날 큰 덩어리가 된다는 뜻으로, 작은 일들이 쌓여 큰 결과를 몰고 온다는 의미로 사용되는 단어다.

사실 17세기 종교개혁 이후 로마 가톨릭을 대체하겠다며 갑자기 탄생한 기독교 종파들은 셀 수 없이 많았습니다. '개신교'라는 종파 하나로 묶기에 애매할 정도로 말이죠. 갑자기 탄생한 수많은 기독교 종파들은 시간이 지나면서 서로 교리 통합도 이루어지고 현재의 개신교라는 종파로 묶이게 됩니다. 그런

〈교회로 가는 순례자들Pilgrims Going to Church〉.
북미 대륙으로 떠난 청교도들은 척박한 생활 속에서도 예배를 빼놓지 않았다.
조지 헨리 버튼George Henry Boughton, 1867

데 종교개혁 직후에는 특히나 FM인 사람들이 있었습니다. 삶의 모든 부분을 철저하게 성경 중심적으로 살아야 한다며 약간 극단적인 종교 중심적 삶을 주장하던 사람들이었죠. 사람들은 그들을 비아냥거리며 '청교도'라 불렀습니다. 즉 현재 책에서 설명하는 '청교도'라는 사람들은 하나의 종파 사람들이 아닙니다. 로마 가톨릭이라는 구시대적 종교가 아니라 정말로 신실한 새로운 방식, 최신식 버전으로 업그레이드해서 신의 말씀을 따르고 종교를 믿어야 한다는 수많은 부류의 사람들을 의미하는 거죠. 그들은 왕에게도 대놓고 지적질을 했습니다. 왕의 국가 운영 방식 또한 신의 말씀을 제대로 따라야 한다며 말이죠.

——— '부패한 로마 가톨릭을 버리고 영국성공회를 믿으면 된다!'

당시 영국 왕실과 정치인들은 영국국교회(영국성공회)라는 자신들만의 기독교 종파를 만들어 냈습니다. 그리고 국민들에게 영국국교회를 믿으라고 홍보하고 있었죠.

——— 영국만의 교황, 영국만의 기독교

당시 영국 왕실이 만들어 낸 영국국교회는 영국 왕실과 종교의 컬래버레이션이었습니다. 그들은 로마 가톨릭이라는 종교가 오랜 기간 유지될 수 있었던 원동력이 '교황'과 같은 존경받는 종교 지도자

덕분이라고 생각했습니다. 때문에 영국 정부는 영국국교회에도 가톨릭의 교황과 유사한 종교 지도자를 만들어야 한다고 판단했죠. 그렇게 영국국교회 종교 지도자로 캔터베리 대주교^{Archbishop of Canterbury}라는 직책을 내세우기 시작합니다. 사실 캔터베리 대주교는 595년경에 교황 그레고리우스 1세^{Gregorius I}(재위 590~604)가

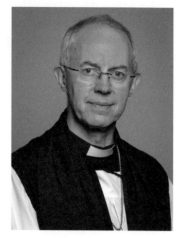

현직 켄터베리 대주교 저스틴 웰비^{Justin Welby}

영국 섬에서 선교하기 위해 만든 대주교 자리였습니다. 영국 왕실은 기존 로마 가톨릭 성직자 직책을 자신들이 창조한 영국국교회의 종교 지도자로 만든 거죠.

그런데 청교도들 중에는 이미 로마 가톨릭의 '교황' 자체도 사라져야 한다고 생각하는 사람들이 많았습니다. 성경 어디에도 교황이라는 직책에 대한 내용은 없었으니 말이죠. 이런 상황에서 영국 정부가 자신들만의 종파를 만들고 캔터베리 대주교를 영국만의 교황처럼 만들려고 시도하고 있었으니 청교도들이 반발할 것은 당연했습니다. 청교도들은 당시 영국에 남아 있던 가톨릭 세력, 가톨릭 문화, 가톨릭 신학을 모두 몰아내고 깨끗한 종교를 믿을 수 있도록 개혁해야 한다며 청교도 운동을 하고 있었습니다. 당연히 영국국교회 또한 없애 버려야 한다면서 말이죠. 영국 왕과 정치인들은 영국성공회를 이용해

국민들이 영국 왕을 영웅처럼, 신이 내려 주신 왕처럼 생각하길 바랐습니다. 그런 왕의 입장에서 청교도는 정치질을 방해하는 세력일 뿐이었죠. 그러나 영국 왕은 그들을 함부로 내칠 수 없었습니다. 종교적인 신념도 강했지만 동시에 근면 성실의 정신을 삶의 모토로 생각했던 청교도들이 영국 중산층 계층을 차지하고 있었기 때문이죠. 예를 들어 17세기 당시 영국의 신흥 상공업자, 자영농들 다수는 청교도였습니다. 검소하고 성실하게 살아가던 청교도들의 자산은 꾸준히 영국 전체에 부를 축적시키고 있었죠.

이와 같은 청교도들의 강력한 경제력은 영국 귀족들에게 로비력으로 작용하기 시작합니다. 귀족들을 후원하여 영국 의회에서 청교도에 유리한 결과가 나올 수 있도록 노력했던 거죠. 아예 직접 영국 의회에 진출하는 청교도들도 나타나기 시작했습니다. 종교에 대해 정말 대쪽 같던 청교도들은 무려 영국 절대왕정의 상징이자 절정이었던 엘리자베스 1세 여왕 시기에도 의회에서 대놓고 영국성공회를 강요해선 안 된다고 요구했습니다. 자신들의 목숨보다도 신을 제대로 섬기고 믿는 것이 중요한 사람들이었던 거죠. 청교도 중에서도 특히 과격파로 분류되던 세력은 스코틀랜드에 많이 살고 있었습니다. 참고로 스코틀랜드는 17세기에 잉글랜드와 같은 왕을 섬기기 시작하며 연합했지만 이후로도 서로 사이가 별로 좋지 않았습니다. 즉 원래부터 잉글랜드와 갈등이 많았던 스코틀랜드는 이제 종교적인 이유로도 잉글랜드와 다투게 생긴 거였죠.

🗨 주교 전쟁

잉글랜드 지역에서는 공권력 때문에 억지로 영국국교회를 믿는 사람들이 늘어나고 있었습니다. 그러나 영국 전 지역이 영국국교회를 믿고 있진 않았죠. 17세기 초 영국 국왕이었던 찰스 1세가 영국성공회의 캔터베리 대주교를 이용해 스코틀랜드 지역에 영국국교회를 받아들이도록 강요하자, 스코틀랜드 청교도들은 영국 국왕의 종교 정책에 반발하여 1639년 반란을 일으킵니다. 이 반란으로 시작된 전쟁을 **주교 전쟁**Bishop's Wars이라고 하죠.

찰스 1세는 스코틀랜드 지역과 내전을 벌이기 위한 전쟁 비용이 필요했습니다. 그러나 당시 영국 왕실의 국고는 텅텅 비어 가고 있었죠. 결국 1640년 4월 찰스 1세는 귀족들을 만나기 위해 장장 11년 만에 의회를 다시 소집합니다. 그러나 의회가 열리자마자 귀족들은 그동안 찰스 1세가 자기 멋대로 귀족들을 배척하고 정치를 해 왔다며 난리를 치기 시작했고, 혈압이 오른 찰스 1세는 3주 만에 의회를 해산시키고 왕실 국고가 비어 있는 상태에서 그대로 전쟁을 시작하는데, 역시나 돈 없이 치른 전쟁은 승리를 만들어 내기 어려웠습니다. 찰스 1세는 같은 해 11월에 다시 의회를 소집해 귀족들에게 전쟁 비용 좀 지원해 달라며 굽신거리기 시작합니다. 당시 갑은 의회의 귀족들이었죠. 귀족들은 찰스 1세의 아버지였던 제임스 1세까지 비판하며, 찰스 1세의 측근들을 탄핵하고 사형까지 시키라는 법을 통과시키라고 갑질을 하기 시작합니다. 왕이 자기 멋대로 의회를 해산시킬 수

스코틀랜드 사람들이 찰스 1세에 반대하는 반란에 동의한다는 서명을 하고 있는 장면을 묘사한 그림.
윌리엄 앨런William Allan, 1838

없도록 하는 내용도 잊지 않고 법안에 포함해서 말이죠. 결국 찰스 1세는 법안을 통과시킬 수밖에 없었습니다. 그렇게 찰스 1세는 굽신거리며 스코틀랜드와의 전쟁에 필요한 전쟁 비용을 확보하게 되죠. 그런데 이제 아일랜드에서도 일이 터집니다.

청교도혁명(1642~1649)

1641년 아일랜드 지역에서는 청교도가 아닌 가톨릭 때문에 봉기가 일어나기 시작합니다. 스코틀랜드의 경우 영국국교회뿐만 아니라 가톨릭까지 거부하면서 제대로 된 종교를 믿어야 한다며 봉기가 일어났었습니다. 그런데 아일랜드는 로마 가톨릭을 계속 믿고 싶은데 영국 정부가 영국국교회를 강요해서 봉기가 일어났죠.

당시 영국의 상황은 정말 혼란스러웠습니다. 왕과 귀족들은 권력을 두고 갈등 중이었고, 스코틀랜드와 아일랜드까지 정부를 상대로 반란을 일으켰으니 말이죠. 국왕 찰스 1세는 자신의 권력이 박살 나고 있는 것을 그냥 두고 볼 수 없었습니다. 우선 자신의 권력 유지를 위해 귀족들이 설쳐 대던 의회부터 박살 내야 했죠. 그렇게 찰스 1세를 따르던 세력 대 귀족 세력으로 나뉘어 내전이 시작됩니다. 당시 청교도들은 영국국교회를 강요하던 찰스 1세가 아닌 귀족 세력에 가담하죠. 이 내전에서 찰스 1세는 처참히 패배했고, 결국 그는 체포되어 구금 상태에 들어갑니다.

이때 귀족 세력을 지원하며 열심히 싸운 청교도 중 올리버 크롬웰Oliver Cromwell(호국경직 1653~1658)이라는 인

올리버 크롬웰의 초상화.
새뮤얼 쿠퍼Samuel Cooper, 1655

물이 있었습니다. 영국이라는 국가 전체를 청교도 방식으로, 종교적으로 신실하게 신을 섬기는 국가로 만들기 위해 죽어라 싸운 인물이었죠. 그런데 왕을 체포한 영국 귀족들은 전쟁이 다 끝나지도 않았는데 딴소리를 하기 시작합니다.

───── 찰스 1세를 풀어 주고 왕을 이용해서
        귀족들이 해 먹는 영국을 만들자.
        VS
        왕을 아예 폐위시키고 공화국으로 만들자.

올리버 크롬웰이 제대로 된 청교도 국가를 만들기 위해 죽어라 전쟁터에서 싸우고 있을 때, 귀족들은 서로 갈라져서 전쟁 이후의 귀족 권력을 위한 작업질이나 하고 있었던 거죠. 크롬웰은 전쟁 중이던 군대를 끌고 의회로 쳐들어가 찰스 1세를 풀어 주자는 온건파들을 쫓아내고 남아 있던 영국 의원들 목에 칼을 들이밀어 '찰스 1세 처형 법안'을 통과시킵니다. 그리고 영국을 청교도식의 종교 국가로 만들고 싶었던 **크롬웰의 독재정치**가 시작되죠.

💬 명예혁명(1688)

영국 정부를 손에 쥔 크롬웰은 가톨릭, 영국국교회를 모두 거부하는 청교도였습니다. 그는 집권하자마자 온 국민이 예수 그리스도만을 바라보고 청렴결백 근면 성실하게 살아야 한다며, 극장을 폐쇄하고 음주가무를 금지시켰으며 오락을 금지시킵니다. 전 국민이 오로지 성경대로, 신만 바라보며 검소하고 부지런하게 살아야 한다고 강요하기 시작했죠. 영국 국민들은 크롬웰의 종교적 신념에 지쳐 갔습니다. 소주 한잔도 못하고 연극도 못 보고 오락도 하지 못하게 되었으니 말이죠. 종교를 잘 믿지 않던 사람들에게 크롬웰은 그냥 짜증 나는 사람일 뿐이었습니다. 물론 크롬웰 자신은 위대한 종교 국가를 만들어 간다고 생각했겠지만 말이죠.

결국 1649년, 크롬웰의 청교도식 통치에 불만을 품고 있던 스코틀랜드 지역에서 일이 터집니다. 크롬웰에게 처형당한 찰스 1세의 아들 찰스 2세^{Charles II}(재위 1660~1685)를 왕으로 모신다고 발표해 버린 거죠. 청교도들이 많이 살던 스코틀랜드 지역에서조차 크롬웰은 선 넘는 사람이었던 겁니다. 그런데 얼마 지나지 않아 1658년에 크롬웰이 갑자기 병으로 사망했고, 영국 귀족들은 네덜란드에서 망명 중이던 찰스 2세를 데려와서 다시 왕으로 앉히려 합니다.

당시 영국의 정치적 상황은 이러했습니다. 아무리 크롬웰이 선 넘는 FM 종교 방식으로 국가를 통치했어도, 어찌 되었든 청교도는 증가하고 있었습니다. 그렇다 보니 크롬웰처럼 종교적 방식으로 국가를 다스리는 것을 지지하는 국민들도 꽤 많이 있었죠. 이런 상황에서 찰스 1세의 아들이었던 찰스 2세가 다시 왕으로 복귀한다면 민심은 찰스 2세를 지지하지도, 반기지도 않을 게 뻔했습니다. 귀족들은 오히려 이게 더 좋았을 겁니다. 국민들한테 인기 없는 찰스 2세를 데려와서 왕으로 앉힌다면 의회에서 귀족들이 마음대로 정치질을 할 수 있을 것이라고 판단했겠죠. 적어도 크롬웰보다는 상대하기 편하다고 생각했을 겁니다. 물론 귀족들 중 찰스 1세 처형에 관여했던 의회파들은 혹시나 찰스 2세가 보복을 할까 봐 두려웠습니다. 하지만 찰스 2세가 웬만하면 다 눈감아 주겠다고 선언했기에 의회파 귀족들도 찰스 2세를 받아 주기로 합니다.

그런데 왕이 된 찰스 2세는 얼마 지나지 않아 자신의 아버지를 처형했고 이후 왕의 권력을 약화시킬 것으로 예상되던 귀족들을 싹 다 잡아 처벌하고 사형시키기 시작합니다. 그렇게 또 의회와 왕이 갈등을 겪게 되죠. 그러던 1685년, 찰스 2세가 갑작스레 병으로 사망하게 됩니다. 그에게는 왕비 캐서린^{Catherine of Braganza}(1638~1705)이 아닌 다른 여인들과의 사이에서 낳은 자식들만 바글바글했을 뿐 후계자가 될 만한 인물은 없었습니다. (찰스 2세의 사생활은 매우 복잡했습니다) 이 때문에 영국 내에서는 찰스 2세의 동생인 제임스 2세^{James II of England}(1685-1688)를 왕으로 추대해야 한다는 얘기가 나오기 시작합니다.

문제는 제임스 2세가 독실한 로마 가톨릭 신자였다는 겁니다. 영국 정부는 로마 가톨릭이 아닌 '영국국교회'를 포교하기 위해 오래전부터 난리를 쳤건만 청교도가 설치고 있어서 너무 피곤하던 참이었습니다. 그런데 왕 후보자가 이도 저도 아닌 로마 가톨릭을 믿고 있으니 영국의 왕으로서는 적절한 인물이 아니었던 거죠. 영국 귀족들 사이에서 제임스 2세를 왕으로 추대해야 한다는 쪽과 반대하는 쪽이 나뉘기 시작합니다. 이 두 세력은 이후 영국 최초의 정당으로 불리게 될 토리당Tories과 휘그당Whigs이 되죠.

그런데 귀족들이 반대해도 답이 없었습니다. 찰스 2세의 자녀들 대부분이 사생아였고 그 외의 왕족들도 왕이 될 만한 인물이 없었기 때문이죠. 결국 1685년 4월 제임스 2세가 영국 국왕으로 추대됩니다. 그런데 혹시나가 역시나였습니다.

제임스 2세는 즉위 직후 영국 국민들에게 '영국국교회'가 아닌 로마 가톨릭을 자유롭게 믿어도 된다고 선포했고, 게다가 정부와 군대 요직에도 가톨릭 신자들을 등용하기 시작했죠. 그는 청교도와 영국국교회를 믿는 사람들로 바글바글했던 영국 귀족, 의회 세력을 견제하기 위해 진작부터 자신의 세력이 될 수 있는 가톨릭 신자들을 여러 요직에 앉히기 시작합니다. 이런 상태로 가다간 영국 귀족들은 제임스 2세와 가톨릭 세력에 의해 찍소리도 못하게 될지도 모를 일이었습니다. 위기감을 느끼던 영국 토리당과 휘그당은 잠시 동맹을 맺고 제임스 2세에게 저항하기 시작하죠. 우선 왕이었던 제임스 2세를 내치고 그의 딸이었던 메리 2세Mary II of England(재위 1689~1694)와 그녀의 남편 윌리엄 3세William III of England(1689~1702)를 국왕으로 추대합니다. 그리고 왕이 자기 멋대로 할 수 없는 법안을 만들어 서명하라고 바로 들이밀었죠.

———— • 의회의 동의 없는 법률 제정, 집행, 과세, 징집, 형벌 금지

메리 2세와 윌리엄 3세의 대관식.
찰스 로후선Charles Rochussen, 1800년대경

- 국민의 자유로운 청원권, 선거, 언론 자유 보장
- 의회 소집 정례화

　왕좌 밖으로 내처진 제임스 2세는 처형되지 않고 다른 국가로 망명을 가게 됩니다. 성공적으로 메리 2세와 윌리엄 3세를 왕으로 앉혔고, 의회 중심의 입헌군주제 토대도 마련했으며, 이 과정에서 사상자도 거의 나오지 않았으므로 이 사건을 명예로운 혁명, 즉 명예혁명 Glorious Revolution으로 자화자찬해 부릅니다. (뭐가 명예롭다는 건지 효기심

은 잘 모르겠습니다)

그러나 17세기 당시 영국 의회는 일반 국민들을 위한 기구가 전혀 아니었습니다. 왕의 권력을 저하시키고 귀족들의 권력과 기득권을 지키기 위해 설계된 기구였을 뿐이죠. 영국 의회가 민주주의를 위한 기구가 아니었다는 것은 19세기에도 아주 잘 드러납니다.

***

영국은 산업혁명 이후 점차 상업 무역을 하는 집단, 수공업이나 제품을 만드는 장인들이 늘어납니다. 이들은 자신들의 이익을 보호하기 위해 의회에 로비를 하기 시작하죠. 의회에는 특정 이익집단 세력이 만들어지기 시작합니다. 영국 의회는 점차 특정 이익집단을 위한 명분 제조 공장으로 변질되어 갑니다.

—— '국민이 원한다!'

사실상 특정 이익집단이 원하는 정책을 국민이 원하는 것이라며 끼워 팔기를 했습니다.

한편, 19세기 초에 시작된 프랑스의 나폴레옹전쟁 동안 전 유럽에서 인플레이션이 발생하고 식량은 부족해집니다. 곡물 가격이 폭등해 버리죠. 모든 고통은 고스란히 국민들에게 돌아갔습니다.

그런데 1812년에 쿼터당 126.6실링이었던 옥수수의 평균 가격이 나폴레옹전쟁이 끝난 1815년 이후에는 65.7실링까지 떨어진 겁니다. 대떡락도 그런 떡락이 없었습니다. 국민들은 전쟁 이후 저렴해진 옥수수를 마음껏 구매할 수 있게 됐죠. 폭락하는 것은 옥수수뿐 아니라 밀도 마찬가지였습니다. (밀과 옥수수는 서로 대체 곡물이었습니다) 그러자 영국 의회는 찬물을 때려 붓기 시작합니다. 1815년 영국 의회는 곡물법을 제정합니다.

——— 1. 밀의 가격이 80실링을 초과할 경우 밀 수입을 허용한다.
2. 밀의 가격이 80실링 이하일 경우에는 수입을 전면 금지한다.

갑자기 폭락한 옥수수와 밀 등의 곡물 가격이 더 이상 폭락하지 않도록 보호무역을 하겠다는 드립을 친 겁니다. (전쟁 이전 가격으로 내려가던 옥수수 가격을 더 이상 낮아지지 않게 하려던 것이었습니다) 옥수수 수입을 지속할 경우 국민들은 밀과 옥수수를 저렴하게 구매할 수 있겠지만, 밀과 옥수수를 경작해서 팔아먹고 이득을 보던 자본가들의 이윤은 낮아지게 될 테니 말이죠. 당시 영국 의회를 차지하던 의원들 대부분은 대지주부터 소지주까지 대부분 땅을 가진 자본가들이었습니다. 그랬으니 자신들의 이익을 수호하기 위한 법이 만들어진 거죠. 영국 의회가 '국민을 위해 일한다'는 말은 지나가던 소가 웃을 일이었습니다. 게다가 19세기 초까지만 해도 전체 국민 중에서 3% 정도만 투표권을 갖고 있었습니다. 투표할 수 있는 3%에 해당될 수 있는 기준도 지금 보면 정말 어이가 없었습니다. 바로 계급과 재산이었죠. 귀족도 아니고 부자도 아닌 일반 서민들과 빈민들은 아예 투표장에 들어갈 수조차 없었던 겁니다. 그러다 보니 당시 영국의 상원(귀족원)은 귀족과 고위층을 대변하고 있었습니다. 그렇다면 영국의 하원(서민원)은 다르지 않았을까요? 그들도 마찬가지였습니다. 하원의 경우 땅을 가진 자본가들과 전문직을 대변하는 기관이 되어 있었죠. 껍데기만 국민의 의견을 대변한다는 의회이지 실제로는 귀족, 대지주, 자본가를 대변하는 집단일 뿐이었습니다. 19세기 초 영국에서는 산업혁명이 한창이었습니다. 공산주의가 유행했던 19세기 후반부터 20세기 초에 공장 노동자들의 노동 환경은 상상조차 할 수 없을 정도로 열악했죠. 노동자들은 일하다가 사망했고, 아이들은 공장에서 일하다 사고로 팔다리를 잃기 일쑤였습니다. 다치거나 사망한 사람들에 대한 보상은 사실상 전무했죠. 게다가 곡물 가격까지 인위적으로 높이려고 수작을 부리고 있으니 영국 국민들은 분노하지 않을 수 없었습니다. 국민들은 시위도 해 보고 목소리를 냈지만 그래 봤자였습니다. 영국 국민들의 의견을 법적으로 적용할 수 있는 유일한 수단은 귀족, 대지주, 자본가의 앵무새 역할을 해 주던 영국 '의회'뿐이었으니 말이죠. 이후 1819년 8월 16일, 맨체스터의 성 베드로 광장에서 국민 집회가 열리기 시작합니다. 그러나 영국 정부는 총칼을 꺼내 막무가내로 시위를 진압했고, 10여 명의 사망자와 수백여 명의 부상자가 발생합니다. 영국 정부는 시위가 발생한 지역에서만 민심을 잃은 것이 아니었습니다. 이미 영국 전역에서 민심을 잃었지만 특히나 저 지역에서 시위가 일어났을 뿐이었죠. 1830년 이후 영국 전역에서 정치 조합^{Political} Unions이 결성되기 시작합니다. 정치 조합은 당시 지방의 시장, 치안판사, 은행가, 제조업자, 노동자, 급진주의자 등이 포함되어 다양한 직업과 철학, 종교적 배경을 갖고 있던 집단이었습니다. 그들은 자신들끼리 토론을 통해 다양한 의견을 통합해 갔고, 의견 조율이 끝나면 영국 의회에 대고 소리쳤죠.

────── "국민을 위해서 일을 해, 이 새X들아!!!!!!!!!"

민중들은 영국 국민이라면 누구든 투표에 참여할 수 있도록 참정권을 개선하라고 요구하기 시작합니다. 그동안 영국 귀족, 대지주, 자본가의 앵무새 역할만 하던 영국 의회는 1832년에 결국 선거법을 개정하게 되죠. 그러나 한계도 있었습니다. 당시 시대적 특성상 여성이란 존재는 남성들과 동등한 존재로 인식되지 않았습니다. 전쟁이나 강도 높은 노동 등 위험한 일 대부분을 남성들이 해 오다 보니 여성들은 중요한 일을 하지 않는 존재로 인식되었고, 중요한 나랏일에 관여하는 투표도 할 자격이 없는 존재로 여겨졌죠. 그렇다 보니 많은 국민들의 목소리를 대신 내 주던 정치 조합 또한 성인 남성 전체의 보통 선거권을 목표로 하고 있었습니다. 이후에는 앞서 말한 말도 안 되는 곡물법에 반대하기 위한 곡물법 반대 연맹^{Anti-Corn Law League}까지 만들어집니다. 1828년부터 곡물 가격이 상승할 경우 관세를 줄이겠다는 관세 제도가 채택되었고 영국의 선거권 또한 확대되기 시작합니

1846년 곡물법 반대 연맹의 회의를 그린 그림

다. 그런데 영국 의회가 선거권을 확대해 준 이유는 따로 있었습니다.

국민들의 불만이 점차 커지던 와중, 의회의 일부 정치인들도 참정권을 확대해야 한다고 주장하기 시작합니다. 수십 년 전인 1789년에 프랑스혁명도 일어났고 지식인들 사이에서 민주주의, 자유주의 등의 사상이 유행하던 시기였으니 자연스러운 변화처럼 보이기도 합니다. 그런데 과연 그들이 정말 국민 전체를 위해서, 정말 민주주의를 숭고하게 생각해서 그런 주장을 했던 걸까요?

여기서 다시 짚고 넘어갈 사실이 있습니다. 영국은 전 세계에서 처음으로 산업혁명이 일어난 국가였고 19세기 초중반이면 영국의 산업도 점차 고도화되어 공장을 소유하고 수많은 노동자들을 부리던 거대 자본가들도 힘이 강력해진 시기였습니다. 그런데 제조업과 대외무역으로 돈을 벌던 자본가들 입장에서 슬슬 영국의 곡물법이 눈에 거슬리기 시작합니다. 당시 노동자들은 거의 최소한의 임금만 받으며 열악한 조건에서 일하고 있었다고 말씀드렸죠. 여기서 최소한의 임금이란, 적어도 빵은 사 먹을 수 있는 정도의 임금을 말합니다. 그런데 곡물법 때문에 곡물 가격이 계속 비싸게만 유지되니 자본가들은 노동자들의 임금을 더 후려칠 수 없는 상황이었던 것이죠.

또 곡물법 때문에 무역에도 문제가 생겼습니다. 지금이야 세계무역기구도 있고 FTA도 있고 '자유무역'이라는 개념이 우리에게 친숙합니다만 당시만 해도 아니었습니다. 각 국가들은 어느 국가를 상대로 무역을 하던 적자 보는 걸 참 싫어했습니다. 그래서 상대 국가의 상품에 높은 관세를 매겨서라도 수입을 덜 하려고 했죠. 당시 영국이 산업적으로 초선진국이었던 만큼 영국의 공산품에 관세를 매기려고 하는 국가가 많았습니다. 자본가들은 이게 늘 불만이었죠. 여기서 자본가들은 기발한 생각을 해냅니다.

───── 만약 곡물법이 폐지되어 다른 나라들이 영국에 곡물을 마음껏 팔 수 있게 되면, 그 돈으로 관세 없이 우리 공장의 제품을 왕창 사 가지 않을까?

영국의 선거권 변천사(1832년 이후)	
1. 1832년 제1차 선거법 개정	– 중산층 선거권 획득 – 국민 대비 유권자 비율 4.3%
2. 1867년 제2차 선거법 개정	– 도시 노동자 선거권 획득 – 국민 대비 유권자 비율 9%
3. 1884년 제3차 선거법 개정	– 소작농 및 농민, 광산 노동자 선거권 획득 – 비밀투표제 실시 – 국민 대비 유권자 비율 19%
4. 1918년 제4차 선거법 개정	– 남자 21세 이상, 여자 30세 이상 선거권 인정 – 다만 여자의 피선거권은 21세 이상 인정 – 국민 대비 유권자 비율 46%
5. 1928년 제5차 선거법 개정	– 만 21세 이상 남녀 보통선거 – 국민 대비 유권자 비율 62%
6. 1960년 제6차 선거법 개정	– 만 18세 이상 남녀 보통선거

결국 자본가들의 후원을 받은 정치인들이 나서서 민주주의 드립을 치기 시작합니다. 왜냐하면 찢어지게 가난해서 빵 사 먹을 돈 한 푼이 귀했던 대다수 국민들은 자본가들과 마찬가지로 곡물법 폐지를 원할 것이기 때문이죠. 더 많은 사람들이 참정권을 얻을수록 곡물법 폐지에 가까워진다는 정치적 계산이 있었던 것입니다. 도시 노동자들이 농민들보다 먼저 선거권을 얻을 수 있었던 것도 바로 이 때문이겠죠.

***

영국의 의회 민주주의는 전 세계에 지대한 영향을 끼쳤습니다.

그러나 정작 영국에서 민주주의가 발전해 온 과정에 '국민을 위한 민주주의'는 존재하지 않았죠. 영국의 기득권들은 자신들의 이익을 유지하기 위해 투표권을 확대하며 의회 민주주의를 발명했습니다. 그 발명품은 아이러니하게도 국민이 주인인 세상을 만들었죠. 앞으로도 권력자들은 자신들을 위해 또 새로운 발명품을 만들 겁니다. 그 발명품이 무엇일진 모르겠지만 똑똑한 정치인들은 많은 국민들이 호응하는 것을 발명해 내겠죠. 새로운 발명품은 앞으로 어떤 세상을 만들어 낼까요?

제 8 장

당신들은 원래 위대한 민족이에요

핀란드의 독립

핀란드는 북유럽 국가들 중 하나입니다. 서쪽으로는 스웨덴, 북쪽으로는 노르웨이, 동쪽으로는 러시아와 국경이 맞닿아 있죠. 위도상으로 모스크바보다 높은 곳에 있는 나라인 만큼 국토 대부분이 냉대 기후에 속합니다. 여름에는 한밤중에도 해가 지지 않는 '백야 현상', 반대로 겨울에는 해가 안 뜨는 '극야 현상'이 벌어지죠.

핀란드라고 하면 평화롭고 깨끗하다는 이미지가 있는 것 같습니다. 국토의 70% 가량이 숲, 10%는 호수로 이루어져 있는 만큼 자연친화적으로 보이는 것도 있지만, 사회적으로도 청렴한 나라로 알려져 있기 때문이겠죠. 실제로 부패 인식 지수나 공공 청렴 지수를 보면 핀란드는 세계에서 가장 청렴한 국가 중 하나입니다. 더불어 세계 행복 지수에서도 핀란드는 상위 랭킹을 차지하고 있죠.

사실 핀란드는 앞서 언급했던 폴란드와 마찬가지로 한국인들에게 잘 알려져 있지 않은 나라입니다. 옛날에 유행했던 광고 때문에 '자일리톨 껌'이나 '휘바휘바'라는 말 정도는 떠올리실 수 있지만 이것도 사실 핀란드를 왜곡해서 보여 준 것이라고 하죠.

그렇다고 해서 우리가 핀란드와 아예 관계없지는 않습니다. 우리 생활 속에서 간간이 핀란드를 찾아볼 수 있죠. 찜질방이나 목욕탕을 가면 흔히 볼 수 있는 '사우나'는 핀란드 말입니다. 목욕, 목욕탕을 의미하죠. 지금은 찾아보기 힘든 '노키아'라는 회사도 핀란드 회사입니다. 앵그리버드, 클래시로얄, 브롤스타즈라는 게임들 역시 모두 핀란드 게임 회사가 만든 게임이죠.

그런데 핀란드는 제1차세계대전이 일어나기 전까지는 존재한 적이 없는 국가입니다. 핀란드는 그저 스웨덴의 한 지방이었을 뿐이죠. 그러다 19세기에 러시아가 스웨덴으로부터 핀란드 지역을 빼앗은 후부터 점점 상황이 변하기 시작합니다.

핀란드 지역의 사람들은 오랫동안 스스로를 스웨덴 사람이라고 생각하며 살았습니다. 그런데 러시아의 지배를 받으며 자신이 스웨덴인이 아니라 핀란드인이라는 생각을 갖게 된 겁니다.

그리고 20세기 초반에 핀란드는 러시아로부터 독립합니다. 세상에 없던 핀란드라는 나라가 생긴 것이죠. 도대체 핀란드인들에게는 무슨 일이 있었던 것일까요? 그리고 러시아는 핀란드인들에게 무슨 짓을 한 걸까요?

핀란드 탄생의 진짜 이유

– 러시아가 만들어 준 핀란드?

독립(Independence, 獨立)이란 무엇일까요? 우리들은 어린 시절부터 '독립'이라는 단어를 자주 들으며 자랐습니다. 일제에 나라를 빼앗기고 온갖 고초를 다 겪은 우리 한민족이 어렵게 쟁취한 결과물이라고 배워 왔죠. 우리는 흔히 '독립'이라고 하면 '나쁜 놈들로부터 다시 나라를 되찾은 것'이라는 막연한 생각을 떠올리곤 합니다. 효기심도 마찬가지였고 말이죠. 한국 역사 교육의 특성상 그럴 수밖에 없는 것 같습니다.

하지만 전 세계 수많은 국가들의 독립 과정을 살펴보면 한국인들이 생각하는 독립과는 그 의미가 전혀 다른 독립도 많았습니다. 나폴

핀란드의 주변 국가

레옹의 프랑스로 인해 스페인 본토가 점령당하기 직전, 스페인의 식민지였던 남미의 귀족들은 자신들의 기득권이 사라지는 것을 막기 위해 스페인으로부터 독립했죠. 영국이라는 본국으로부터 식민지 사업가들의 이권을 지키기 위해 독립한 미국도 있겠습니다. 그리고 최근 2022년의 가장 뜨거운 이슈인 러시아-우크라이나 전쟁 이후 언론에 자주 등장하는 핀란드도 있습니다.

　우리나라에선 자일리톨로 유명한 나라 핀란드. 그런데 2022년 2월, 러시아-우크라이나 전쟁이 일어나기 직전에 프랑스의 마크롱

Emmanuel Macron 대통령은 우크라이나가 핀란드화되어야 한다고 말했습니다.

헨리 키신저의 모습

───── 핀란드화Finlandization

미국의 유명한 국제정치학자이자 국무장관을 지냈던 헨리 키신저Henry Kissinger, 백악관 안보 보좌관을 했던 즈비그뉴 브레진스키Zbigniew Brzezinski도 러시아가 크림반도를 강제로 병합했던 2014년에 우크라이나가 핀란드처럼 외교를 해야 한다며 핀란드화를 언급했습니다. 도대체 핀란드는 어떤 방식의 외교를 해 왔던 것일까요?

과거 세계는 1991년 소련이 붕괴할 때까지 냉전Cold War 시대를 겪었습니다. 전 세계가 미국 진영과 소련 진영으로 나뉘어 군

즈비그뉴 브레진스키의 모습

비 경쟁, 세력 경쟁을 벌였지만 본격적인 무력 충돌은 없었기에 소리 없는 차가운 전쟁(냉전)이라고 부르는 거죠. 냉전 당시 핀란드는 미국과 소련 중 한쪽이 아닌 중립을 선포합니다. 유럽의 중립 국가라고 하면 스위스를 떠올리시는 분들도 계실 겁니다. 또 스웨덴은 최근 핀란드와 함께 미국을 중심으로 한 안보 기구 NATO(North Atlantic Treaty Organization, 북대서양조약기구) 가입을 시도하고 있지만, 원래 스위스

보다 먼저 중립국을 선언했던 국가입니다. 두 국가 모두 핀란드와 마찬가지로 냉전 시기에 중립을 지켰습니다. 그러나 '스위스화'나 '스웨덴화'라는 단어는 없죠. 핀란드는 두 국가와 사정이 많이 달랐기 때문입니다.

핀란드의 바로 옆에는 소련이라는 초강대국이 있었습니다. 때문에 그들은 소련과의 관계가 악화되지 않도록 노력하며 동시에 미국 등 서방 진영 국가들과도 교류를 끊지 않는 외교 전략을 채택해 왔죠. 핀란드는 소련의 신뢰를 얻기 위해, 소련의 심기를 거스르지 않기 위해 알아서 많은 것을 희생했습니다. 서방 국가들은 핀란드가 소련의 속국도 아닌데 스스로 속국처럼 행동한다며 무시하고 조롱했죠. 여기서 나온 단어가 바로 '핀란드화'입니다.

그러나 핀란드는 냉전이 끝날 때까지 독립을 지켰을 뿐만 아니라 민주주의와 자유 시장경제를 유지할 수 있었습니다. 게다가 서방 국가와 소련 사이에서 중개무역을 하며 경제도 발전시켰죠. 원래 핀란드를 경멸하는 의미로 쓰였던 '핀란드화'라는 단어는 일부 국제정치학자들 사이에서 긍정적인 의미로 바뀌었습니다. 강대국 주변에 있는 약소국으로서 외교를 현명하게 하고 싶다면 핀란드의 사례를 참고하라는 말이죠.

냉전이 끝나고 핀란드는 빠르게 유럽연합의 전신인 유럽공동체에 가입했지만 군사적으로는 최근까지도 중립을 지키고 있었습니다. 그러나 핀란드의 전통적인 외교 방식도 이제 끝을 보이고 있습니다. 최근 러시아-우크라이나 전쟁 이후 NATO에 가입을 신청했고,

NATO 국가들의 만장일치로 핀란드의 가입 절차가 시작되었기 때문이죠. 핀란드가 NATO에 가입하게 될 경우 NATO에 적대적인 러시아와 최전선에서 국경을 맞대고 있는 새로운 외교 환경에서 국가가 운영되어야 할 것입니다.

그런데 핀란드는 무려 1917년까지 러시아제국의 영토였습니다. 달리 말하면 지금의 핀란드는 1917년 이후 탄생한 국가라는 거죠. 더욱 흥미로운 것은, 1917년 이전에 핀란드 지역에는 핀란드인, 핀란드 민족의 국가가 단 한 번도 존재한 적이 없었다는 겁니다. 갑작스럽게 탄생된 핀란드는 어떻게, 왜 탄생될 수 있었을까요? 아이러니하게도, 현재 핀란드와 사이가 틀어질 전망인 러시아, 그 러시아가 과거 러시아제국 시절에 의도치 않게 핀란드의 건국을 도와주게 됩니다.

────── 러시아제국 曰

"핀란드는 핀란드인만의 문화와 언어가 살아 숨 쉬는 위대한 국가다!"

🗨 고대 중세의 핀란드

노르웨이, 스웨덴, 덴마크를 묶어 스칸디나비아 국가라고 부르곤 합니다. 여기에 핀란드와 아이슬란드를 포함시키기도 하죠. 그런데 이 국가들 사이에는 공통점이 있습니다. 11세기 전까지 제대로 된

양피지에서 발견된 몇 안 되는 룬 문자 자료다.
1300년경

역사 기록이 없어서, 이전에 도대체 어떤 일이 있었는지 알기가 어렵다는 것이죠. 11세기면 한반도에선 강감찬이 거란에 맞서 귀주대첩을 승리로 이끈 시기입니다. 11세기에 들어서야 가톨릭과 라틴 문자가 도입되었고 그나마 믿을 만한 역사가 시작됩니다. 사실 그들에게도 문자는 있었습니다. 게임이나 소설 등을 통해 한국에서도 유명한 '룬Rune' 문자죠.

———— '그럼 11세기 이전에도 문자가 있었잖아?'

그렇긴 했습니다. 실제로 룬 문자로 글을 기록한 고대 비석들이 많이 발견되었죠. 그런데 내용을 살펴보면 일상적이고 실용적인 목적으로 기록한 글이 대부분입니다. 역사로 다루기엔 사소한 내용들이죠. 그래서 북유럽의 역사는 '사가Saga❶'라는 기록을 많이 참고합니다. 입에서 입으로 전해 내려오던 전설 같은 이야기를 한참 후에 라틴 문자로 기록한 것이죠. 의외로 역사와 일치하는 것도 많지만 아닌 것들도 있어서 역사학자들은 골치가 아프죠.

❶
사가Saga는 아이슬란드, 그 외 북유럽 국가들의 역사 이야기를 의미한다.

북유럽에 대한 역사 자료는 북유럽 밖에도 있습니다. 로마제국, 프랑크왕국, 신성로마제국 등의 유럽 국가들이 북유럽 사람들에 대해 적은 글들이 남아 있는 거죠. 하지만 이 자료들 역시 조심스럽게 살펴봐야 합니다. 북유럽에 대한 글을 남긴 국가들은 기독교 국가였습니다. 반면 북유럽 사람들은 아직 기독교를 받아들이지 않은 상태였죠. 다른 유럽인들 입장에서 북유럽 사람들은 '신을 몰라보는 오랑캐'였던 겁니다. 객관적인 판단이 어려웠겠죠. 때문에 북유럽 고대사 연구는 크로스 체킹(교차 검증)이 참 어렵습니다.

어쨌거나 북유럽 사람들에 대한 묘사가 꽤 남아 있습니다. 그 이름도 유명한 '바이킹'이죠. 북유럽 사람들은 현재도 평균 키가 180cm에 가깝고 2m가 넘는 사람들도 많습니다. 그렇다 보니 과거부터 다른 유럽 사람들에 비해 전투력이 넘사벽이었죠. 바이킹들은 다른 유럽 국가들에 비해 항해술도 발달해서, 중세에는 다른 유럽 국가들의 혼을 쏙 빼놓을 정도로 갑작스럽게 쳐들어와 약탈하고 다시 북유럽으로 돌아가곤 했죠. 일부 바이킹들은 그린란드, 영국, 프랑스, 러시아 등 온갖 지역에 정착하기도 했습니다.

그러다가 9세기부터 12세기까지 북유럽에 차츰 기독교가 전파되기 시작합니다. 그 이전까지 북유럽 사람들은 북유럽신화를 믿었죠. 최근 마블 영화 때문에 유명해진, 토르와 로키가 등장하는 그 신화 맞습니다. 당시 북유럽은 무수히 많은 작은 왕국들이 점차 통합되면서 국가다운 국가가 등장하던 시기였죠. 북유럽 국가의 왕들은 왕권을 강화하고 국가를 통합하기 위해 기독교를 필요로 했습니다. 과거 한반도에서 고구려, 백제, 신라가 불교를 필요로 했던 것과 마찬가지로 말이죠.

그렇게 10세기 이후 덴마크, 노르웨이, 스웨덴이 기독교를 국교로 지정하게 되죠. 즉 이 시기부터 북유럽 지역에 기존의 주류 유럽 문명이 유입되기 시작했습니다. 그런데 핀란드 지역은 아니었습니다. 핀란드 지역은 13세기까지도 여기서 무슨 일이 일어났는지 알 수 있는 사료가 별로 없습니다.

───── '핀란드도 북유럽이니까 바이킹이었잖아. 바이킹이면 어느 정도 역사 자료가 있는 것 아냐?!'

바이킹의 전설을 보면 핀란드 지역의 핀Finns인과 바이킹이 서로 자주 전투를 벌였다고 합니다. 현재 핀란드 사람의 조상은 바이킹과는 별개의 집단이었다는 것이죠. 이들은 13세기까지 다른 나라의 기록에도 거의 등장하지 않습니다.

핀란드 지역에는 주변 지역과 전혀 다른 자신들만의 언어를 사용하는 사람들이 오래전부터 살아왔습니다. 현재까지 이어져 온 핀란드어는 유럽 국가들 대부분의 언어와 달리 인도유럽어족에 속하지 않습니다. 핀란드에 살던 사람들은 바이킹과 게르만족이 쓰던 룬 문자도 사용하지 않았습니다. 그냥 문자가 없었죠. 최근에는 유전적으로도 핀란드인들이 다른 유럽 사람들과 꽤 다르다는 연구가 나오고 있죠.

무려 13세기까지도 핀란드 지역에는 국가가 형성되지 못했습니다. 핀란드 지역은 도대체 왜 다른 유럽에 비해 정치나 문화의 발전이 더뎠을까요? 중세 시대에 현재의 핀란드 지역 옆에는 강대국이었던 스웨덴왕국이 있었습니다. 그런데 바로 옆에 있던 스웨덴왕국 또한 핀란드 지역을 점령하고자 크게 노력하지 않았죠. 현재는 여러 가지 기술의 발전으로 남극에서도 사람이 살아갈 수 있는 시대가 되었습니다. 그러나 과거 핀란드 지역은 춥고 농작물이 자라기 좋은 환경이 아니었으며, 사람이 살기에 좋은 환경도 결코 아니었죠. 식량이 충분하지 않은 만큼 인구도 증가하기 어려운 지역이었습니다. 고대와 중세 시대에 국력의 가장 중요한 기준은 바로 인구였습니다. 그랬으니 핀란드 지역에 특정 문명이 침략을 할 일도 많지 않았을 것으로 추정되고 있죠.

스웨덴왕국은 13세기에 가서야 핀란드 지역을 장악하기 시작합니다. 생각보다 가뿐하게 점령하죠. 중앙집권 체제도 없었고 부족도 크게 3개로 나뉘어 있던 핀란드 지역은 스웨덴왕국 군대에게 손쉽게 점령당합니다. 사실 스웨덴이 당시 핀란드를 점령했던 이유도 약간 흥미롭습니다.

🗨 스웨덴왕국의 영토가 된 현재의 핀란드

우리가 알고 있는 십자군 전쟁은 로마 가톨릭의 유럽 세력과 이슬람의 중동 아랍 세력 간 전쟁입니다. 교황은 예수 그리스도를 몰라

보는 이교도, 이단들을 처단하고 예루살렘을 수복하자며 전 유럽을 부추겼죠. 그런데 중동 아랍이 아닌 북유럽 지역에서도 저런 십자군이 유행이었습니다. 그것도 1147년부터 1410년까지 무려 260여 년 동안 말이죠. 핀란드를 포함해 발트해 연안에는 신과 그리스도를 모르고 살아가던 부족들이 있었습니다. 스웨덴, 덴마크, 신성로마제국 등은 기독교를 알리고 이교도를 처단한다는 명분으로 군사를 이끌고 동쪽으로 쳐들어가기 시작합니다. 물론 왕과 귀족들은 이걸 명분으로 영토를 확장하고 싶었죠. 그들을 우린 **북방 십자군**^{Northern Crusades}이라고 부릅니다. 스웨덴이 핀란드를 점령한 것도 북방 십자군의 활약인 것이죠.

당시까지 핀란드 지역의 부족들은 정체성이 모호했습니다. 통합이 되지 않고 부족 단위로 찢어져 있었죠. 스웨덴 사람들은 그들 중 남서부 해안에 살던 부족을 핀^{Finns}이라고 불렀는데, 핀란드^{Finland}라는 나라 이름도 여기서 비롯된 것입니다. 정작 현재 핀란드 사람들은 핀란드어로 자기 나라를 수오미^{Suomi}라고 부르죠. 13세기에 스웨덴의 영토가 된 핀란드 지역 부족들은 초반에는 스웨덴에 대항하기도 했으나, 곧 스웨덴의 지배에 순응하고 살게 된 것으로 보입니다. 그것은 당연했습니다. 중앙집권이 이루어진 적도 없었으니 말이죠.

우리가 학창 시절 배운 '중앙집권'이 의미하는 것은 이런 것입니다. 특정 왕이 자신이 다스리는 국가의 '왕'이 되기 위해 실체도 없던 민족, 국가, 역사까지 만들어 내고 국민들에게 그것들이 소중한 것이라고 알리고 선동했다는 것이죠. 그러나 핀란드는 중앙집권 형태의 문명국가가 존재한 적이 없었으니, 핀란드 지역 주민들은 당시 스웨덴왕국이 쳐들어왔을 때 자신들이 '무엇'을 지키기 위해 그들과 맞서 싸워야 할지 애매했을 겁니다. 스웨덴왕국이 그들을 모두 학살하려 했던 것도 아니고 말이죠.

과거 몽골 원나라는 중국 한족을 4등 국민 취급하곤 했는데, 스웨덴왕국은 핀란드 지역 주민들을 자국의 국민으로 받아들이고 차별하지 않았습니다. 아마도 핀란드 지역 주민들이 자신들만의 민족성, 정체성이 뚜렷하지 않다 보니 스웨덴왕국이 요구하던 종교, 정치체제, 문화를 손쉽게 받아들여서 갈등도 적었던 것 같습니다. 또 스웨덴왕국은 자신들이 새롭게 얻은 핀란드라는 지역을 자신들의 식민지가 아니라 스웨덴왕국의 영토로 인식하고 있었습니다. 그러니 차별할 이유가 없었죠.

핀란드 지역 주민들은 스웨덴에 의해 기독교라는 새로운 종교도 받아들였고, 기존 유럽의 문화에도 손쉽게 동화되어 갔습니다. 스웨덴왕국은 핀란드 지역을 다스릴 귀족을 임명했는데, 현지인 중에서도 귀족이 된 사람이 많았습니다. 핀란드 지역 사람들에게도 기존 스웨덴 국민과 마찬가지로 세금을 징수했으며 전쟁이 일어날 경우 징병도 했죠.

당시 스웨덴왕국은 왕위를 계승하는 방식이 조금 특이했습니다. 책 앞부분에서 다룬 폴란드처럼 귀족들이 스웨덴왕국의 왕을 투표로 선출하는 시스템이었죠. 웬만하면 기존 스웨덴 왕족 중에서 왕을 뽑긴 했지만 적당한 사람이 없으면 외국 사람을 왕으로 앉히기도 했습니다. 다만 폴란드와는 달리 스웨덴 귀족들끼리 합의해서 왕 역할 잘할 것 같은 사람에게 왕 자리를 제의하는 식이었죠. 아무튼 이 선거에 핀란드 지역의 귀족들도 참여했습니다. 이처럼 핀란드 지역은 스웨덴 왕국의 다른 영토와 크게 다른 취급을 받지 않았습니다. 때문에 핀란드의 중세 시대 역사는 스웨덴왕국 역사의 일부분으로만 존재하죠.

그런데 스웨덴은 이후 덴마크, 노르웨이와 함께 한 명의 왕을 모시게 됩니다. 스웨덴과 덴마크, 노르웨이는 각각 별개의 나라로 존재하고 있었던 만큼, 세 국가 모두 정체성이 다를 테니, 한 명의 왕이 세 국가를 각각 통치하는 형태로 가자고 협의를 본 거죠. 예를 들어 A라는 왕은 덴마크, 노르웨이, 스웨덴이라는 '세 국가'를 '각각' 통치하는 왕으로 존재했던 겁니다. 덴마크 사람들은 덴마크의 왕을 A라고 생각하고, 노르웨이 사람들도, 스웨덴 사람들도 자신들의 왕을 A라고 생각하지만, 그렇다고 나라의 명칭이나 정체성까지 하나로 통합되지는 않은 형태의 국가라고 생각하시면 좋을 것 같습니다. 그런데 왜 이런 형태의 정치체제가 나타나게 된 것일까요?

한자동맹

현재의 독일 북부 지역에는 발트해를 중심으로 무역을 하던 상인들이 큰 집단을 형성하고 있었습니다. 당시 덴마크, 노르웨이, 스웨덴 바로 아래 발트해 연안에서 해적 떼가 나타나 노략질을 하고 있었으

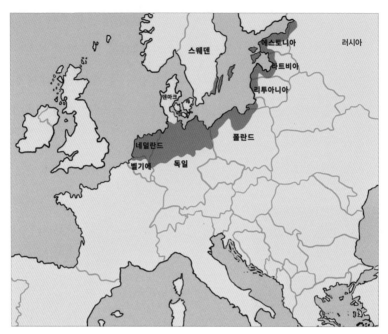

15세기 한자동맹 세력을 보여 주는 지도.

니 상인들끼리 서로 뭉칠 필요가 있었던 거죠. 이후 상인 집단은 자신
들의 커뮤니티를 형성하고 특정 국가와 협정까지 맺을 정도로 영향
력이 커지게 됩니다. 엄청난 로비 집단이자 상인 협동조합이 되어 버
린 거죠. 그 집단의 이름이 한자동맹^{Hanseatic League}입니다.

　　그런데 한자동맹은 점차 발트해 연안의 해상무역을 사실상 독점
하기에 이릅니다. 그들은 엄청난 부를 축적해 가고 있었죠. 문제는 한
자동맹 때문에 덴마크, 노르웨이, 스웨덴의 상업이 망해 가고 있었다
는 겁니다. 북유럽 국가들은 자신들끼리 경쟁할 때가 아니라 한자동
맹으로부터 자신들의 경제를 지켜 내기 위해 뭉쳐야 했죠. 그렇게 탄

❶
현재의 아이슬란드, 덴마크, 노르웨이, 스웨덴, 핀란드 영토가 포함되어 있던 연합이었다.

생한 것이 칼마르연합Kalmar Union(1397~ 1537)❶입니다. 덴마크, 노르웨이, 스웨덴 세 나라가 한 명의 왕 아래 단합해서 한자동맹에 대항해 경제권을 다시 되찾아오자는 것이었죠.

그러나 칼마르연합은 15세기 중반부터 삐걱거리기 시작합니다. 스웨덴의 자치권이 줄어들면서 불만을 가진 귀족들이 늘어나기 시작했던 거죠. 그러다 1513년에 크리스티안 2세 Christian II(재위 1513~1523)가 우선 덴마크와 노르웨이의 왕이 됩니다. 당시 스웨덴에선 크리스티안 2세가 스웨덴의 왕이 되는 것에 찬성하는 귀족 그룹과 반대하는 귀족 그룹이 나뉘어 있었죠. 결국 크리스티안 2세에 반대하는 세력이 반란을 일으켰고 덴마크와 스웨덴 사이에 전쟁이 일어납니다. 반란을 일으킨 세력 중에는 구스타브 바사Gustav Vasa(1496~1560)라는 스웨덴 귀족도 있었죠.

크리스티안 2세는 1517년 덴마크군을 이끌고 반란군을 진압하러 스웨덴

크리스티안 2세의 초상화

구스타브 바사의 초상화

에 쳐들어갑니다. 하지만 실패하죠. 1518년에 다시 쳐들어갑니다. 또 실패하죠. 그런데 이 와중에 구스타브 바사는 인질이 되어 덴마크로 끌려갔다가 금방 탈출해서 일단 피신합니다. 크리스티안 2세는 1520 년에 외국 용병까지 잔뜩 사다가 또 쳐들어갑니다. 이번에는 반란군을 상대로 큰 승리를 거두죠. 하지만 끝내 스웨덴의 수도 스톡홀름은 함락시키지 못합니다. 결국 그는 반란을 일으킨 귀족들을 모두 사면하고 스웨덴의 자치권을 인정해 주기로 약속합니다.

크리스티안 2세는 스웨덴의 귀족들을 초청해 스톡홀름에서 스웨덴의 왕위에 오릅니다. 그리고 스톡홀름을 피바다로 물들이죠.

───── '스톡홀름 피바다 사건Stockholm Bloodbath'

자신에게 대항했던 스웨덴 귀족들을 용서해 준다고 뻥카를 친후, 대관식에 참여한 귀족들을 감금하고 곧 처형해 버리죠. 스웨덴의 주요 귀족들을 포함해 약 100여 명이 갑작스럽게 요단강을 건넙니다. 이후 스웨덴 지역에서 크리스티안 2세를 반기는 사람은 거의 없었을 겁니다. 이 타이밍에 앞서 스웨덴의 독립을 위해 반란을 일으켰다가 튀었던 구스타브 바사가 다시 스웨덴으로 돌아온 후 쿠데타에 성공해서 1523년에 스웨덴의 왕으로 선출됩니다. 구스타브 바사가 구스타브 1세Gustav I(재위 1523~1560)로 즉위하면서 스웨덴왕국은 기존 덴마크, 노르웨이와 함께 하나의 왕을 선출하던 칼마르연합에서 탈퇴하게 되죠.

스톡홀름 피바다 사건 당시를 묘사한 판화.
많은 사람들이 몸이 잘려 나갔다.

─────── '핀란드 편인데 왜 이렇게 스웨덴 얘기가 길어?!'

핀란드의 역사는 스웨덴의 역사입니다. 때문에 스웨덴 얘기가 길어질 수밖에 없는 점 양해 부탁드립니다. 핀란드 지역 또한 스웨덴의 일부였기 때문에 칼마르연합에 속해 있었다가, 구스타브 1세가 왕위에 올랐을 때 다시 스웨덴왕국의 영토가 됩니다. 아직까지도 스웨덴과 분리되지 않은, 스웨덴의 일부분이었다는 말이죠.

새로운 스웨덴왕국에도 불행이 찾아오기 시작합니다. 1695년 스웨덴 전체 지역에 대기근이 시작되죠. 문제는 핀란드 지역에서만 무려 15만 명이 사망했다는 것입니다. 당시 핀란드 지역 전체 인구는 약 50만 명이었을 것으로 추정됩니다. 그중 무려 30%의 인구가 증발했다는 거죠.

표트르대제의 초상화

그런데 대기근 당시 러시아의 군주는 하필 그 이름도 유명한 표트르^{Pyotr}대제(재위 1682~1725)였습니다. 사실 러시아와 스웨덴은 12세기부터 꾸준히 전쟁을 벌여 왔습니다. 러시아는 발트해로 진출하기 위한 통로를 안정적으로 확보하려고 끊임없이 스웨덴을 공격하곤 했습니다. 그런데 스웨덴과 핀란드 지역에서 대기근이 터졌으니 쳐들어가기에 이렇게 좋은 타이밍이 없었습니다.

―――― 대북방전쟁Great Northern War(1700~1721)

표트르대제는 대기근 이후 혼란스러웠던 스웨덴왕국에 쳐들어갑니다. 대기근으로 안 그래도 흉흉했던 스웨덴의 핀란드 지역은 러시아와의 전쟁으로 더욱 황폐해져 갔죠. 그럼에도 아직 핀란드는 스웨덴왕국의 영토였습니다. 스웨덴과 러시아는 이후에도 18세기 동안 몇 차례 더 전쟁을 벌였고, 그때마다 스웨덴 본토와 러시아 사이에 있

〈에라스트퍼Erastfer의 전투〉.
러시아와 북유럽 국가의 전쟁을 제외하면 눈 위에서 싸운 유럽의 전쟁화는 흔치 않다.
미트로판 그레코프Mitrofan Grekov, 1914

던 핀란드 지역 사람들은 사는 게 죽을 맛이었을 겁니다.

　19세기가 되자 나폴레옹의 프랑스와 러시아가 손잡고 스웨덴으로 쳐들어갑니다. 나폴레옹은 스웨덴의 남쪽 지역을 공략했고, 러시아는 스웨덴의 동쪽 지역이었던 핀란드와 발트해 연안을 공략하였죠. 결국 1809년에 스웨덴은 핀란드 지역을 러시아제국에게 빼앗깁니다. 이때부터 1917년에 독립할 때까지 핀란드 지역은 러시아제국의 영토가 되죠. 여기서 분명히 해야 할 것은, 당시 핀란드 지역 사람들은 자신들의 국가 '핀란드'를 빼앗겼다고 생각했던 것이 아니라는 점입니다.

핀란드 지역의 사람들은 핀란드라는 국가를 러시아에게 **빼앗겼**다고 인식한 것이 아니라, 스웨덴의 핀란드 지역을 러시아에게 빼앗겼다고 인식했습니다. 핀란드 지역의 사람들은 자신들을 스웨덴 사람이라고 생각했다는 말이죠. 게다가 핀란드 지역은 과거부터 반러 정서가 강한 지역이었습니다. 러시아가 스웨덴에 쳐들어갈 때마다 핀란드 지역이 전쟁터가 되었으니 당연한 일이죠.

이런 이유로 러시아제국은 핀란드 지역의 사람들이 언제든 반란을 일으켜 다시 스웨덴의 품으로 돌아가려고 할까 봐 불안했습니다. 다행인지 불행인지 핀란드 지역은 러시아제국이 보기에도 척박한 동네였습니다. 러시아도 핀란드 지역의 사람들을 수탈해 봐야 얻을 게 별로 없다는 것을 알고 있었죠. 애초에 러시아제국이 스웨덴으로부터 핀란드 지역을 얻어 낸 이유는 발트해로 나갈 수 있는 항구도시를 최대한 확보하기 위해서였습니다. 한마디로 해안만 안정적으로 확보하게 해 준다면 핀란드 지역의 사람들에게 따로 기대하는 것이 없었다는 말이죠.

러시아는 핀란드 대공국 Grand Duchy of Finland(1809~1917)을 새롭게 만들어 내서 기존 핀란드 지역의 문화, 종교, 법률 등 거의 모든 부분을 그대로 유지시켜 줍니다. 다만 러시아제국의 황제가 핀란드 대공국의 대공을 겸해서 핀란드 대공국의 군주가 되는 식이었죠. 러시아제국은 핀란드 대공국에 총독을 파견하긴 했지만 어느 정도 자치

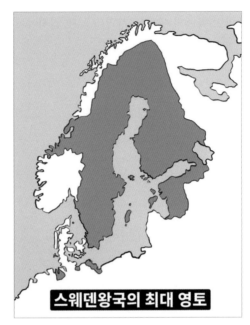

스웨덴왕국의 최대 영토

핀란드 지역을 차지하고 있던 스웨덴왕국

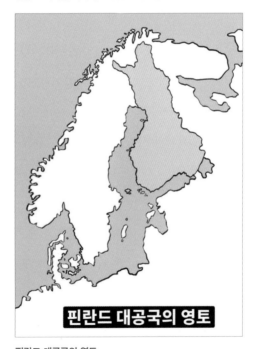

핀란드 대공국의 영토

핀란드 대공국의 영토

권을 보장해 주었습니다. 이에 더해서 러시아는 핀란드 독립을 방지하기 위해 기발한 생각을 해 냅니다.

───── '핀란드 주민들이 스웨덴에 다시 편입되는 것을 막아야 해!'
'그렇다면 우선 스웨덴과 다른 존재라는 것부터 가르치자!!'

러시아제국은 '원래는' 스웨덴인이었던 핀란드 주민들에게 '핀란드인'이라는 정체성을 인위적으로 심어 주기 시작합니다.

───── '너희는 스웨덴인이 아니라 원래부터 핀란드인이었어!'
'너희는 스웨덴어가 아니라 핀란드어를 써 왔잖아?'
'너희는 스웨덴인이 아니야. 위대한 핀란드 민족이라고!!'

현재 핀란드의 수도 헬싱키의 원로원 광장Senata Square에는 러시아제국의 황제 알렉산드르 2세Alexander II of Russia (재위 1855~1881)의 동상이 있습니다. 핀란드가 적대적으로 생각하던 러시아제국 황제의 동상이 도대체 왜 헬싱키 중심가에 있는 것일까요?

기존 핀란드 지역의 공식 언어는 스웨덴어였습니다. 물론 일상생활에서야 핀란드어를 쓰는 사람이 훨씬 많았지만 의회나 행정기관에서 공식적으로 사용되는 언어는 스웨덴어였죠. 소수의 상류층이 스웨덴어를 주로 쓰고 대부분의 사람들은 핀란드어를 주로 쓰는 식이었습니다. 무려 600년 가까이 스웨덴왕국의 통치를 받아 왔고, 앞서 설

헬싱키에 있는 알렉산드르 2세의 동상

명했다시피 핀란드 지역만의 정체성도 따로 없었기 때문이죠.

핀란드 민족주의는 사실상 러시아에 의해 핀란드 지역이 스웨덴으로부터 분리된 후에야 생겨납니다. 마침 민족주의 유행의 시작을 알린 프랑스혁명이 1789년에 일어났고, 러시아가 핀란드 지역을 점령한 것이 그 직후인 1809년이었죠. 거기에 19세기 중반에 즉위한 알렉산드르 2세는 핀란드 민족주의와 핀란드어 사용을 지원하고 장려합니다. 결국 1863년 핀란드어도 핀란드 대공국의 공식 언어에 포함됩니다. 알렉산드르 2세는 이외에도 핀란드 대공국만의 통화를 유통시키고, 근대적인 공교육 시스템을 만들어 주었으며, 철도와 같은 경제 인프라를 건설해 주었고, 핀란드 대공국의 자체적인 군대까지 창설하게 해 줍니다. 핀란드는 러시아제국의 침략을 받았지만 오히려 스웨덴왕국에서 벗어나 '핀란드인'이라는 독립된 정체성을 지녀 가게 되었죠.

물론 러시아제국이 핀란드를 사랑해서 그랬던 것은 아닙니다. 스웨덴왕국의 일부였던 핀란드가 다시 '스웨덴에 합쳐지려는 것'을 막

고 동시에 '러시아로부터 독립하려
는 것'을 막기 위한 통치 방법이었
죠. 그런데 알렉산드르 2세의 일련
의 정책들이 훗날 러시아에겐 자충
수로 돌아오게 됩니다. 1881년 알
렉산드르 2세는 러시아의 혁명 세
력에 의해 암살당하게 됩니다. 그
를 사랑했던 핀란드인들은 자발적
으로 수도 헬싱키에 알렉산드르 2

1890년 알렉산드르 3세의 모습

세의 동상을 세워 주죠. 문제는 이후 황제가 된 알렉산드르 2세의 아
들 알렉산드르 3세Alexander III(재위 1881~1894)의 공포정치였습니다.

———— '울 아빠가 죽은 건 너무 풀어 줘서 그래. 강력한 통치로 까
        불지 못하게 만들어야 해.'

알렉산드르 2세와 달리 알렉산드르 3세는 공포정치를 시작합니
다. 의회 정치를 보장하고 언론의 자유를 보장해 주려던 알렉산드르
2세의 사망 이후 정치를 개혁하려던 수많은 사람들이 사형당했고, 러
시아제국은 사실상 계엄령 상태가 됩니다. 게다가 알렉산드르 3세는
아버지의 핀란드 통치 전략을 모두 박살 내기 시작합니다.

———— '핀란드도 너무 풀어 주면 반란을 일으킬 것이 분명하다.'

알렉산드르 3세 시기 핀란드 자치 의회의 권한은 축소됐고, 러시아제국에서 직접 파견한 총독의 권한이 확대됩니다. 언론을 검열하기 시작했고, 공무원들이 사용하는 행정 언어는 반드시 러시아어를 사용하게 했죠. 기존 핀란드 대공국의 군대는 아예 사라졌고, 핀란드인들은 러시아제국 군대에 징집되어 다른 지역에서 근무하게 되었죠. 당연히 그의 정책에 반대하던 이들은 숙청당하고 추방당하기 시작합니다. 이후 핀란드에서는 무슨 일이 일어났을까요?

——— '우리는 스웨덴인도 아니고 러시아인도 아닌 핀란드인이다.'

핀란드의 정체성 탄생?

알렉산드르 2세의 '**핀란드 정체성 살려 주기**' 정책 이후 반대로 '**핀란드 정체성 박살 내기**' 정책을 펴기 시작한 알렉산드르 3세로 인해, 핀란드인들은 스웨덴과도, 러시아와도 다른 자신들만의 정체성을 느끼고 독립을 갈구하기 시작합니다. 이후 핀란드 독립 분위기에 휘발유를 부은 사건이 있었습니다. 알렉산드르 3세의 사망 이후 러시아제국의 마지막 황제인 니콜라이 2세^{Nikolai II}(재위 1894~1917)는 1903년 핀란드 대공국의 헌법 자체를 아예 없애 버립니다. 이미 독립 분위기가 퍼질 대로 퍼진 핀란드 지역에서 헌법까지 없애 버린 것은 핀란드 독립 세력에게 독립을 선동할 아주 좋은 명분을 제공해 준 꼴이었죠.

이후 핀란드 지역을 다스리던 러시아 제국의 총독이 암살되기까지 했는데 마침 러시아는 일본과의 러일전쟁 때문에 핀란드에 신경 쓸 겨를이 없었습니다. 러시아는 핀란드 지역에서 일어나던 대대적인 시위들을 진압할 능력이 없었고, 결국 핀란드에 대한 탄압 정책을 일부 수정하여 다시 자치권을 부여하기 시작합니다. 이 기회를 틈타 핀란드는 1906년에 의회를 근대적으로

1912년 니콜라이 2세의 모습

바꾸는 의회법을 통과시켰고, 24세 이상의 모든 성인 남녀에게 선거권과 피선거권을 부여하는 보통선거까지 도입했죠. 이로써 핀란드는 전 세계에서 세 번째로 여성 참정권이 보장된 국가가 되었습니다.[1] 이후로도 핀란드의 독립을 위한 저항과 러시아제국의 탄압이 계속 반복되었죠.

> **[1]**
> 가장 먼저 여성 참정권이 도입된 나라는 뉴질랜드, 그다음이 호주다.

당시 핀란드의 독립운동은 러시아 입장에서는 수많은 머리 터지는 일들 중 하나일 뿐이었습니다. 이미 20세기 초 러시아에서는 노조를 보장해 달라는 시위, 근무 환경을 개선해 달라는 시위, 식량을 요구하는 시위 등이 일어나고 있었고 공산주의까지 퍼지고 있었죠.

이후 러시아제국은 몰락하게 되었고, 러시아에는 레닌Vladimir

1920년 연설 중인 레닌의 모습

Lenin(1870~1924)을 중심으로 한 공산주의 혁명정부가 들어서게 됩니다. 그러나 레닌의 공산주의 정부는 광활한 러시아제국의 영토를 모두 장악하고 운영할 네트워크와 체계가 없었습니다. 이미 오랜 기간 러시아제국의 각 지역에는 러시아제국이라는 시스템 아래서 해 먹어온 귀족들이 있었는데, 공산주의 세력이 갑작스럽게 중앙정부를 먹었다고 해서 제국의 전 지역을 장악할 수는 없었다는 거죠. 이후 러시아의 니콜라이 2세 황제를 다시 옹립해야 한다는 백군과 공산주의 혁명 세력이었던 적군의 전쟁, 적백 내전Russian Civil War(1917~1923)이 시작됩니다.

그사이 핀란드는 1917년 12월 6일 러시아제국으로부터 독립한다는 법안을 의회에서 통과시키고 독립국가가 되죠. 그런데 1918년부터 핀란드에서도 러시아와 마찬가지로 내전이 시작됩니다.

핀란드 내전

독립을 전후해 핀란드에서는 자유주의자, 사회주의자, 공산주의자 등등 다양한 세력이 자신들의 목소리가 얼마나 큰지 대결하고 있었습니다. 그중 생뚱맞게 독일의 지원을 받는 세력도 있었습니다. 제2차세계대전의 나치 독일이 아니라 제1차세계대전 당시 독일제국 말이죠. 제1차세계대전 당시 독일제국은 러시아의 적국이었습니다. 그래서 러시아제국을 견제하기 위해 핀란드의 독립을 원하던 세력과 정당들을 지원해 주고 있었죠.

그런데 제1차세계대전 도중에 러시아제국이 레닌의 혁명으로 무너지고 러시아에 공산주의 정부가 들어서죠. 그 와중에 핀란드가 독립하게 되고요. 핀란드는 이내 독일제국이 지원하는 세력과 러시아 공산주의자 세력이 지원하는 핀란드 공산주의자 세력으로 나뉘어 싸우게 됩니다.

―――― 핀란드 내전Finnish Civil War(1918.1.27.~1918.5.15.)

핀란드 내전 이후 폐허가 된 탐멜라^{Tammela} 지역.
1918

그렇게 두 세력은 넉 달이라는 비교적 짧은 기간 동안 내전을 벌
입니다. 내전 중에 약 3만 6000명이 사망하죠. 내전에서 핀란드의 공
산주의 세력은 패배합니다. 러시아 공산주의 정부의 지원을 제대로
받지 못했기 때문이죠. 당시 러시아의 레닌은 자기 코가 석 자였습니
다. 러시아제국을 무너뜨린 후 기존 러시아의 영토를 장악하기 바빴
죠. 그렇다 보니 핀란드에서는 독일의 지원을 받던 세력이 집권하게
됩니다.

핀란드 의회는 독일의 왕족을 모셔다가 핀란드 왕국을 세우기로
결정하죠. 그러나 곧 독일제국의 패배로 제1차세계대전이 끝나고 독
일은 공화국이 되어 버립니다. 핀란드 의회가 찜했던 독일 출신 핀란

드 왕은 핀란드 땅을 밟아 보지도 못하고 왕위를 포기하죠. 그렇게 얼떨결에 현재까지 이어지는 핀란드공화국^{Republic of Finland}(1917~)이 탄생하게 됩니다.

***

자신들의 민족적 정체성이 없었던 핀란드. 그들은 스웨덴왕국에 편입된 후 스스로를 '스웨덴인'이라고 생각하며 살아가게 됩니다. 그리고 러시아의 침략 이후 '핀란드인'이라는 자신들만의 정체성이 탄생하죠. 핀란드에게 독립이란 빼앗긴 나라를 되찾는 것이 아니라, 자신들에게 갑작스럽게 생긴 정체성을 토대로 국가를 건설하는 것이었습니다.

───── '국가를 빼앗은 나쁜 놈들로부터 국가를 되찾아 온 것'

이번 편은 특히나 한국 사람들로선 머릿속이 복잡해질 수 있는 내용이었다고 생각합니다. 한국에서는 보편적으로 '빼앗긴 국가를 되찾아 오는 것'만을 독립(Independence, 獨立)이라 생각하고 있으니 말이죠.

제 9 장

살기 힘들지? 황제정으로 돌아가자

나폴레옹의 등장

바게트 빵, 에펠탑, 루브르박물관, 샹젤리제, 장발장. 이 단어들을 보시면 어떤 나라가 떠오르시나요? 바로 프랑스죠. 왠지 모르게 프랑스라는 나라 하면 예술적이고 우아하다는 이미지가 있는 것 같습니다. 프랑스어 자체도 부드럽게 느껴지고 말이죠.

그렇다고 해서 프랑스의 역사까지 고고한 귀부인 같았던 것은 아닙니다. 오히려 역사 때문에 프랑스는 희대의 양아치라며 욕을 한 바가지로 얻어먹기도 하죠. 한때 세계 여러 국가들을 침략하고 식민지를 세워 몸집을 불렸던, 소위 말해 '잘나가는 유럽 국가' 중 하나였으니까요.

프랑스는 식민지를 거느리기 이전에도 유럽을 호령했던 강대국이었습니다. 유럽의 왕족들은 프랑스의 의복을 따라 입고, 프랑스의 음식을 먹으며, 자국의 언어가 아닌 프랑스어를 사용했죠. 유럽 국가들이 프랑스를 선진국으로 받아들이고 있었던 거죠.

그런데, 유럽 국가들이 별안간 프랑스의 목에 칼을 들이대기 시작합니다. 프랑스를 상대로 전쟁을 일으켜 버린 거죠. 도대체 무슨 일이 벌어진 걸까요? 바로 프랑스대혁명 때문이었습니다. 프랑스대혁명은 시민들이 왕을 몰아내고 신분제도를 없애자며 들고 일어난 사건이었죠.

우리들이 볼 때 모든 사람이 평등하다는 말은 너무나 당연한 말이지만, 당시 유럽 권력자들에게는 그렇지 않았습니다. 잘못하면 자신도 프랑스 왕처럼 왕위를 잃게 될 수 있다는 위기감을 느꼈던 거죠. 심지어 프랑스인들은 왕을 왕좌에서 끌어내린 것도 모자라 아예 단두대로 목을 쳐 버리기까지 했으니 유럽 각국의 왕들은 간담이 서늘했던 겁니다.

프랑스인들은 자신들을 억압하던 왕과 귀족을 몰아내면 행복해질 줄 알았을 겁니다. 하지만 곧 프랑스는 혼돈의 카오스 그 자체가 되어 버립니다. 세상을 뒤엎은 것까지는 좋았는데, 어떻게 더 좋은 세상을 만들어야 할지 몰라서 서로가 서로를 향해 칼을 겨누었던 겁니다. 이 혼란스러운 와중에 바깥에서는 프랑스를 부숴 버리겠다고 난리였습니다.

이때, 누군가가 프랑스인들에게 희소식을 갖고 옵니다. 그는 반란군을 때려잡고, 외국의 군대도 막아 냈습니다. 칠흑 같던 프랑스 상황에 마치 빛줄기가 내리쬐는 것 같았죠. 그가 바로 '나폴레옹'Napoléon Bonaparte입니다. 프랑스 내에서 나폴레옹의 인기는 순식간에 치솟게 됩니다. 그리고 마침내 나폴레옹은 황제의 자리에 오르게 되죠.

네, 황제요. 그런데 이건 너무나도 이상합니다. 분명 얼마 전에 프랑스인들은 자기 손으로 왕을 끌어내렸습니다. 근데 왜 다시 나폴레옹을 황제로 인정하게 된 걸까요?

자유, 평등, 황제의 국가 프랑스?

프랑스 하면 떠오르는 대표적인 두 단어가 있습니다.

——— 프랑스대혁명(1789~1799)

——— 나폴레옹(1769~1821)

바로 프랑스대혁명과 나폴레옹이죠. 우리는 저 두 가지 이슈가
동시대에 있었다는 것을 신기하게 생각할 필요가 있습니다.

——— 자유와 평등을 외치던 프랑스 사람들이 이후 나폴레옹 황

무기고가 있던 바스티유를 습격한 프랑스 시민군

1812년 나폴레옹의 초상화

제 정치를 지지했다?

프랑스대혁명 당시 자유와 평등을 외쳤던 프랑스 국민들은, 1804년이 되자 자유, 평등과 상당히 거리가 먼 나폴레옹의 황제 정치를 지지하기 시작합니다. 프랑스대혁명이 전 세계 민주주의에 큰 영향을 끼친 사건이었던 것은 분명합니다. 그러나 모순적인 점도 분명히 존재하죠. 도대체 프랑스대혁명의 실체는 무엇이었으며, 나폴레옹의 황제 정치는 어떻게 지지를 받을 수 있었을까요?

🗨 루이 14, 15, 16세 = 3연타 프랑스

루이 14세^{Louis XIV}(재위 1643~1715), 루이 15세^{Louis XV}(재위 1715~1774) 시기에 프랑스 경제는 박살 나기 시작합니다. 이후 그들의 자손이었던 루이 16세^{Louis XVI}(재위 1774~1792)가 단두대에서 목이 잘려 나가게 되죠. 당시 프랑스의 경제 상황은 어떠했을까요?

1643년 프랑스에 새로운 왕이 등극했습니다. 태양왕이라고 불리던 루이 14세죠. 루이 14세부터 루이 16세가 재위한 기간을 다 합치면 1643년부터 1792년까지였습니다. 이 기간 동안 쌓인 프랑스 왕국의 부채는 상상을 초월했습니다. 루이 14세가 루이 15세에게 남긴 부채는 원금만 20억 리브르였고, 국채 지불에만 매년 8000만 리브르가 소요되고 있었습니다. 참고로 18세기 프랑스 노동자들의 평균 연봉

루이 14세의 초상

루이 15세의 초상

루이 16세의 초상

은 적게는 125리브르에서 많게는 900리브르 정도였습니다.

　게다가 프랑스는 1701년부터 1782년까지 80여 년간 여덟 번의

큰 전쟁❶을 치르느라 부채에서 도무지
벗어날 수가 없었죠. 1774년 루이 16세
가 왕좌에 오른 해에 프랑스 정부의 부
채는 약 15억 리브르였습니다. 영국으로
부터 독립한 미국을 지원해 준 이후였던
1781년에는 34억 리브르, 프랑스대혁명
(1789~1799) 기간에는 45억 리브르의

빚이 있었죠. 프랑스대혁명이 일어나기 1년 전이었던 1788년 3월의
프랑스 재정 보고서를 살펴보면, 프랑스 정부의 세금 수입은 5억 300
만 리브르, 지출은 6억 2900만 리브르였습니다. 프랑스혁명 직전만
해도 프랑스 정부는 1억 2600만 리브르의 적자를 보고 있었던 거죠.
지출이 이렇게 많으니 당시 프랑스 왕실의 사치가 문제였다고 생각
하실지도 모르겠습니다.

1788년 3월 프랑스 재정 보고서 내역

- 왕실 경비 총 지출의 6%(3500만 리브르)
- 일반 회계 지출 19%
- 육해군과 외교 관계 지출 26%
- 국채 상환 및 이자 약 50%(3억 1008만 리브르)

물론 루이 16세가 사치를 위해 돈을 쓰기는 했습니다. 하인들의 제복을 마련하거나, 사냥과 연회를 즐기거나, 귀족들과 도박을 하기 위한 지출 모두 국가 채무 비율을 늘리는 데 기여했죠. 그런데 1788년 재정 보고서를 보면 왕실 경비는 프랑스 국가 전체 지출의 약 6%였습니다. 물론 전체 세금의 6%가 적은 금액은 아닙니다. (2022년 대한민국 정부 예산안은 604.4조 원이고 그의 6%는 36조 2000억 원입니다)

하지만 왕실의 사치 하나 때문에 루이 16세 시절 프랑스의 경제가 박살 나고 있었다는 표현에도 어폐가 있죠. 프랑스 정부는 선대 왕들이 물려준 부채, 거기에 루이 16세 때 새로 생긴 부채 때문에 허덕이고 있었습니다. 예를 들어 루이 16세는 영국으로부터 독립한 미국에 독립 전쟁 지원금으로 무려 20억 리브르를 건넸습니다. 영국을 견제하기 위해서 사용한 거라서 나름 정치 외교적인 의미가 있기는 하지만, 당장 국가 재정에는 좋지 않은 일이었죠.

프랑스는 어마무시한 국가 부채를 탕감하기 위해 국민들의 혈세, 골수까지 뽑아 충당하기로 합니다. 루이 14세 전후부터 프랑스 정부는 각종 직접세(인두세, 성직자세, 가옥세, 소득세, 종합소득세 등)를 신설해 과세하기 시작했고, 군부대의 주둔 비용을 부대 주변 지역 주민들이 부담하게 했죠. 게다가 국가가 소금과 담배를 독점하고 소매세, 주류 부과세, 판매세, 수송세, 부동산 양도세, 강을 통과할 때 내야 했던 강 통과세 등 여러 간접세까지 신설해서 국고 및 군 유지비를 충당했습니다. 당시 세금 부과 총액을 보면 1715년 대비 1764년 조세 징수액이 약 두 배가 되었다고 전해지죠.

문제는 성직자와 귀족에게는 면세 특권이 있었다는 겁니다. 그들은 면세 특권을 이용해 세금을 감면받고 있었고, 결국 그들에게서 감면된 세금은 고스란히 프랑스 국민들이 부담해야 했죠. 분명 문제가 있는 조세 정책이었습니다. 프랑스 왕실도 조세 제도를 뜯어 고치려고 노력해 왔죠. 하지만 파리 고등법원 같은 최고 법원들이 귀족과 성직자 편에 서서 새로운 법을 통과시켜 주질 않았으니 손쓸 도리가 없었습니다.

이제 막 적자 폭탄을 이어받은 루이 16세도 당연히 조세 개혁을 이뤄야만 했습니다. 이를 위해 재무총감(우리나라의 재무부 장관쯤으로 생각하면 될 것 같습니다)을 몇 번이나 새로 뽑아 조세 제도를 비롯해 프랑스 경제 시스템을 개혁하려고 시도했죠. 비록 훗날 프랑스대혁명으로 목이 날아가게 되는 왕이지만 나름대로 프랑스 경제 상황을 바꿔보려는 움직임은 보여줬다는 겁니다.

루이 16세는 아예 즉위하자마자 1774년에 튀르고Anne Robert Jacques Turgot(1727~1781)를 재무총감으로 등용합니다. 튀르고는 정부의 모든 부처가 중앙정부의 허락을 받은 후에만 돈을 쓸 수 있도록 하여 지출을 줄여 나갔습니다. 1776년에 재무총감이 된 네케르Jacques Necker(1732~1804) 역시 증세 없이 국가의 부채를 줄이려고 노력했죠.

특히 1783년에 재무총감이 된 칼론Charles Alexandre de Calonne(1732~1802)은 상당히 공격적인 방안을 내놨습니다. 성직자와 귀족은 내지 않던 기존의 토지세 대신, 토지에 대해 새로운 세금을 만들어서 신분에 상관없이 모든 토지 소유자가 내도록 하자는 것이었죠. 당연히 귀족과 성직자들은 대차게 반대했습니다.

———— '왜 우리가 저딴 서민들이랑 똑같은 대우, 취급을 받으면서
살아야 해?'

결국 프랑스에서는 삼부회가 소집됩니다.

🗨 삼부회 소집

1789년에는 프랑스 각 지역에서 소요 사태와 약탈이 벌어지고
있었습니다. 노동자들도 폭동을 일으키고 있었죠. 파리 외곽에서 벌
어진 소요 사태로 무려 300여 명이 사망하는 사건도 있었습니다. 프
랑스 정부는 더 이상 지체할 시간이 없었습니다. 프랑스는 귀족, 공무
원들의 월급을 삭감하고 동시에 높은 이자율로 대출받게 하는 '긴축
재정'에 들어가야 했죠.

긴박하게 돌아가는 정세 속에서도 프랑스의 권력자들은 경제 정
책 개혁을 두고 티격태격 싸우고만 있었습니다. 왕실은 성직자와 귀
족들에게도 세금을 매기려고 했고, 성직자와 귀족들은 개소리 말라며
버티고 서 있었던 거죠. 왕이 계속 조세 제도 개혁을 추진하자 성직자
와 귀족들은 그런 건 삼부회를 통해 결정해야 한다며 버팁니다. 루이
16세도 어쩔 수 없이 삼부회를 열기로 합니다.

175년 만에 열린 프랑스 삼부회.
이시도르 스타니슬라스 헬만Isidore-Stanislaus Helman, 1789

　　삼부회는 세금을 비롯해 국가의 중요 안건에 대해 토론하는 회의였습니다. 프랑스 사회를 구성하는 3개의 신분인 제1신분(성직자), 제2신분(귀족), 제3신분(도시 시민)의 대표들이 출석하는 대규모 회의였죠. 원래 1302년에 프랑스 왕이 민심을 핑계로 교황에게 반항할 명분을 마련하기 위해 만든 기구입니다. 하지만 교황이고 귀족이고 싹다 무시하고 절대왕권을 휘두르며 뭐든 왕 맘대로 할 수 있었던 루이 14세 때는 굳이 삼부회를 열 필요가 없었기 때문에 1614년을 끝으로 무려 175년간 개최될 일이 없었죠. 바꿔 말하자면, 성직자와 귀족들이 루이 16세한테 삼부회를 열자고 한 건 그만큼 왕권이 약한 시절이라는 겁니다. 심지어 삼부회가 일단 열리면 성직자들과 귀족들에게 어느 정도 승산도 있었습니다. 삼부회는 원래 계급당 한 표를 행사할 수 있었습니다. 삼부회에서 어떤 안건이 통과되려면 세 계급 중 두 계급 이상이 찬성해야만 했던 거죠. 왕이 아무리 명령해도, 삼부회에 찬성한 제3신분이 새로운 세금 신설에 찬성해도 성직자와 귀족, 두 계급이 거부하면 통과될 턱이 없었던 겁니다.

1789년 5월 5일, 루이 16세는 어쩔 수 없이 베르사유궁전에서 삼부회를 열었습니다. 여기에 약 1200명(대략 제1신분 300명, 제2신분 300명, 제3신분 600명)의 의원들이 모였죠. 175년 만에 열린 삼부회였던 만큼 많은 국민들이 관심 있게 삼부회의 회의 결과를 지켜보고 있었죠. 그러나 상황이 이상하게 흘러갑니다. 막상 모이고 나니까 하라는 세금 이야기는 뒷전이고 온갖 불만이 쏟아져 나옵니다. 게다가 제3신분 대표들이 계급장 떼고 머릿수 하나당 한 표씩 행사하자고 요구하며 또 갈등이 생깁니다. 제1신분, 제2신분 입장에서는 받아들일 수 없는 요구였죠.

결국 같은 해 6월 17일에 평민 출신 제3신분들이 별도로 모여 자신들이 국민을 대표하는 의회라며 독단적으로 **국민의회**Assemblee Nationale를 선포하였고, 자신들끼리 이런저런 개혁안을 논의하기 시작합니다. 삼부회를 비롯해 기존의 모든 정치제도, 정치체제 자체를 부정해 버리는 사건이었던 겁니다. 루이 16세는 당연히 빡쳤습니다.

제3신분 대표들은 베르사유궁전의 테니스장에서 선서를 했다.
역사적 단어로 '테니스코트 선서'로 불린다. 자크 루이 다비드 Jacques-Louis David, 1791

바로 회의장 셔터를 내리고 폐쇄해 버렸죠. 하지만 평민들도 물러서
지 않았습니다. 평민들이 만든 국민의회는 7월 9일에 아예 자신들이
새로운 헌법 제정까지 하겠다며 국민의회를 **제헌 국민의회**Assemblée
Nationale Constituante로 부르기 시작합니다. 그것은 사실상 반란을 의미
하는 것이었습니다. 왕이 버젓이 있는 상황에서 평민들이 프랑스의
헌법을 만들겠다고 했으니 말이죠. 루이 16세와 귀족들은 군대를 동
원해 국민의회를 해산시키려고 시도합니다. 그러나 이미 민심은 말을
듣지 않았습니다. 오히려 파리 시민들이 봉기를 일으켰고 프랑스대혁
명이 시작됩니다.

프랑스대혁명의 시작

시민들은 무장을 하고 프랑스 정부군에 맞서 싸우기 시작했고, 1789년 7월 14일에는 무기고가 있던 바스티유 요새를 함락합니다. 시민군의 무장은 더욱 강력해졌고, 파리에서는 시민 방위대까지 조직됐죠. 프랑스 파리에서 시작된 시민들의 시위는 점차 프랑스 농촌까지 번지면서 농민 폭동까지 일어나고 있었습니다. 사태가 점점 심각해지자 루이 16세는 급하게 제3신분 평민들이 만든 국민의회에 출석해서 군대의 철수를 약속하며 협의를 통해 문제를 해결해 갈 것을 촉구했죠. 그렇게 1789년 8월 4일, 평민들은 자신들이 조직한 제헌 국

인간과 시민의 권리 선언을 그린 그림.
장 자크 프랑수아 르 바르비에(Jean-Jacques-François Le Barbier, 1789

민의회를 통해 봉건제 폐지를 선언합니다. 이와 함께 성직자들에게 십일조 뜯어 가던 것을 포기하라고 하고, 귀족들에게는 그들의 수렵지, 장원과 같은 사유지를 포기하라고 요구했죠. 이후에는 국민 주권, 법치, 자유, 인권 등 혁명의 이념과 원칙을 선포합니다. 이로써 귀족, 성직자, 평민 등 계급에 상관없이 모든 프랑스인들이 법적으로 평등하고 사회적으로 자유로운 시민이 된 거죠. 이

것을 **인간과 시민의 권리 선언** Declaration of the Rights of Man and of the Citizen 이라고 합니다. 이렇게만 보면 프랑스대혁명은 성공한 듯 보였습니다. 왕과 성직자, 귀족들의 권한이 급격히 축소되고, 국민이 국가의 주인이 되어 갔으니 말이죠. 그러나 프랑스혁명 이후 프랑스는 더 큰 혼란에 빠지기 시작합니다.

🗨 대혁명 이후의 상황

프랑스대혁명은 분명 국민이 국가의 주인이 되는 것을 목표로 한 혁명이었습니다. 그리고 그 대혁명은 많은 자본을 쥐고 있던 부르주아(자본가)들의 주도로 이루어졌죠. 그런데 권력을 잡은 부르주아들은 자기들 밥그릇 챙기려고 정치 싸움을 시작합니다. 일단 정부 형태부터 정해야 했습니다. 혁명 세력 중에는 루이 16세를 남겨두고 입헌군주제 정부를 만들려는 세력도 있었고 루이 16세를 쫓아내고 공화제 정부를 만들려는 세력도 있었죠. 여기서는 쉽게 입헌군주제 정부를 원하는 세력을 '온건파', 공화제 정부를 원하는 세력을 '급진파'라고 하겠습니다. 사실 이해하기 쉽게 두 가지 세력으로 나눈 거지 별의별 온갖 세력이 다 있었고 같은 세력 내에서도 생각이 다 달라서 서로 지지고 볶고 싸우고 완전 개판 오브 개판이었습니다.

아무튼 처음에는 온건파 세력이 강했습니다. 의회에서도 다수를 차지했죠. 그렇게 프랑스는 입헌군주제 국가가 되어 가는 듯했습니다. 그러나 문제는 프랑스 사회의 문제가 전혀 해결되지 않고 있었다는 겁니다. 빵 가격은 여전히 높았고 일자리는 부족했고 농민과 노동자들은 굶주렸으며 각종 소요 사태도 끊이지 않았죠. 온건파 세력이 장악한 의회가 민생 문제를 제대로 해결하지 못하니 점점 급진파의 인기가 높아지기 시작합니다. 루이 16세도 바뀌어 가는 분위기를 느끼고 있었죠.

결국 1791년 6월에 루이 16세는 야밤에 해외로 망명을 시도합니다. 처가, 즉 아내 마리 앙투아네트^{Marie Antoinette}의 본가였던 오스트리아의 지원을 받아 프랑스를 다시 재정복할 계획을 갖고 있었던 거죠. 그러나 루이 16세는 프랑스 국경 근처 바렌에서 붙잡히게 되고 파리로 압송됩니다. 의회에서 다수를 차지하고 있던 온건파 세력 입장에

루이16세의 부인이었던 왕비 마리 앙투아네트.
조제프 뒤크뢰 Joseph Ducreux, 1769

선 난처해졌습니다. 일단 아무 일도 없었다는 듯이 루이 16세를 왕으로 복권시키고 어떻게든 왕의 권위를 되살리려고 노력합니다. 그러나 민심은 이미 루이 16세의 편이 아니었죠. 루이 16세가 도망쳤던 것이 알려지자마자 국민들은 저딴 왕 없애 버리고 의회 중심의 공화정으로 가자고 주장하기 시작한 겁니다.

붙잡혀서 다시 궁전으로 돌아오는 루이 16세.
장 뒤플레시스 베르토Jean Duplessis-Bertaux, 1791

———— "왕은 우리 국민들과 협의할 생각이 아예 없다!!"

루이 16세에 대한 이미지는 국민들에게 더욱 개털이 되고 맙니
다. 온건파 세력은 우선 루이 16세가 도망을 간 게 아니라 납치당해
어디론가 끌려가고 있었고 국민들이 왕을 구해 낸 것이라고 뺑카를
치기 시작했지만, 이미 국민들은 루이 16세가 자신들을 버리고 도망
쳤던 거라고 확신하고 있었죠. 국민들은 큰 배신감을 느끼게 됩니다.

───── **"왕을 살려 둬선 안 돼!!"**

물론 모든 프랑스 국민이 이렇게 생각하는 건 아니었습니다. 권력도 여전히 온건파 세력이 장악하고 있었죠. 하지만 안 그래도 급진파 인기가 좋아져서 왕이 도망친 건데, 도망친 게 들키기까지 했으니 왕을 끌어내리자는 급진파 세력을 지지하는 국민들이 더 많아졌습니다. 실제로 수천수만 명의 시민들이 공화정을 요구하며 샹 드 마르스Champ de Mars 광장에 모여 왕을 끌어내리자고 시위하기도 했습니다. 이때 급진파 정치인들이 군중을 이끌었죠. 시위가 점차 커지자 당시 정부를 장악하고 있던 온건파 세력의 명령으로 군대가 시위를 진압합니다. 그런데 시위 진압 과정에서 발포까지 해 버리면서 수십 명이 사망하게 됩니다. 민심이 다시 급진파에게 조금 더 이동하는 사건이었죠.

1791년 9월 3일, 어찌 저찌 입헌군주제를 토대로 한 프랑스 헌법이 만들어집니다. 즉 온건파 세력이 원하는 방식의 정부 형태였죠. 같은 해에 진행된 프랑스 국회의원 선거에서는 총 745석 중 평원파(중도파)가 345석, 입헌군주제를 지지하던 푀양파가 264석, 공화제를 지지하던 자코뱅파가 136석을 차지하게 됩니다. '자코뱅'이라는 이름을 보고 매우 과격한 이미지를 떠올리시는 분들이 계실지도 모르겠습니다. 하지만 이 당시의 자코뱅파 의원들은 비교적 온건한 사람들로 이루어져 있었습니다. 대부분 후에 지롱드파라고 불리게 되는 사람들이죠.

그런데 프랑스 내부가 아닌 외부에서 문제가 일어나기 시작합니다. 유럽 다른 국가의 왕이나 군주들도 프랑스대혁명을 유심히 지켜보고 있었습니다. 혁명의 분위기가 자기네 나라에 퍼졌다간 본인들도 언제 국민들에 의해 권력을 잃을지 모르니까요. 먼저 오스트리아와 프로이센이 함께 프랑스혁명 세력에게 루이 16세를 건드리지 말라고 협박합니다. 당시 오스트리아의 대공이자 신성로마제국의 황제였던 레오폴트 2세Leopold II(재위 1790~1792)는 프랑스 왕비였던 마리 앙투아네트의 친오빠이기도 했죠.

오스트리아와 프로이센의 협박을 듣고 빡친 프랑스 의회는 다짜고짜 1792년 4월 오스트리아를 향해 선전포고를 합니다. 전 유럽의 백성들을 해방시켜 주겠다는 거창한 명분과 함께 말이죠. 어쩌면 혼란한 국내 정세를 수습하고 국민들을 단결시키기 위해 외부의 적이 필요했는지도 모르겠습니다. 하지만 프랑스 군대가 외국 군대에게 연전연패하면서 민심이 기묘한 방향으로 흘러갑니다.

사실 이 전쟁은 이상한 전쟁이었습니다. 외국의 군대가 프랑스의 왕을 지키기 위한 군대였으니까요. 게다가 당시 프랑스 군대를 지휘하던 사람들은 주로 귀족들이었습니다. 전통적으로 귀족들만 군대의 장교가 될 수 있었으니까요. 프랑스 국민들 사이에서는 불신이 피어나기 시작합니다. 혁명을 반기지 않는 귀족들이 일부러 지고 있는 건 아닌지, 루이 16세가 뒤에서 외국 군대 편을 들고 있는 건 아닌지 의심하게 된 거죠. 또 국민들 입장에서 입헌군주제 타령하며 왕을 가만놔두고 있는 의회도 한통속처럼 보였습니다.

결국 성난 파리 시민들이 파리를 점령하고 루이 16세가 머물고

루이 16세의 처형.
이시도르 스타니슬라스 헬만, 1794

있던 궁전에 쳐들어가기까지 합니다. 의회에서 비주류였던, 자코뱅
파 내에서도 훨씬 더 급진적인 정치인들은 이 기회를 놓치지 않았습
니다. 이 기회에 기존 의회도 해산하고, 아예 공화정 국가를 만들자고
주장했죠. 이들의 주도로 의회는 해산되었고, 새롭게 투표를 해서 산
악파 정치인들이 대거 선출되었으며, 입헌군주제를 지지하던 푀양파
정치인들이 처형되었고, 1793년 1월 21일 루이 16세까지 단두대에
올려 버립니다.

　루이 16세 처형과 같은 퍼포먼스로 국민들의 지지를 온몸으로
받게 된 급진파가 정권을 잡게 됩니다. 급진파는 프랑스 혁명재판소
와 공안위원회를 만들게 되죠. 그러나 말이 혁명재판소, 공안위원회

였을 뿐이었습니다. 사람들은 자신들이 죽이고 싶어 하던 수많은 이들을 막무가내로 반동분자로 낙인찍었고, 급진파는 국민이 원하는 대로 혁명재판소와 공안위원회를 이용해 집단 학살을 시작했죠.

급진파 중 가장 유명했던 사람은 로베스피에르^{Maximilien Robespierre}입니다. 그는 국민들의 지지를 받으며 프랑스의 지도자가 되었죠. 그런데 그는 1793년부터 1794년까지 고작 1년 정도 프랑스를 다스렸습니다. 그가 1년밖에 다스리지 못했다는 것은 당시 프랑스 내부가 얼마나 혼란스러웠는지 짐작하게 하는 대목이죠.

로베스피에르는 프랑스 국내 정세를 안정시키면서도 프랑스로 쳐들어오던 왕정 국가들과 지속적으로 싸우기 위해 정부가 강제로 생필품과 식료품 가격을 통제하겠다는 공약까지 내세웠습니다. 모든 인간이 노동에 의해 생존할 권리를 가지며, 노동할 수 없을 경우에는 무상 구호를 받을 수 있다는 선언도 했죠. 즉 사회주의 복지 정책과 비슷한 정책을 실시했다고 보시면 좋을 것 같습니다. 그런데 당시 프랑스의 재정 상황이 너무나 형편없었다고 말씀드린 바 있습니다. 복지 정책을 실시한다는 게 잘못된 것은 아니지만, 처참한 재정 상태에서 복지 지출을 또 늘리겠다는 것은 포퓰리즘 그 자체였죠. 당시 프랑스는 전쟁 비용 마련만으로도 벅찬 상황이었습니다. 게다가 높은 물가, 식량 부족에도 시달리는 상황이었죠. 프랑스는 루이 16세 시절에서 크게 나아질 기미조차 보이지 않았고, 오히려 시간이 가면 갈수록 경제 상황이 더 안 좋은 쪽으로 가는 듯했습니다. 이런 상황에서 프랑스 국민들은 아마 이런 의문을 품게 됐겠죠.

급진파 로베스피에르가 통치하던 프랑스에서는 엄청난 공포정치가 실시되고 있었습니다. 국민의 혁명으로 이룩된 정부에 토를 다는 자는 반동분자로 낙인찍혀 혁명재판소에서 재판을 받게 되었죠. 그가 통치하던 1년 동안에만 30만 명이 반동분자로 체포되어 그중 1만 6594명이 사형당합니다. 사실 이 숫자도 공식적인 발표일 뿐 비공식적으로 즉결 처형된 사람들까지 합하면 더 많을 것으로 추정됩니다. 당시 처형당한 사람 중에는 우리가 중고등학교 과학 시간에 배우는 '라부아지에Antoine Lavoisier(1743~1794)'란 사람도 있었습니다. 프랑스의 과학자이기도 했지만, 한편 프랑스의 세금 징수원으로 활동한 경력이 있던 사람이었죠. 당시 세금 징수원은 지 멋대로 세금 걷는 걸로 악명이 높았습니다. 라부아지에도 많은 돈을 벌었죠. 결국 로베스피에르 시기 혁명 재판을 받은 후 단두대에서 목이 날아갑니다. 참고로 라부아지에의 처형과 관련된 유명한 일화가 있습니다. 라부아지에는 사람이 사망한 후에도 얼마나 긴 시간 동안 의식이 남아 있는지 확인하기 위해, 자신이 처형당하기 전에 친구들에게 "내 목이 잘린 후 내가 눈을 몇 초 동안 깜빡거리는지 봐 줘"라고 부탁했다는 겁니다. 물론 라부아지에의 이 일화는 가십거리로 전파되어서 사실이 아닐 가능성이 매우 높다고 합니다.

프랑스대혁명은 감히 비판해서도 안 되는 위대한 사건으로 성역화되곤 하죠. 사실은 서로가 서로를 죽고 죽이는 피비린내 나는 혼란의 연속이었습니다. 그 중심에는 로베스피에르가 있었던 거죠. 결국 1794년, 로베스피에르의 공포정치에 불만을 품은 사람들이 세력을 결집해 쿠데타를 일으켰고 로베스피에르를 붙잡았습니다. 그리고 1년간 단두대로 정권을 유지했던 그를 똑같이 단두대에 올려서 머리와 몸통이 분리되는 경험을 하게 해 주죠.

로베스피에르뿐만 아니라 다른 급진파들도 좌천되었고, 다시 부르주아들과 온건파 세력이 정부의 주도권을 갖게 됩니다. 그리고 또다시 새로운 헌법을 반포하죠. 이제 프랑스는 하원과 상원으로 나뉜 의회, 그리고 5인의 총재가 통치하는 정부를 구성하게 됩니다. 때문에 당시 정부를 **총재정부**French Directory(1795~1799)라고 부르죠.

그러나 1795년에 새롭게 탄생한 총재정부도 지들 뱃속만 생각한 것은 마찬가지였습니다. 왕과 귀족의 사치에 대한 반감과 국가의 경제난 때문에 일어난 프랑스대혁명인데, 혁명 이후 탄생한 총재정부는 오로지 부르주아들의 목소리만 대변하기 시작했던 거죠.

선거와 정치판도 형편없었습니다. 앞서 공포정치를 경험한 프랑스인들은 독재를 막기 위해 매년 국회의원 선거를 치르도록 제도를 바꿉니다. 덕분에 정당들은 해마다 1년 내내 포퓰리즘과 네거티브를 일삼으며 서로 비방만 해 대기 시작했고, 독재자만 나오지 않았을 뿐 정치인들은 계파, 정파, 대립, 세력 정치를 이어 갔습니다. 총재정부도 혁명 이전부터 이어져 오던 경제문제를 단 1도 해결하지 않고 있었죠.

이렇게 혼란스러운 정국에서 총재정부는 지속적으로 쿠데타, 내란에도 시달리고 있었습니다. 프랑스대혁명은 끝났지만 끝나지 않았던 겁니다. 혁명 이후에도 프랑스 내에서 민란은 끊임없이 일어나고 있었고, 정부 관료들은 암살 위협까지 받기 시작합니다. 결국 그들은 자신들의 정권 유지를 위해 프랑스 군부에 의존하기 시작합니다. 군부를 동원해 자신들의 반대파를 숙청하고 민중들의 시위를 진압하는 거죠.

프랑스대혁명이 일어난 1789년부터 총재정부가 끝이 난 1799년까지 10년간 프랑스는 정말이지 나아진 것이 없었습니다. 프랑스대혁명에 참여했던 국민들은 점차 공화국이니 의회정치니 하는 것들에 환멸을 느끼기 시작했겠죠. 이 무렵 프랑스 국민들의 이목이 집중된 인물이 있었습니다. 바로 나폴레옹이었죠.

🗨 나폴레옹의 생애

나폴레옹은 코르시카Corsica섬에서 태어났습니다. 코르시카섬은 원래는 프랑스 영토가 아니라 제노바 공화국의 영토였죠. 그런데 나폴레옹이 태어나기 딱 1년 전이었던 1768년에 제노바 공화국이 코르시카섬을 프랑스에게 팔아넘기면서 제노바 사람이었던 나폴레옹 집안 사람들은 갑작스럽게 프랑스 사람이 되죠. 나폴레옹은 하급 귀족 출신이자 법률가 가문에서 태어났습니다. 아버지였던 샤를 보나파르트Charles Buonaparte는 원래 제노바 공화국을 상대로 코르시카 독립 투쟁을 하던 사람이었죠. 그런데 프랑스가 코르시카섬을 산 이후 프랑

스 정부는 나폴레옹의 집안을 프랑
스 귀족으로 인정해 줍니다. 그러
나 나폴레옹의 가정 형편이 썩 좋은
편은 아니었죠. 그래서 나폴레옹은
1779년 코르시카섬을 떠나 프랑스
본토로 건너가 학비가 들지 않던 브
리엔 군인 학교에 입학합니다. 이후
1784년 파리의 사관학교에 입학했
고, 1785년 열여섯 살 때 소위(포병
장교)로 임관하죠.

나폴레옹의 아버지 샤를 보나파르트

　　나폴레옹은 프랑스대혁명 시
기 공포정치로 1년을 버티다 목이 날아간 로베스피에르 편에 가담
했었습니다. 당시에는 프랑스 전국 각지의 귀족들이 다른 유럽 국가
들의 지원을 받아 반란을 일으키곤 했습니다. 그중 한 곳이 프랑스
의 남부 도시인 툴롱이었죠. 이곳 반란군들은 영국의 지원을 받으며
툴롱에서 농성을 벌이고 있었는데, 나폴레옹이 이들을 진압하고 툴
롱을 탈환하는 데 큰 역할을 하게 됩니다. 이 툴롱 탈환 전투 Siege of
Toulon(1793)에서의 활약 덕분에 나폴레옹은 준장으로 고속 승진하게
되죠. 2년 후인 1795년에는 왕당파의 쿠데타 13 Vendémiaire(1795)까지
제압하면서 프랑스 총재정부로부터 신임을 얻고 내무 사령관으로 진
급하게 됩니다.

　　한편 유럽의 수많은 왕들 입장에서 프랑스대혁명은 반드시 실패

알프스를 넘는 나폴레옹.
자크 루이 다비드, 1805

로 끝나야 했습니다. 혹시나 프랑스대혁명이 성공하면 자기네 나라 국민들도 혁명을 일으키려고 할 게 뻔했습니다. 그래서 영국, 신성로마제국, 오스트리아 제국, 러시아제국, 프로이센, 포르투갈 왕국까지 거의 대부분의 유럽 국가들이 다 들고 일어나서 프랑스를 박살 내려 했죠. 나폴레옹은 1796년 해외 원정군 사령관으로 취임하게 됩니다. 그리고 이탈리아를 통

해 진격해 오던 오스트리아 군대를 막기 위해 이탈리아로 파견되죠. 나폴레옹의 프랑스군은 오스트리아와의 전투에서 대승을 거뒀고 프랑스 군대는 오스트리아로 진격까지 하게 됩니다. 오스트리아는 나폴레옹과 휴전을 할 수밖에 없었죠.

이쯤 되자 나폴레옹은 프랑스 국민에게 구국의 영웅과 다름없게 보였습니다. 다 쓰러져 가던 프랑스의 군대로 오스트리아의 휴전을 받아 냈으니 말이죠. 이후 1798년 나폴레옹은 영국을 견제하기 위해 이집트로도 원정을 떠납니다. 이집트는 영국령 인도와 영국을 차단하기 위한 거점이었기 때문이죠. 그런데 당시 프랑스 총재정부가 나폴레옹을 이집트로 보낸 이유는 따로 있었습니다.

스핑크스 앞의 나폴레옹.
장 레옹 제롬Jean-Léon Gérôme, 1886

　　총재정부는 나폴레옹이 기특하기는 했지만 한편으로는 너무 부
담스러웠습니다. 나폴레옹에 대한 국민들의 지지율이 하늘을 찌르
니 이대로 뒀다간 훗날 나폴레옹이 쿠데타를 일으키기라도 하면 답
도 없겠다는 각이 보였겠죠. 그래서 나폴레옹을 일부러 멀리 보내 국
민들의 관심을 끊어 낼 필요가 있었던 겁니다. 그런데 프랑스에서 구
국의 영웅으로 불리던 나폴레옹은 이집트 원정에서 박살이 나게 됩
니다. 심지어 군대를 두고 측근들 몇 명만 데리고 정부의 허락도 없이
몰래 프랑스로 도망쳐 나오기까지 했죠. 즉 나폴레옹은 이집트에 프
랑스 군대를 두고 도망 온 지휘관이었던 겁니다. 군법으로 엄히 다스

려도 할 말이 없었죠. 그런데도 프랑스에서 나폴레옹의 인기는 식을 줄을 몰랐습니다.

나폴레옹이 인기를 끌었던 건 프랑스 정부에 대한 국민들의 실망감이 너무 컸기 때문일 겁니다. 경제고 뭐고 아무것도 해결 못하던 프랑스 정부에 대해 국민들은 더 이상 행복 회로도 못 돌리고 아무런 희망도 못 느꼈겠죠. 바로 이때 등장한 나폴레옹은 프랑스 국민들에게 있어서 오스트리아 군대를 막은 구국의 영웅이었던 겁니다. 나폴레옹이 이집트에서 박살 나고 도망쳐 온 것은 프랑스 국민들에게 별로 상관이 없었습니다. 프랑스대혁명 이후 10년 내내 형편없이 운영하던 당시 프랑스 정치꾼들보다는 나폴레옹이 훨씬 더 위대한 대안으로 보였을 테니 말이죠. 게다가 나폴레옹은 국민들의 지지를 받기 위한 이미지 마케팅을 너무나도 잘 활용하기까지 합니다.

나폴레옹의 이미지 마케팅

나폴레옹은 자신의 인기를 자각하고 있었는지, 1799년에 쿠데타를 일으키고 10년 임기의 제1통령이 됩니다. 프랑스는 당시 제1통령, 제2통령, 제3통령으로 나뉘어 있었습니다. 즉 국가의 권한을 세 명의 통령이 나눠 갖는 형태였죠. 제1통령이 외교, 국무, 전쟁, 전쟁 관리, 해양 및 식민지, 내무에 대한 권한을 갖고 있었고, 제2통령은 사법 전문가가, 제3통령은 재무 전문가가 업무를 보았죠. 그런데 표면상 역할 분담이 있었을 뿐 제2통령, 제3통령 모두 제1통령의 자문, 보조 역할일 뿐이었습니다. 사실상 모든 권한을 갖고 있던 것은 제1통령 나폴레옹이었던 거죠. 이렇게 권력의 정점에 설 수 있었던 배경에는 나폴레옹의 정치질이 있었습니다.

프랑스의 통령 구조	
제1통령	외교, 국무, 전쟁, 전쟁 관리, 해양 및 식민지, 내무에 대한 권한을 가짐
제2통령	사법 전문가
제3통령	재무 전문가

나폴레옹은 이미지 메이킹에 엄청난 재능을 가진 사람이었습니다. 하급 귀족 출신인 자신이 프랑스인들에게 돋보일 수 있는 방법을 찾아 활용하기 시작했죠. 앞서 이탈리아에서 오스트리아 군대를 박살내고 국민적 영웅이 된 나폴레옹은 전투를 끝낸 뒤에도 한동안 일부러 이탈리아 밀라노에 머물렀습니다. 그리고 프랑스의 화학자, 수학자 등을 밀라노로 초청해 그들과 학문적으로 토론하는 모습을 보여줍니다. 게다가 밀라노 현지 예술가들에게는 초상화나 전쟁화를 그려달라고 했죠. 요즘으로 치면 전쟁에서 승리한 후 '본국에 있던 유명한 전문가'들을 점령 지역으로 불러 모으고, 기자와 사회 각계각층 인사들까지 초청해서 전단지 돌리고 현수막까지 걸었다고 생각하시면 좋을 것 같습니다. 게다가 실패로 끝난 이집트 원정 때는 한술 더 떠서 아예 원정 시작할 때부터 별의별 학자들을 죄다 데리고 갑니다. 그리

고 그들이 이집트 문화를 연구할 수 있게 도움을 주죠. 덕분에 나폴레옹은 한순간에 전술 전략이 훌륭한 위대한 프랑스의 군인이면서 예술과 고고학 등 학문에 대한 열정도 넘치는 영웅이 되어 갔습니다. 육체와 두뇌 모든 것이 완벽한 인간이라는 이미지를 얻게 된 것이죠. 효기심이 대학생일 때 누군지 생각나지는 않지만 TV의 한 토론 패널이 이런 말을 했던 것이 기억납니다.

——— "어차피 정책, 공약이 아니라 이미지 하나로 당선될 수 있다!"

나폴레옹은 프랑스 국민들에게 자신의 이미지를 세뇌시키기 위해 그림도 잘 활용했습니다. 화가들에게 자신을 용맹한 영웅처럼 묘사한 그림, 위대한 황제처럼 묘사한 그림, 더 나아가 신처럼 보이기도 하는 초상화를 그리게 했죠. 이미지 메이킹을 위해 뽀샵 조작질을 시켰던 겁니다.

이미지 메이킹을 위해 그리게 한 대표적인 그림들 중 하나는 〈**자파의 전염병 희생자를 방문하는 나폴레옹 보나파르트**〉입니다. 나폴레옹이 이집트 원정을 갔을 당시 흑사병이 퍼졌다고 합니다. 흑사병은 전염력이 상당해서 환자를 방문할 때는 반드시 환자와 어느 정도 거리를 유지하고, 마스크나 두건으로 코와 입을 막아야 한다는 게 보통의 상식이었습니다. 그런데 그림에서는 나폴레옹이 흑사병 환자들을 멀리하지 않고 마치 예수가 재림해 기적이라도 부리는 듯 흑사병 환자에게 가까이 다가가 대화를 나누고 있습니다. 그런데 실제 나폴레

〈자파의 전염병 희생자를 방문하는 나폴레옹 보나파르트〉,
앙투안 장 그로Antoine-Jean Gros, 1804

옹은 자파 지역을 방문한 적도 없고 흑사병 환자들을 친근하게 대한
적도 없다고 전해집니다. 오히려 나폴레옹은 흑사병 환자들을 독살
해서라도 빨리 격리시키고 치워 버리라고 지시했던 적이 있는 것으
로 알려져 있죠. 그 외에도 나폴레옹의 프랑스 군대가 정복한 지역의
주민들이 나폴레옹을 위대한 수령님 모시듯 기쁜 마음으로 환영하는
느낌의 그림도 많이 그려져 있습니다. 실제로 점령당한 지역 주민들
은 대부분 나폴레옹에게 돌을 던지고 싶어 했을 텐데 말이죠.

　이 모든 것은 나폴레옹 자신의 선전Propaganda을 위한 대국민 사기극이었습니다. 20세기에 소련이 예술가들을 이용해 사회주의, 공산주의 선전을 위한 그림이나 문학작품을 찍어 내게 한 것도 나폴레옹의 영향을 받은 게 아닌가 생각이 들 정도죠.

동시에 나폴레옹은 선전을 위해 언론도 매우 적극적으로 이용했습니다. 프랑스대혁명 이후 자유주의 열풍이 불면서 프랑스 내에 많은 신문사가 생겨났는데, 나폴레옹은 전쟁 중 주기적, 지속적으로 자신의 전쟁 소식을 담은 군사 보고서, 성명서, 소식을 본국으로 전달해서 국민들에게 퍼지게끔 했죠. 즉 지가 잘한 것을 신문사를 통해 전 국민에게 홍보했던 겁니다.

1797년 12월, 이탈리아에서 오스트리아 군대를 항복시킨 나폴레옹은 다시 파리로 돌아옵니다. 전쟁 내내 신문사를 통해 온 동네방네 나폴레옹에 대한 선전 홍보가 이루어진 이후였죠. 이탈리아 원정 2년 동안에만 나폴레옹의 무훈담을 담은 소책자가 72종이나 인쇄, 발행되어 팔렸고, 30여 편에 달하는 나폴레옹의 일대기를 담은 연극이 무대에서 공연됐죠. 나폴레옹은 귀국하기 전부터 이미 프랑스에서 위대한 '구국의 영웅'이 되어 있었던 겁니다. 나폴레옹의 집이 있던 거리 이름은 승리의 거리로 변경되었고, 거물급 정치인, 유명 인사들은 나폴레옹의 인기 빨을 받아 자기 지지율을 끌어모아 보려고 나폴레옹 집에 몰려들어 악수하고 사진 찍으려고 인산인해를 이뤘습니다. 이런 상황이었으니 이집트 원정에서 실패한 후 도망쳐 온 나폴레옹이 프랑스에서 낙인찍히지 않고 위대한 영웅으로서 인기를 유지할 수 있었던 겁니다. 그가 이집트 원정에서 패배하고 돌아왔을 당시 프랑스 신문사들은 나폴레옹을 옹호해 주기 시작했고, 그래도 대참패를 한 것은 아니라며 어떻게든 두둔하기에 바빴죠. 한국 국가대표 축구팀이 월드컵에서 패배했을 때 신문 기사에서 "졌지만 잘 싸웠다!"라고 응원하듯 군대를 버리고 온 군인 장교를 옹호했던 거라고 생각하면 될 것 같습니다. 이와 같이 나폴레옹이란 인물은 위대하기만 해서 국민들의 지지를 받은 것이 아니었습니다. 엄청난 수작질과 철저한 설계 덕분에 국민적 지지를 받게 된 인물이죠.

나폴레옹은 1802년 5월, 제1통령직을 '종신직'으로 바꿔 버리는 기염을 토합니다. 나폴레옹이 종신 제1통령이 된다는 내용의 국민투표가 찬성 360만 표, 반대 8000표라는 엄청난 차이로 가결된 거죠. 이후 1804년 5월에 프랑스의 원로원(당시 프랑스 상원)은 종신직 제1통령 나폴레옹을 황제로 추대하면서, 프랑스공화국의 통치는 1인 황제에게 맡긴다는 결의를 발표하게 되죠.

이렇게 몇 년 전까지만 해도 자유와 평등을 외치며 왕정을 몰아내고 루이 16세를 단두대에서 처형한 프랑스에서 민주주의와 거리가 먼 독재정치, '황제' 정치가 시작됩니다. 그것도 국민들 스스로 원해서 말이죠. 이런 상황에서는 아마 프랑스의 그 어떠한 신문사도, 정치인도 함부로 나폴레옹을 비판할 수 없었을 겁니다. 만약 비판하는 사람이 있을 경우 국민들이 알아서 그를 처단해 줬을 테니 말이죠. 이후 나폴레옹은 1803년부터 1815년까지 이탈리아, 덴마크, 노르웨이와 연합하여 그 유명한 나폴레옹전쟁을 시작합니다. 그러나 신성로마제국, 오스트리아 제국, 영국, 러시아, 프로이센, 스페인, 포르투갈, 스웨덴, 오스만제국과 같은 국가들의 연합을 상대로 이겨 낼 수는 없었습니다. 결정적으로, 혹한 속에서 수많은 탈영병까지 만들어 냈던 러시아 원정French Invasion of Russia(1812)과 워털루전투Battle of Waterloo(1815)를 끝으로 나폴레옹은 전쟁에서 패배하게 됩니다.

자유 평등 우애?

프랑스대혁명을 다루는 편인데 자유, 평등, 우애에 대한 설명이 없어서 의아하셨을 겁니다.

———— 자유Liberté, 평등Égalité, 우애Fraternité

사실 자유, 평등, 우애는 프랑스대혁명 당시 여러 구호 중 하나일 뿐이었습니다. 이는 프랑스대혁명으로부터 100년 이후 출범한 제3공화국(1870~1940)의 공식적인 정신이 되죠. 그리고 그 정신은 현재까지 프랑스의 공식적인 정신으로 이어져 오고 있습니다. 자유, 평등, 우애는 프랑스대혁명 당시 탄생한 구호이긴 했지만 혁명의 공식적인 구호도 아니었고, 나폴레옹 실각 이후 한참 후에 탄생한 제3공화국이 정치적으로 이용하기 위해 선택한 구호였을 뿐입니다. 때문에 책의 본론에서 다루지 않고 마지막 부분에서 따로 설명하게 되었습니다. 수많은 사람들이 '자유, 평등, 우애'를 프랑스대혁명의 대표적인 구호로 기억하고 있으니 제3공화국의 정치적인 술수는 성공한 것 같군요.

***

─── 성역Sanctuary

'자유, 평등, 우애 아니면 죽음'이라고 쓰여 있는 1793년 프랑스 제1공화국의 선전 포스터.
프랑스혁명 시기에도 '자유, 평등, 우애' 구호가 쓰이긴 했다. 그러나 수많은 구호들 중 하나였을 뿐이다.

우린 과거의 역사를 통해 교훈을 얻을 수 있습니다. 그 교훈을 얻기 위해서는 우선 성역이라는 포장지를 벗겨 버리고 '진실'에 다가가기 위해 노력해야 하죠. 현대사회에서조차 정치인과 언론은 국민들의 입맛에 맞는 소리만 골라서 해 주고, 특정 사건, 인물, 주제에 대해서는 학자들조차 입을 닫을 때가 많습니다. 나폴레옹의 지지자들이 두려워 입을 닫았던 프랑스 언론과 정치인들처럼 말이죠.

제10장

혐오만큼 효과 좋은 건 없지

유대인 혐오의 유구한 전통

독일이라고 하면 어떤 것들이 떠오르시나요? 효기심은 맥주와 소시지, 폭스바겐, 어딘가 화난 것 같은 언어 정도가 생각납니다. 음악을 좋아하시는 분들은 바흐 Johann Sebastian Bach와 베토벤Ludwig van Beethoven, 철학을 좋아하시는 분들은 칸트 Immanuel Kant, 니체Friedrich Wilhelm Nietzsche, 마르크스Karl Marx 같은 사람도 떠올릴 수 있겠죠.

최근 국제 뉴스에서도 보도되었던 독일 관련 뉴스들도 생각납니다. 입가의 주름이 상당히 인상적이었던 메르켈 총리Angela Merkel도 있었고, 시리아 난민을 제일 많이 받아 준 게 독일이라는 뉴스도 있었죠. 왠지 독일이 유럽의 리더 같다는 인상을 받을 수 있었죠.

실제로 독일은 유럽 국가들 중에 가장 잘나가는 것처럼 보입니다. 경제 규모로만 따져도 독일은 전 세계 4위, 유럽 국가들 중에서는 1위를 차지하고 있죠. EU(유럽연합) 분담금의 규모를 봐도 알 수 있습니다. EU 가입국들은 각자의 경제 사정에 맞게 EU에 분담금을 냅니다. 각 국가에서 거둔 분담금으로 비교적 경제가 어려운 EU 회원국을 돕는 데 쓰는 건데요. 분담금을 가장 많이 내는 게 독일입니다.

하지만 독일 하면 좋은 이미지만 있는 건 아니죠. '전범', 즉 전쟁을 일으킨 범죄자라는 꼬리표가 붙어 있는 국가이기도 합니다. 1차 세계대전, 2차 세계대전을 일으킨 국가라는 거죠. 특히 2차 세계대전 중 히틀러Adolf Hitler와 나치 독일이 저지른 수많은 만행들, 특히 유대인 학살은 역사상 최악의 사건들 중 하나로 기록되고 있습니다.

그런데 히틀러가 왜 유대인을 죽이고 싶어 했는지, 수많은 독일 국민들이 왜 여기에 동조했는지 궁금해하는 사람은 많지 않은 것 같기도 합니다. 그저 히틀러가 나쁜 사람이기 때문이라고 생각하죠. 물론 나쁜 사람 맞습니다. 맞는데 말이죠.

사실 유대인 차별은 비단 나치 독일만의 문제는 아니었죠. 애초에 흑사병 파트에서도 언급했듯 유럽에서는 어떤 큰 문제가 터지면 유대인 탓부터 하는 분위기가 적잖게 있었습니다. 히틀러 이전에도 유대인들을 다 죽이겠다는 정치인들은 독일에 많았습니다.

19세기가 되면 독일에도 민족주의가 퍼집니다. 그리고 독일에서도 민족주의를 이용해 권력을 얻어 내려는 정치꾼들이 생겨납니다. 그리고 이들 중에는 유대인들을 싹 쓸어버리겠다는 공약을 내건 사람들도 있었죠.

지금 우리가 볼 때는 정말 말도 안 되는 이야기이지만, 이 공약 덕분에 국회에 입성하고 당까지 창당하는 자들이 등장하게 됩니다. 히틀러보다도 먼저 유대인 절멸을 외치며 정치 세력을 형성한 것이죠. 도대체 이들은 누구이며 어떻게 이런 일이 가능했던 것일까요?

히틀러만 비판해서 되겠는가?

─유대인 혐오와 독일 근대사

2022년을 기준으로 전 세계 선진국 하면 떠오르는 대표적인 국가 중 하나는 바로 독일입니다. 자동차 기술, 기초과학, R&D 투자, 제조업까지 발달한 국가죠. 독일에는 규모는 작지만 원천 기술력과 경쟁력을 갖춘 강소 기업들로 불리는 히든 챔피언Hidden Champion 기업이 무려 1300개가 넘게 있습니다.❶ 독일은 현재 유럽 국가들 중 러시아를 제외하고 가장 인구가 많으며 유럽에서 가장 GDP가 높은 국가입니다.

❶ 독일에서 컨설팅 회사를 운영하던 헤르만 지몬Hermann Simon이 만든 개념으로, 규모는 작지만 경쟁력을 지닌 강소 기업을 일컫는 용어다. 히든 챔피언의 기준은 학자에 따라 달라질 수 있다.

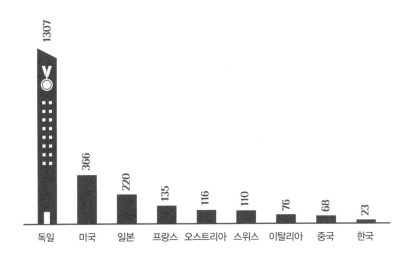

주요국 히든 챔피언 기업의 수(2017년 헤르만 지몬의 평가 기준)

한편으로 과거 제2차세계대전 당시 나치 독일 히틀러에 의해 많은 유대인들이 인종 청소 당한 국가이기도 하죠.

그런데 유대인들을 청소해야 한다는 발상은 히틀러가 가장 먼저 떠올린 게 아니었습니다. 전 유럽에서 유대인에 대한 혐오는 고대, 중세, 근대를 넘어 현대까지 이어져 왔고 게다가 히틀러와 같은 유대인 절멸絕滅(아예 없애 버림) 공약을 내걸었던 정당 또한 히틀러가 설치고 다니기 이전에도 있었죠. 도대체 독일은 제2차세계대전 당시 어떻게 유대인을 절멸시키겠다는 히틀러를 지지하게 된 것일까요? 그것을 이해하기 위해선 독일의 민족주의와 경제 위기를 이해해야 합니다.

독일 민족주의의 시작

다들 유럽의 봉건제도를 기억하실 겁니다. 중세 시대 유럽 대부분의 국가들은 하나의 국가로 묶여 있는 것처럼 보여도 속을 들여다보면 수많은 공국, 후국, 도시국가 등이 느슨하게 뭉쳐 있는 형태였습니다. 이들은 행정, 사법, 경제 시스템, 화폐, 심지어 cm, kg 같은 도량단위까지도 제각각이었죠. 독일 땅에 있던 신성로마제국도 마찬가지였습니다.

중세 시대가 지나며 주변 국가들이 왕권을 강화하고 중앙집권적인 국가가 되어 가는 와중에도 신성로마제국은 여전히 분열되어 있었습니다. 오히려 앞서 말씀드린 30년 전쟁 이후로 신성로마제국과 황제가 거의 유명무실해지기까지 했죠. 옆 동네 프랑스에서 프랑스 대혁명이 일어나던 18세기에도 독일 땅에는 300여 개의 소국(왕국, 공국, 후국, 도시국가 등)들이 각자도생하고 있었습니다. 더 큰 문제는 서로 '같은 국가의 같은 국민'이라는 정체성이 희미했다는 겁니다. 서로 각각 다른 지역의 국민이라는 생각을 갖고 있었죠. 그렇다 보니 서로 전쟁하는 것도 '내전'이라기보다 '다른 지역'과 싸우는 것일 뿐이었습니다. 이 상황에서 옆 나라 프랑스에서 나폴레옹이 등장합니다.

프랑스 황제 자리에 오른 나폴레옹은 영국, 신성로마제국(오늘날 독일 지역의 소국들+프로이센+오스트리아), 러시아, 스웨덴 등으로 구성되어 있던 '대불 동맹Coalition'과 전쟁을 치르게 되었습니다. 그런데 나폴레옹은 트라팔가르해전Battle of Trafalgar(1805)과 같은 '바다에서 싸운 전투'에서 영국에게 박살 나긴 했지만, 러시아와 신성로마제국을 상대로 육지에서 싸운 아우스터리츠전투Battle of Austerlitz(1805)에서는 역대급 승리를 거두게 되죠. 이후 나폴레옹은 대불 동맹 국가들을 와해시켜 버립니다. 전쟁에서 승리한 나폴레옹은 신성로마제국에게서 빼앗은 영토를 이용해 괴뢰국들을 세웁니다. 가장 대표적인 것이 현재 이탈리아 북부에 세운 이탈리아왕국Kingdom of Italy(1805~1814)이었죠. 그리고 오스트리아, 프로이센과 프랑스 사이에도 괴뢰국을 세웁니다. 그 괴뢰국을 **라인동맹**Confederation of the Rhine(1806~1813)이라고 부르죠.

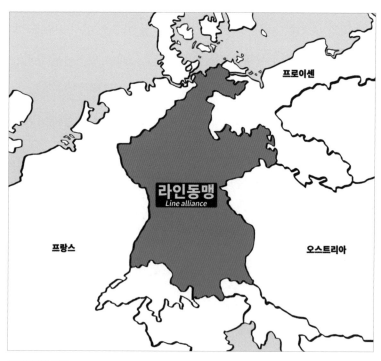

라인동맹의 영토

당시 프랑스가 괴뢰국으로 세운 라인동맹은 여러 작은 국가들의 집합체였습니다. 각자 지도자도 다른 도시국가, 소국들이 뭉쳐져 만들어진 형태였죠. 라인동맹은 전쟁 기간 동안 나폴레옹에게 효자 노릇을 톡톡히 했습니다. 나중에 나폴레옹이 러시아로 쳐들어갈 때 60만 명이 넘는 군대를 이끌고 갔는데, 그중 무려 3분의 1이 프로이센, 오스트리아, 그리고 바로 이 라인동맹에서 끌고 온 군대였죠. 시간이 지날수록 나폴레옹의 프랑스는 전쟁에서 승승장구하고 있었습니다. 다양한 소국들을 합치고 합쳐 만든 라인동맹은 프랑스가 전쟁에서 승리하면 할수록 점점 살이 붙어 크기가 커져 갔습니다.

문제는, 당시 프로이센의 영향 아래 있던 소국들까지 프랑스의 라인동맹에 흡수되어 가면서 프로이센이 안보적 위협을 느끼기 시작했다는 겁니다. 프로이센은 대불 동맹에 제일 처음 참가했던 나라였습니다. 프랑스대혁명의 '부정한' 기운이 프로이센에 들어오는 걸 막기 위해 1792년에 오스트리아와 손잡고 프랑스로 쳐들어갔죠. 의외로 프랑스가 잘 버티면서 전쟁이 길어지자 프로이센은 흠칫 놀라 프랑스와 '바젤 조약Peace of Basel(1795)'을 맺으며 중립 기어를 박기 시작했죠. 그런데 라인동맹의 영역이 넓어지면서 점점 위협을 느끼게 되자 프로이센은 중립 기어에서 손을 떼 버립니다. 다시 영국, 러시아, 작센, 스웨덴과 함께 나폴레옹에 대항하기로 결정한 거죠. 그런데 앞서 언급했던 내용을 다시 떠올려 봅시다.

──── "어차피 쟤네 소국이랑 우리 공국은 남남인데 뭐."

나폴레옹의 프랑스가 전 유럽을 휩쓸기 전까지만 해도 독일 지역의 소국들은 각자도생을 하는 느낌이 강했습니다. 같은 국가에 소속되어 있는 하나의 민족이라는 의식이 그리 강하지 않은 지역이었죠. 그러나 프랑스가 개판을 쳐 놓은 이후 점차 민족주의가 싹트기 시작한 겁니다.

———— "우리, 같은 게르만 민족들이 힘을 합해 프랑스를 막아야 해!"

프랑스의 나폴레옹은 '위대한 프랑스인들의 부흥'을 내걸며 프랑스 국민들을 응집시켰고, 프랑스 군대의 사기는 높았습니다. 프랑스 국민들이 응집될 수 있었던 원천은 전 정부에 대한 국민들의 실망과 분노였습니다. 이전 편에서 말씀드린 대로 프랑스의 루이 14세에서 루이 16세에 이르는 기간 동안 국내의 모든 것이 황폐화된 상황에서 일단은 다 함께 힘을 모아 외부에서 쳐들어오는 다른 유럽 국가들을 공격해야 한다는 분위기였죠. 마찬가지로 그동안 각자도생으로 살던 독일 사람들도 당장 위협을 가하던 프랑스로부터 자신들을 지켜야 했습니다. 그 과정에서 우리 모두 같은 게르만 민족, 독일 민족으로서 힘을 합쳐야 한다는 대항 의식이 퍼지고 있었던 겁니다. 그렇게 독일 지역에서 민족주의가 퍼지기 시작했던 거죠.

마침 18세기 말 독일 지역에서는 낭만주의Romanticism가 유행하고 있었습니다. 규칙만 오지게 중요시하느라 지루하고 답답하고 딱딱하던 기존의 미술, 문학, 음악을 거부하고, 새롭고 개성적인 걸 추구

〈샬롯의 여인The lady of Shalott〉
이 그림이 1888년에 그려진 그림이다. 효기심도 놀랐다. 기존의 지루하고 딱딱한 예술과 사상, 철학에 지친 사람들은 낭만주의 문학, 그림에 열광했다. 존 윌리엄 워터하우스 John William Waterhouse, 1888

했던 예술적 흐름이 낭만주의죠. 당시 낭만주의는 민족주의와도 아주 밀접한 관련이 있었습니다. 낭만주의 자체가 신, 왕, 규칙, 절대적이고 당연한 것들에 대한 반발심에서 나왔습니다. 기존 유럽 사회의 로마 가톨릭, 그 이후 새롭게 탄생한 개신교와 같은 종교적 갈등과 토론이 지겨워진 유럽의 민중들은 신과 종교가 아닌 개인, 더 나아가 일반 민중 같은 평범한 인간의 것들에 관심을 기울이기 시작했죠. 점차 사람들 사이에서 나와 친구, 가족, 이웃에 관심도가 높아져 갔고, 더 나아가 개인들의 조상, 그리고

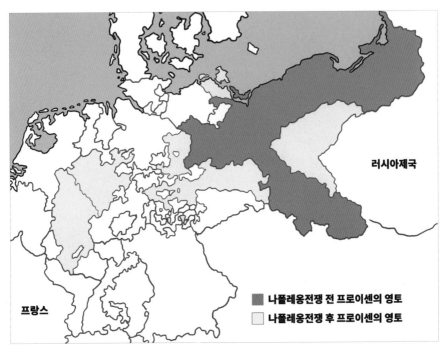

러시아제국

프랑스

■ 나폴레옹전쟁 전 프로이센의 영토
□ 나폴레옹전쟁 후 프로이센의 영토

나폴레옹전쟁 전후 프로이센 영토 비교

────── '민족'

민족에 대한 관심도 높아져 갔죠. 그렇다 보니 낭만주의 예술 작품들
에는 주인공의 사랑이나 슬픔 같은 이야기뿐만 아니라 민족과 관련
된 내용도 자주 등장하게 됩니다. 예를 들어 어린 시절 우리가 봤던
〈헨젤과 그레텔〉, 〈라푼젤〉, 〈빨간 모자〉, 〈브레멘 음악대〉 같은 독일
민족의 동화 혹은 민담들을 모아서 책으로 낸 그림 형제Brothers Grimm
도 낭만주의가 퍼지던 시대의 사람이죠. 한편 독일의 왕, 정치인들은
이렇게 갑작스럽게 퍼진 독일 민족주의를 눈여겨보고 있었을 겁니다.

국가의 미래를 위한 정치적 수단으로 말이죠.

1814년 나폴레옹은 전쟁에서 패배하게 됩니다. 나폴레옹전쟁 이후의 전후 처리를 위해 유럽의 각 국가 대표들은 오스트리아 빈에서 회의를 시작하게 되죠. 그런데 회의 이후 프로이센(이후 독일)의 국력이 너무 강해지게 됩니다.

당시 프로이센은 폴란드 분할(제6장 참고) 때 얻었던 영토 일부를 러시아에게 양보하긴 했으나 1806년 나폴레옹전쟁 이전의 영토 대부분을 되찾았고, 게다가 작센 왕국 영토의 40%와 베스트팔렌 Westphalia(현재의 독일 서부로 남한 면적의 1/5이나 된다) 지역을 모두 획득하게 되죠. 당시 프로이센은 기존에 형성된 '독일 민족주의'를 이용해 다양한 국가로 나뉘어 있던 게르만 민족국가들을 합칠 설계를 하기 시작합니다. 이후 완전한 국가로 통합된 것은 아니었지만, 신성로마제국의 제후국이었던 38개의 게르만 민족국가와 독일연방이라는 형태로 뭉치게 됩니다. 이제 '독일 민족주의'를 팔아먹으며 우리 같은 민족끼리 하나의 국가로 통일된 독일을 세워야 한다고 선동을 할 차례가 온 거죠. 그런데 어떤 방식으로 통일된 국가를 만들지에 대해 민족주의자들끼리도 의견이 갈리게 됩니다.

대大독일주의와 소小독일주의

유럽에 있는 오스트리아라는 국가를 아실 겁니다. 오스트리아도 사실 국가 이름만 다를 뿐 독일과 마찬가지로 게르만 민족의 후예죠. 당시 여러 국가들의 연합체였던 독일연방은 이후 주도권을 누가 쥘 것인가를 두고 프로이센과 오스트리아가 갈등하게 됩니다. 당시 독일연방 내의 국가들 중 원래부터 강력했던 국가는 오스트리아였고, 신흥 강국으로 떠오르던 국가는 프로이센이었죠. 그런데 이때 프로이센은 영리하게도 '관세 정책'을 이용해 자신의 세력을 늘리기 시작합니다.

1818년 5월 26일, 프로이센은 영국보다도 한참 앞서 관세법을 정비합니다. 내용은 대략 이러했습니다.

1. 프로이센 '내'의 모든 관세와 통행세를 폐지한다.
2. 해외에서 프로이센 '내'로 들어오는 원료는 무관세, 커피와 차와 같은 식민지 물건들은 관세 30%.

저 관세법은 무엇을 의미하는 것일까요?

15세기 무렵부터 유럽 국가들은 중상주의Mercantilism를 채택하고 있었습니다. 쉽게 말해 나라 금고에 돈을 그득히 쌓는 걸 추구했던 사상이죠. 이를 위해 유럽 국가들은 수출은 오지게 하고 수입은 최대한 틀어막는 정책을 펼쳤습니다. 나라의 돈이 밖으로 나가지 않게 하려고 했던 거죠. 그렇다고 수입을 아예 막아 버릴 수는 없는 노릇이었기에, 유럽 국가들은 엄청난 관세 폭탄을 때리고 있었습니다. 이건 독일을 구성하는 작은 국가들도 마찬가지였습니다. 심지어 자기들끼리도 통행세라는 명목으로 관세를 내야 했죠. 그런데 갑자기 프로이센이 독일 내부의 국가들에게는 관세를 안 받겠다고 한 겁니다. 프로이센은 여기서 그치지 않았습니다. 아예 서로 관세 없이 편하게 상거래를 할 수 있는 '관세동맹Zollverein'을 추진하기로 하고 희망자를 모집하기 시작하죠. 때마침 1830년대부터 독일 내에 철도 건설이 활발하게 진행되면서, 프로이센과 함께 관세동맹에 들어간 소국들은 철도를 통해 더욱 많은 무역을 할 수 있게 되었습니다. 이제 혹여나 프로이센이 원수 같고 도저히 상종하기 싫더라도, 독일 내에서 벌어먹고 살기 위해서는 프로이센과의 관계를 유지해야 했죠. 바로 이때 프로이센은 오스트리아에 빅엿을 날립니다.

─────── "니네는 빼고ㅎㅎㅎ"

당시 오스트리아는 독일이라는 집단에 소속되어 있는 국가였습니다. 게르만 민족의 리더 국가로서 강력한 영향력을 행사했죠. 그런데 프로이센이 오스트리아만 배제한 채 관세동맹을 추진했던 겁니다. 물론 프로이센이 대놓고 오스트리아한테 '꺼져'를 시전했던 건 아니었습니다. 오스트리아의 경제 상황을 파악하고 알아서 오스트리아가 동맹에 가입하지 못하도록 유도했죠.

오스트리아는 당시 다른 유럽 국가들과 마찬가지로 극단적일 정도로 중상주의를 신봉하고 있었습니다. 현실적으로 그럴 수밖에 없었기 때문이죠. 오스트리아는 산업 환경이 매우 열악했습니다. 산업화를 제대로 이루지 못해서 수출할 수 있는 품목부터 굉장히 제한적이었죠. 이 상황에서 무턱대고 관세를 다 없애고 문을 활짝 열어 두고 무역을 시작하면 수출에 비해 수입이 폭발적으로 증가할 가능성이 상당히 높았죠. 프로이센은 바로 이 점을 캐치했던 걸로 보입니다. 오스트리아는 관세동맹에 들어오고 싶어도 들어올 수 없게 되고, 그동안 프로이센은 다른 게르만 동포들 사이에서 영향력을 키워 갈 수 있는 거였죠. 관세동맹은 경제문제뿐만 아니라 정치적 이해관계와도 엮여 있었던 겁니다.

물론 그렇다고 해서 오스트리아가 단번에 약해진 건 아니었습니다. 게르만 국가들 사이에서 오스트리아는 여전히 강대국이었죠. 하지만 이제 유일한 강대국은 아니었습니다. 프로이센이라는 신흥 강자와 함께 자웅을 겨루는 전통적 강자가 된 거죠.

마침 민족주의 열풍이 불고 있던 시대였으니, 독일인들 사이에서는 두 국가 중 누가 짱을 먹어서 게르만 민족을 통일시킬 것인가에 대해 논란이 벌어집니다. 이른바 '대독일주의'와 '소독일주의' 논쟁이 벌어진 거죠. **'대독일주의'**는 오스트리아를 중심으로 독일을 통일하자는 것이고, **'소독일주의'**는 오스트리아는 그냥 빼고 프로이센을 중심으로 독일 통일을 이룩해야 한다는 것이었습니다. 이런 걸로 여론이 갈릴 정도로 신흥 강자 프로이센의 위세는 대단했던 거죠.

이와 함께 통일 독일에 대한 구상뿐 아니라 다른 것도 퍼지고 있었습니다. 이제 '왕'이 아닌 국민들이 직접 다스리는 공화국에 대한 요구였죠.

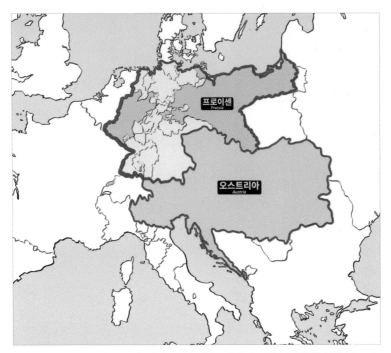

프로이센과 그 외 게르만 공국들(붉은색과 연두색)을 포함하면 소독일주의 방식의 통일이고, 오스트리아제국(청록색)을 포함하면 대독일주의 방식의 통일이다.

통일된 독일

　1848년에 전 유럽에서 왕정에 반대하고 동시에 자유주의를 주장하며 또한 민족주의까지 주장하는 혁명Revolutions of 1848(혁명 이름이 1848년 혁명입니다)이 일어납니다. 당시 독일 지역뿐 아니라 오스트리아, 헝가리, 이탈리아, 프랑스, 아일랜드, 덴마크, 폴란드 등 다양한 지역에서 일어났죠. 이 혁명을 이해하려면 다시 나폴레옹 이야기를 해

자유주의 독일을 여신으로 의인화한 게르마니아
Germania

야 합니다.

프랑스대혁명은 나폴레옹의 집권과 몰락으로 막을 내렸습니다. 프랑스는 다시 왕정국가가 되었죠. 나폴레옹을 무찌른 유럽 국가들이 루이 16세의 동생인 루이 18세^{Louis} ^{XVIII}(재위 1815~1824)를 프랑스 왕위에 앉혔던 겁니다. 유럽 사람들은 짧은 시간 동안 왕정이 무너지고 국민이 국가의 주인이 되는 국가가 탄생했다가 무너지고 다시 왕정국가가 부활하는 과정을 목격했죠.

그러나 프랑스대혁명을 겪었던 프랑스인들은 더 이상 과거로 돌아갈 수 없었습니다. 결국 프랑스에서는 1848년 2월에 다시 혁명이 일어났죠. 또다시 왕이 쫓겨나고 공화국이 등장한 겁니다. 이번에는 1789년과는 상황이 다르게 흘러갔습니다. 프랑스 왕을 보호한답시고 외세가 쳐들어오지 않은 겁니다. 정확히 말해 쳐들어올 상황이 아니었죠. 프랑스대혁명은 프랑스뿐만 아니라 유럽 전역에 자유주의와 민족주의의 씨앗을 골고루 뿌려 놓았습니다. 프랑스에서 혁명이 일어나자 덩달아 유럽 전역에서 혁명의 분위기가 몰아쳤죠.

독일도 예외가 아니었습니다. 그렇게 1848년 3월 5일, 독일 각지에서 자유주의 정권을 요구하는 봉기가 일어납니다.

1848년 독일 최초의 의회 중앙 상단에 게르마니아의 벽화가 그려져 있다.

　　이후 독일 내 여러 국가들과 프로이센왕국은 자유주의 국가 건설과 '게르만 민족 통일국가 건설'을 함께 논의하기 시작합니다. 두 달 정도의 시간이 흐르고 1848년 5월 18일, 자유주의에 기반을 둔 통일 독일 건국을 위한 국민의회가 프랑크푸르트에서 소집되죠. 꽤 시간이 흘러 1849년 3월 27일에 프로이센을 포함해 독일연방에 속해 있던 국가들은 국회의원을 뽑는 입헌군주제 헌법인 프랑크푸르트 헌법 Frankfurt Constitution(1849)을 제정합니다. 그리고 여기서 오스트리아가 빠지게 됩니다. 오스트리아는 당시 체코, 헝가리 등 독일어를 쓰지 않는 다른 민족의 영토까지 지배하는 거대한 제국이었습니다. 프로이센

1847년 프리드리히 빌헬름 4세의 사진

의 정치인들을 중심으로 독일인만의 민족국가를 건설하고 싶었던 국민의 회 정치인들은 오스트리아에게 무리한 요구를 합니다. 막대한 영토를 포기하고 독일인들이 거주하는 지역만 떼서 합류하라고 권한 것이죠. 이 요구를 오스트리아가 거절하면서 국민의회는 오스트리아를 빼고 통일된 게르만 민족의 입헌군주제 국가 '독일제국'을 건설하기로 합니다. 그리고 독일제국의 황제는 프로이센 왕국의 프리드리히 빌헬름 4세Friedrich Wilhelm IV(재위 1840~1861)로 결정되죠.

그런데 프리드리히 빌헬름 4세는 '왕'이 국가에서 절대적 권력을 가져야 한다는 왕권신수설 신봉자였습니다. 이미 제7장에서 설명한 바 있듯이, 왕권신수설이란 국왕의 권한은 국민 같은 인간이 아닌 신으로부터 나오는 것이니 그 누구도 토 달지 말라는 사상입니다. 그래서 프리드리히 빌헬름 4세는 새롭게 탄생할 예정이던 독일제국의 황제 직을 거부해 버립니다. 차라리 프로이센왕국의 '왕'이나 해 먹는게 낫다면서 말이죠. 그런데 이때 독일에 그가 등장합니다.

———— 오토 폰 비스마르크Otto von Bismarck

철혈재상으로 유명한 오토 폰 비
스마르크(재임 1871~1898)는 1847년에
서른두 살의 나이로 최연소 프로이센
의회 의원에 당선되면서 정계에 진출
한 후 러시아와 프랑스에서 프로이센왕
국의 외교관으로 활동했던 인물입니다.
당시 비스마르크의 말빨이 하늘을 찌를
정도로 어마무시했다는 게 학계의 정설
이죠. 훗날 독일제국이 될 예정이던 프
로이센왕국에서 비스마르크는 정치계
의 떠오르는 샛별로 불리던 사람이었습

1875년 비스마르크의 사진

니다. 1848년 독일에서 자유주의를 주
장하던 국민들이 혁명을 일으켰을 때, 비스마르크는 정부의 허가도
없이 멋대로 자신의 영지 농민들을 무장시켜 혁명을 진압하려는 생
각도 했었죠. 불행인지 다행인지 무장을 하지는 않았습니다. 대신 프
로이센왕국의 군 장성들을 만나, 왕의 허가를 기다리지 말고 지금 당
장 저 혁명 세력들을 박살 내고 프로이센의 왕을 구하러 가야 한다고
설득했죠. 물론 이후에 프로이센의 프리드리히 빌헬름 4세가 노발대
발하면서 비스마르크에게 개꼽을 줬다는 일화도 있습니다.

───── **"니가 뭔데 군사 진압을 오더 내리냐?"**

빌헬름 1세의 초상화. 1891

아무튼 비스마르크는 젊은 시절부터 너무 나대고 다닌다는 이미지 때문에 프로이센의 왕실과 정치인들에게 찍혀 있었습니다. 당시 프로이센의 왕세자 빌헬름 1세^{Wilhelm I}의 아내였던 **아우구스타**^{Augusta}에게도 찍혀서 훗날 프로이센의 재상^{Chancellor}(국왕을 보좌하는 국정 최고 책임자. 현재의 국무총리 정도로 생각하면 좋을 것 같습니다) 후보가 되었을 때도 후보직을 박탈당할 뻔했죠.

빌헬름 1세는 1861년에 프로이센 왕이 된 후 비스마르크를 재상으로 등용합니다. 왕위에 오른 빌헬름 1세는 군 복무 기간을 2년에서 3년으로 연장하고, 예비군의 독립적인 활동을 폐지하고 독일제국 중앙에서 관리하도록 하는 군사 개혁을 하려고 했었는데, 이 때문에 독일 연방의회에서 박살 나고 있었습니다. 이 시점에 헷갈릴까 봐 추가 설명을 하자면, 1861년은 아직 '독일제국'이 탄생되지 않은 시기였습니다. 독일은 아직 여러 작은 국가들이 모여 있는 '독일연방'이었으며, 그 작은 국가들이 다 통일되어 '독일제국'이라는 단일 국가를 이루게 된 것은 1871년입니다. 통일된 독일이 선포되기 이전에 국가적 안건은 프로이센을 포함한 여러 게르만 민족국가 대표들이 모여 있던 독일 연방의회에서 처리되고 있었죠. 당시 독일 연방의회는 "빌헬름 1세 니가 왕이면 다냐"면서, "군대와 관련된 것들은 연방의회가 쥐락펴락해야 한다"고 난리 치고 있었습니다.

이런 상황에서 머리 아팠던 빌헬름 1세는 말빨 하나 개쩔었던 비스마르크를 프로이센의 재상으로 임명하고, 대신 의회에 가서 싸워주길 바랐죠. 사실 빌헬름 1세도 비스마르크를 별로 좋아하진 않았다고 전해집니다. 그런데 자유주의라는 명분으로 계속해서 다른 공국 출신 자유주의자들이 독일연방 내에서 프로이센왕국을 견제하고 있으니, 말빨 개쩔던 비스마르크를 재상으로 임명했던 거죠. 당시 비스마르크는 프로이센왕국의 재상 겸 외교부 장관이었습니다. 비스마르크는 1862년 9월 22일에 재상에 취임했고, 29일 독일 연방의회에 출석해 소신 발언을 하며 철혈재상이라는 별명을 얻게 됩니다.

"독일은 프로이센의 자유주의가 아니라 프로이센의 힘을 눈여겨보고 있습니다. … 프로이센은 힘을 모아 이미 몇 차례 놓친 유리한 순간에 대비해야만 합니다. 빈 조약에 따른 프로이센 국경은 건강한 국가를 위한 것이 아닙니다. 시대의 중요한 문제는 말과 표 대결로 결정되지 않습니다. 말과 표 대결은 1848년과 1849년의 위중한 실수였습니다. 우리의 결단은 **철과 피**로써 이루어져야만 합니다."

비스마르크가 독일 연방의회에서 연설한 내용은, 독일연방 국민들이 프로이센의 자유주의를 바라는 것이 아니며 프로이센왕국의 힘을 중심으로 다 함께 발전해 가야 한다는 말을 한 것으로 생각하시면 좋을 것 같습니다. 사실 위의 연설에 대해 학계에서도 갑론을박하는 부분이 있습니다. 비스마르크는 실제로는 그렇게까지 잔혹한 인물이 아니었으며, 연설에서 '철과 피'라는 말을 썼던 것도 진짜로 무력을 쓰겠다는 게 아니라는 주장이 있습니다. 그냥 개혁을 빨리 추진하자는 의미로 쓴 것인데 자유주의 진영이 이 말을 과장 및 확대 해석한 것이라고 보는 거죠.

뭐가 됐건 비스마르크는 연설을 하고 얼마 지나지 않아 1863년 5월에 자기 멋대로 독일 연방의회를 해산시켜 버립니다. 그리고 의회 동의 없이 빌헬름 1세의 군 개혁이 단행됩니다. 다른 공국들도 함부로 대들 수 없었을 겁니다. 당시 독일연방 내에서 가장 강력한 국가는 단연 프로이센왕국이었으니 말이죠. 점차 프로이센왕국은 독일연방을 리드해 갔죠. 이후 프로이센왕국은 덴마크, 오스트리아와의 전쟁을 통해 점차 독일연방에 속해 있던 다른 국가들의 영토를 장악해 가기 시작합니다. 그런데 여기서 바로 옆에 있던 프랑스가 거슬리기 시작합니다.

1868년 스페인에서도 자유주의 혁명이 발생했습니다. 원래 왕이었던 이사벨 2세^{Isabel II}가 쫓겨나고 혁명정부가 새로운 왕을 모색하고 있었죠. 그런데 스페인 왕위 문제 때문에 생뚱맞게 프로이센과 프랑스가 충돌하게 됩니다. 1870년에 프로이센왕국은 빌헬름 1세의 사촌이었던 레오폴트^{Leopold}(1835~1905)를 왕으로 앉히려고 시도합니다. 이게 만약 성사된다면 프랑스가 프로이센왕국과 스페인에 둘러싸여 쌈 싸 먹히는 구도가 완성되는 거죠. 프랑스 입장에서는 당연히 안보적 위협을 느낄 수밖에 없는 상황이었습니다. 그리하여 프랑스와 프로이센왕국 간에 전쟁Franco-Prussian War(1870~1871)이 시작됐고 프랑스는 박살 나게 됩니다.

그런데 이때 프로이센왕국의 빌헬름 1세와 비스마르크는 선 넘는 행동을 하게 됩니다. 빌헬름 1세와 비스마르크는 프랑스의 상징이자 자존심이었던 베르사유궁전에 들어갑니다. 거기서 빌헬름 1세는 더 이상 프로이센이라는 국가의 '왕'이 아니라 독일 전체의 '황제'라며 독일제국 수립을 선포해 버리죠. 프랑스와의 전쟁에서 대승을 거둔 프로이센왕국은 말 그대로 국뽕이 치사량이었습니다. 이미 그 전부터 독일연방의 리더는 프로이센왕국이었습니다. 하지만 독일연방 구성원들이 뿔뿔이 흩어지지 않고 '위대한 독일제국의 일원'으로 똘똘 뭉치게 만들 '명분'이나 '이슈'가 더 필요했습니다. 딱 이 순간에 프랑스라는 외부의 적을 뭉개 버리고 프랑스의 상징과 같은 베르사유궁전에 들어가서 제국을 선포하고 황제 즉위식을 거행해 버렸으니, 게르만 민족의 민족주의와 국뽕 충전, 그리고 국민 대통합에 이 일만큼 좋은 사건은 없었을 겁니다.

하지만 갑작스럽게 통일된 독일의 국내 정치적 혼란이나 갈등이 프랑스와의 전쟁에서 승리를 거둔 것만으로 모두 해결될 순 없었습니다. 이에 독일 정치인들은 자신들의 당선과 집권을 위한 '공약'을 찾아 나서기 시작하죠. 그렇게 1880년대부터 독일 정치계에서는 정치 공약으로 유대인 혐오가 유행하기 시작합니다.

유럽에 만연했던 유대인 혐오

유럽에는 로마제국이 기독교를 받아들인 이래로 유대인 혐오가 지속적으로 퍼져 있었습니다. 로마 총독 본디오 빌라도에게 예수 그리스도를 처형하라고 시킨 장본인들이 유대인이었으니 말이죠. 종교개혁 이후 탄생한 개신교 국가에서도 유대인에 대한 혐오는 사라지지 않았습니다. 중세 내내 사람들은 가족, 결혼, 사회, 정부, 직업, 기타 등등 자신의 삶과 관련된 모든 것을 '종교'라는 틀에 끼워 맞춰 해석하며 살아갔습니다. 고대 및 중세 유럽 사람들의 삶에서 종교는 절대로 빼놓을 수 없었던 것입니다. 유럽 전반에서 유행하는 유대인 혐오는 독일에서도 예외가 아니었습니다.

흔히 '유대인 혐오'라고 하면 1933년 1월에 독일 총리가 된 히틀러가 떠오르실 겁니다. 하지만 독일에서도 다른 유럽과 마찬가지로 이미 오래전부터 유대인 혐오가 지속적으로 나타났습니다. 독일 사회에서는 유대인을 '돈 밝히고' '유난스럽고' '이기적이고' '일반적이지 않은 부류'로 생각했습니다. 현대사회에서도 유별난 사람들은 아무런 죄가 없어도 따돌림을 당합니다. 과거 유럽의 유대인이 그런 존재였던 거죠.

18세기 프랑스를 시작으로 유럽 각지로 퍼지기 시작한 계몽주의 Lumières로 인해 많은 사람들은 신과 종교가 아닌 '인간'을 중심으로 세상을 이해하기 시작했습니다. 종교적인 이유로 시작되었던 유럽인들의 유대인 혐오도 계몽주의 덕분에 인식에 조금씩 변화가 나타나기 시작하죠. 이게 잘 드러나는 지표 중 하나는 유대인들의 직업 변화입니다.

유럽 국가들은 유대인이란 이유만으로 그들의 직업과 생활 반경을 제한했습니다. 독일도 마찬가지였죠. 합법적으로 토지를 가질 수 없었던 유대인들은 주로 행상인으로 활동했습니다. 도시와 농촌을 오가며 물건을 떼다가 파는 별 볼 일 없는 직업이었죠.

그런데 계몽주의가 퍼진 이후 독일을 비롯한 유럽 국가들이 유대인에 대한 정책을 변경하면서 유대인들의 직업이 달라지기 시작합니다. 일단 유대인 행상인이 빠르게 사라집니다. 1852년에는 프로이센에서 전체 행상인 중 유대인이 22.5%나 차지했지만, 1895년에는 고작 8.8%로 떨어집니다. 많은 유대인들이 무역과 금융 등 근대적이고 전문적인 일자리를 얻을 수 있게 되죠.

또한 1882년 프로이센왕국 금융기관 경영자의 무려 43.5%, 그리고 베를린의 금융기관 경영자의 55.15%를 유대인들이 차지하고 있었다고 전해집니다. 네트워크와 자본금을 장착했던 유대인들이 직업의 제한이 풀리자 자신들의 부를 확대할 수 있는 직업군으로 몰리기 시작했던 거죠.

19세기 초부터 제도적으로 해방을 맞이한 독일의 유대인들은 열심히 살았습니다. 독일 사회에서 살아남기 위해 자신들의 조상들과는 다른 선택을 하기도 했습니다. 독일인들과 따로 노는 게 아니라 '독일'이라는 사회와 문화에 동화되기 위해 부단한 노력을 했죠.

하지만 19세기 말이 되자 다시 유대인 혐오 분위기가 강해집니다. 유대인 단체가 '우리 유대인들은 당신들의 생각만큼 독일을 부정하며 살지 않는다'라고 공식적으로 입장을 표명해야 할 정도였죠. 1893년에는 유대인들이 '유대교를 믿는 독일 국민 중앙회'라는 단체를 설립하고 창립 선언문 강령 제1조를 '유대교를 믿는 독일 국민인 우리는 독일 민족의 토대 위에 확고히 서 있다'라고 정한 바 있습니다. 자신들을 철저하게 독일인이라고 강조했고, 독일 사회에 흡수되고 융화되기 위해 노력했던 거죠. 그럼에도 불구하고 독일 사회는 다시 '종교'를 들먹이며 유대인에 대한 반감을 키워 갑니다. 아무리 계몽주의 사상이 퍼지고 있었어도 국민 대부분이 개신교를 믿고 있던 독일에서 유대인들은 소수였고 눈에 띄는 유별난 사람이었죠. 이렇게까지 유대인을 다시 미워하게 된 건 결국 먹고사는 문제 때문이었습니다. 1873년 유럽 전반에서 최초의 대공황이 시작되었던 거죠.

우리는 보통 대공황이라고 하면 1930년대에 일어난 경제 위기를 떠올리는데, 사실 그 이전인 1873년에도 대공황이 있었습니다. 다만 1930년대 대공황 발생 이후 용어 혼동을 막기 위해 '장기 불황'이라고 부르고 있을 뿐이죠. 1873년의 장기 불황은 유럽의 산업혁명 이후 수요에 비해 공급이 너무 과잉되어 생긴 경제 위기였습니다. 주가는 폭락하고 망하는 회사들도 나타났습니다. 멀쩡하게 일하던 사람들이 실업자로 전락하고 길거리에 앉게 되었죠. 이런 상황에서 생뚱맞게 유대인 혐오가 일어나기 시작합니다. 현재 2022년에도 국가의 사회문제를 '특정 소수자' 때문이라고 책임 전가하는 일은 종종 일어나고 있습니다. 아주 좋은 예가 부자, 성소수자, 이민자들이죠. 19세기 중후반의 유럽에서 만만한 '소수자'는 유대인이었던 거죠.

───── '포그롬Pogrom'

19세기부터 20세기 초까지 현재의 우크라이나, 폴란드 지역에서
는 대대적인 유대인 학살, 즉 **포그롬**이 일어났습니다. 특히나 현재
의 우크라이나 오데사에서 일어난 유대인 학살이 가장 유명하게 잘
알려져 있죠. 민간에 의한 유대인 학살, 박해, 혐오는 히틀러의 홀로
코스트 이전부터 이미 유럽 사회에 존재하던 것이었습니다. 물론 국
가 차원에서 계획적으로 학살한 것은 나치 독일의 히틀러가 처음이

1873년 5월 9일의 빈 증권거래소 모습

었지만 말이죠.

동유럽의 유대인들은 포그롬이라는 대학살을 피해 1860년대부터 프랑스, 독일 지역으로 어마무시하게 유입되었습니다. 이때 독일로 이동해 정착하게 된 유대인만 약 7만 명으로 알려져 있죠. 당시 독일 사람들 입장에서는 안 그래도 이미지가 좋지 않던 유대인이라는 존재가 갑자기 7만 명이나 늘어난 겁니다. 그런데 딱 이 타이밍에 1873년 장기 불황이 터졌고, 1880년대에는 농업 위기까지 시작되었습니다.

당시 독일인들은 유대인들과 달리 상당수가 농업에 종사하고 있었습니다. 1895년 프로이센 자료에 따르면 유대인의 1.4%만 농업에 종사했던 것과 달리 독일인은 모든 독일인들 중 36.9%가 농사를 지었죠. 그리고 이 독일 농민들은 돈을 빌릴 일이 생기면 보통 유대인들을 찾아갈 수밖에 없었죠. 이미 금융업에 유대인들이 엄청 많이 진출했으니까요.

그런데 장기 불황이 터지면서 수많은 독일 농민들이 빚에 허덕이거나 그대로 파산하게 되었을 겁니다. 그런 농민들의 눈에는 이 모든 게 유대인들 탓으로 보였겠죠. 그리하여 농민들은 자신들이 망한 게 고리대금업 또는 사채업을 하던 유대인들 때문이라고 남 탓을 시전하기 시작합니다. 자기들은 죽어라 밭 갈고 논매어 농사지어도 파산하는데, 유대인들은 앉아서 돈 풀어서 돈 벌며 배 불리는 악마라면서 말이죠. 당시 독일 정부는 자신들에게 날아와야 할 화살이 생뚱맞게 유대인들에게 내리꽂히고 있는 걸 그냥 강 건너 불구경하고 있었습니다.

독일 정치꾼들의 유대인 혐오 장사

1870년 독일제국에서는 가톨릭 국가를 지향하던 **독일중앙당**
Deutsche Zentrumspartei이 창당됩니다. 이 정당은 훗날 1933년 히틀러의
나치 독일 시대가 시작되면서 해산되죠. 독일은 16세기 종교개혁 이
후부터 로마 가톨릭이 아닌 개신교를 받아들였습니다. 그러니 독일
중앙당은 가톨릭을 지향하는 '그 자체'만으로는 국민들의 지지를 받
을 수 없었습니다. 그들은 당시 유럽 대부분의 국가에 만연하던 유대
인 혐오를 이용하려 했죠. 그렇다고 직접적으로 유대인 혐오를 내세
울 수는 없었던 것 같습니다. 당시 유대인들은 많은 자본을 차지하
고 있었고 정치, 경제 등 로비와 후원을 통해 사회에 큰 영향력을 끼
치고 있었기 때문이겠죠. 주류 정당 중 하나였던 독일보수당German
Conservative Party도 반유대주의적 성향이 없지 않았으나, 당령으로 반
유대주의를 내걸지는 않았습니다. 문제는 몇몇 소수 정당들이 극단적
인 행보를 보이기 시작했다는 겁니다.

1881년. 장기 불황이 터진 후 8년째
되던 해였습니다. 독일 정치판에는 '**기독
교사회당**Christian Social Party' ❶이라는 정
당이 등장하죠. 앞서 1878년에 독일제

❶
그들은 과거 기독교사회노동
자당Christian Social Workers' Party
을 창당했고 3년 후 정당명을
기독교사회당으로 변경한다.

1890년 아돌프 슈퇴커의 모습

국 빌헬름 1세 황제의 궁정 목사였던 아돌프 슈퇴커Adolf Stoecker가 경제학자 아돌프 바그너Adolf Wagner와 함께 창당한 정당이었죠.

이 정당의 원래 목표는 사회주의 정책을 요구하던 **독일사회민주당** Social Democratic Party of Germany ❶에 맞서야 한다는 것이었습니다. 문제는 기독교사회당에는 목사 아돌프 슈퇴커의 사상이 깊이 녹아들어 있었다는 점입니다.

❶
현재 독일에 있는 사회민주당의 기원이 맞다. 그러나 시대에 따라 정책 지향이 많이 달라졌다.

군주제를 반드시 유지시켜야 하고 독일제국을 개신교 국가로 이끌어 가야 한다는 생각에 빠져서, 사회주의 정책도, 그렇다고 자유주의도 원치 않았고, 자유시장경제 체제와 같은 자본주의의 발전도 바라지 않던 정당이었죠. 나아가 독일 민족의 위대함을 기반으로 완벽한 개신교 황제 정치 국가로 독일제국을 이끌고 싶어 했습니다.

당 대표의 신념은 그러했지만 우선은 본심을 감추고 국민들의 지지부터 받아야 했습니다. 신념을 들이민다고 바로 지지받을 것도 아니었으니 말이죠. 기독교사회당으로 당명을 바꾸기 전, 즉 기독교사회노동자당 시절의 주요 공약은 대략 이러했습니다.

기독교사회노동자당의 주요 공약
전문 협동조합 의무 설립
도제徒弟제도(수공업 장인의 후대를 양성하는 제도) 정착
상업 중재
사회보험: 과부, 고아, 장애인, 연금 기금
하루 8시간 노동
공장법(공장 노동시장 규제)
고리대금법 복원
누진소득세 및 상속세

대다수 일반 국민들이었던 노동자들을 위한 공약들을 쏟아 내면서 자신들에 대한 지지를 호소하기 시작했던 거죠. 그러나 그것만으론 부족했습니다. 그들은 1878년 10월 선거에서 1% 득표율에 그쳤습니다. 이대로는 당의 미래가 없었죠. 그래서 극단적인 이슈로 어그로를 끌기 시작합니다. 바로 '유대인'이었죠.

앞서 설명했던 장기 불황으로 인해 독일의 경제는 가면 갈수록 허물어져 가고 있었습니다. 이와 동시에 독일 국민들 사이에서는 자유주의, 자본주의에 대한 의문, 비판적 인식이 생기고 있었죠. 열심히 살았는데 갑작스럽게 파산하고, 농사짓던 논과 밭을 빼앗기고(융자를 받았으니), 집에 빨간 딱지가 붙여졌으니 말이죠. 지금 2022년의 현대인들이야 당연히 융자를 받고 저당을 잡혀서 넘어갔다고 생각하겠지만, 당시 상황을 처음 접한 국민들은 자신들이 대출을 갚지 못해서 회수가 된 것을 '빼앗겼다고' 생각했을 겁니다. 그리고 그들의 집과 땅을 빼앗은 금융, 사채 자본에는 대부분 유대인들이 연관되어 있었죠. 그렇다 보니 자유주의와 자본주의라는 새로운 체제와 유대인을 싸잡아서 아니꼽게 보는 분위기가 생겨나고 있었던 겁니다.

당시 기독교사회당은 이런 흐름을 놓치지 않았습니다. 자유주의, 사회주의는 모두 유대인들을 위한 정책이라며 자신들을 지지해 달라고 얘기하기 시작합니다. 이와 동시에 정말 모순적이게도 자본가들 또한 유대인들이라며 프레임을 씌웁니다. 즉 당시 독일 사회에서 일어나던 모든 사회문제는 좌우 가리지 않고 전부 저 악마 같은 유대인들 때문이라는 여론을 형성시켰죠. 당시 독일 사회에 퍼지던 경제 위기에 대한 비판을 전부 유대인에 대한 분노와 혐오로 탈바꿈시켜 버리는, 정말정말 적절치 않은 사상을 퍼뜨린 겁니다.

기독교사회당은 계속해서 유언비어와 가짜 뉴스를 퍼트립니다. 19세기 후반 영국과 프랑스도 유대인들이 지배하고 있으며, 러시아도 곧 유대인들의 혁명으로 몰락할 위기이고, 우리 독일제국도 유대인들에게 거의 다 지배당할 예정이라며, 빨리 유대인들의 지배로부터 벗어나야만 힘든 경제 위기 속에서 우리 독일인들의 삶이 나아질 수 있다는 말들 말이죠. 개소리도 그런 개소리들이 없었습니다.

지금 생각해 보면 '국민들이 저딴 거짓말, 가짜 뉴스에 과연 호응할까?' 싶겠지만, 당시 독일의 중산층들이 호응하기 시작합니다. 그들은 빈민, 노동자도 아닌 지역의 장인, 소상공인들이었죠. 그들에게 기독교사회당의 유대인 혐오 공약이 먹힌 이유는 이러했습니다.

——— "사회적으로 우위에 있던 우리 중산층들의 자리를 유대인
들이 빼앗고 있어!!"

이와 같은 분위기 속에서 베를린 운동Berlin Movement(1880)이 시작
됩니다. 대략 독일의 법 안에서 유대인들이 독일 국민과 똑같이 평등
해선 안 된다고 청원하는 운동이었죠. 청원서 내용은 유대인들을 모
든 독일제국 공무원 자리에서 배제하고, 초등학교 교사직에서도 배제
하며, 유대인들이 독일제국으로 더 이상 이민 오지 못하도록 금지하
라는 식이었습니다.

심지어 저 운동에는 기독교사회당을 창당한 아돌프 슈퇴커 같은
정치꾼이나 일반 민중들뿐만 아니라
지식인들까지 합세합니다. 빌헬름
마르Wilhelm Marr(반유대주의라는 단어를
처음 사용하기 시작한 작가), 하인리히
폰 트라이치케Heinrich von Treitschke(독
일의 역사학자), 그리고 교수와 독일
대학생들까지 서명과 청원 운동에
합류했던 거죠. 당시 1880년 8월부
터 1881년 4월까지 무려 25만여 명
이 서명에 참여했는데 이 중 20%가
대학생이라는 통계가 있습니다. 물
론 1871년 기준으로 독일제국 전체

빌헬름 마르의 초상화.
반유대주의Antisemitism라는 단어를 대중화시킨
최초의 인물로 알려져 있다. 현대사회에서 반유
대주의는 비판적인 성격으로 사용되지만, 그가
사용했던 시절에는 '해야 하는 것'으로 사용됐다.

인구가 약 4100만 명이었으니 전체 인구로 따지면 그리 높은 비율은 아니었습니다. 그러나 시작이 적었을 뿐 앞으로 많은 독일제국 사람들이 유대인 혐오에 동조할 예정이었죠.

한편 당시 독일제국의 재상이었던 비스마르크는 저 청원 자체는 무시했습니다. 그러나 1884년부터 약 2년간 1만여 명의 폴란드계 유대인들과 2만 5000여 명의 폴란드인들을 1+1으로 추방했죠.

점차 독일제국 내부에서 '반유대주의'라는 단어가 긍정적이고 필요한 사회운동이라는 인식이 퍼져 나간 걸로 보입니다. 현대사회에서 반유대주의라는 단어는 대부분 부정적이고 배척해야 할 사상이지만 당시에는 그런 단어가 아니었던 거죠. 1887년부터 아예 대놓고 반유대주의를 표방하는 독일 정치꾼들이 계속 등장할 수 있었던 것도 이 때문일 겁니다.

대표적인 반유대주의 장사꾼은 **오토 뵈켈**Otto Böckel(1859~1923)이었습니다. 《유대인 - 우리 시대의 왕Die Juden-die Könige unserer Zeit》(1886)이라는 책을 써서, 현재 유대인들이 왕처럼 군림하여 독일 국민들을 지배하고 있다며 유대인 혐오를 부추겼죠. 이와 함께 융커 귀족, 보수주의자, 자본주의자도 까면서 농민들의 표를 노렸죠. 그는 혐오를 내세워 무소속으로 당선되는 기염을 토합니다. 의원으로 당선된 오토 뵈켈은 한 걸음 더 나아가 1890년에 '반유대주의인민당Antisemitic People's Party'이라는 당을 창당했고, 1893년에는 당의 이름을 '독일개혁당German Reform Party'으로 바꿨죠. 그리고 독일개혁당은 같은 해에 치러진 선거에서 12석을 얻게 됩니다.

1894년에 독일개혁당은 역시나 반유대주의적 성향인 '독일 사회당German Social Party'과 합당하여 '**독일사회개혁당**German Social Reform Party'이 됩니다. 그리고 그들은 진짜로 선을 세게 넘는 공약을 발표하죠.

――― "유대인의 완전한 분리 및 최종적인 절멸"
völlige Absonderung und schließliche Vernichtung des Judenvolkes

절멸이란 단어의 뜻은 특정 종의 개체가 아예 지구에서 사라지는 것을 의미합니다. 공식적인 정당이 유대인들을 아예 이 세상에서 사라지게 만들어야 한다는 공약을 내걸었던 거죠. 저 정당을 비판하기에 앞서 저 정당이 저런 공약을 내걸 수 '있었다'는 것에 주목해야 합니다. 즉 당시 독일에서는 유대인 절멸이라는 저 정신 나간 공약에 대해 어느 정도 지지하는 사람들이 있었을 것이고, 그래서 정치꾼들이 저런 공약을 내고 표 장사를 했다는 거죠.

다행인지 불행인지 1914년 제1차세계대전이 시작되면서 독일에서는 이후 한동안 선거가 치러지지 않습니다. 독일제국 내부도 전시 상황이라서 저런 반유대주의 공약을 내걸던 정당들이 선거 유세를 할 일도 사라졌고 전쟁 기간 내내 독일 의회의 힘도 약화되었죠. 게다가 제1차세계대전 이후에 독일제국은 아예 그냥 공중분해됩니다. 제1차세계대전 이후 승전국들은 독일제국을 분해시키고 황제를 폐위시킵니다. 그리고 의회 선거로 국가 지도자를 선출하는 바이마르공화국

❶
제1차세계대전에서 패전한 독일제국의 이름이었다. 이후 히틀러의 나치 독일 성립 전까지 사용되던 명칭이다.

Weimar Republic(1919~1933)❶ 이라는 국가를 탄생시키죠.

독재정치를 겪었던 대한민국의 시각으로 보면 '황제 정치에서 민주주의로 변경되었으니 독일 국민들이 좋아했겠지?'라고 생각할 수도 있겠지만 독일 국민들 입장은 그렇지도 않았습니다. 새로운 체제가 들어섰을 때 국민들의 삶이 나아졌다면 체제가 공고해지고, 수정 및 보완하면서 발전되는 모든 과정에서 국민들이 열화와 같은 지지를 보냈을지도 모르겠습니다. 하지만 독일은 제1차 세계대전에서 박살 난 상태였고, 거기에다 1929년부터 전 세계를 휩쓸었던 대공황Great Depression(1929~1939)까지 겪게 됩니다. 나라가 바뀌고 정치와 경제 시스템이 바뀌었는데 국민들의 삶은 나아진 게 없었습니다. 자본주의와 자유주의, 민주주의 같은 정치체제 단어들은 국민들에게는 그저 낯설기만 할 뿐 실생활에 아무런 도움을 주지 못했죠. 오히려 새로운 체제에 대한 반감이 들었을 가능성이 큽니다.

1923년 독일이 발행한 5000만 마르크 지폐.
대공황 이전 1200만 달러의 가치였던 5000만 마르크는 대공황 이후 1달러 가치일 뿐이었다

이러한 상황에서 나치 독일의 히틀러가 등장하여 위대한 게르만 민족의 부흥을 이끌겠다고 하면서, 우리가 힘든 건 유대인 때문이니 악마와 같은 유대인들을 청소하여 태평성대를 이루겠

다는 공약을 하니 독일 국민들이 많은 지지를 보내는 것이 전혀 이상할 게 없었습니다. 민족주의, 유대인 혐오, 국가가 국민들을 책임지겠다는 공약까지, 이 모든 것들은 연이은 재난으로 삶이 팍팍했던 독일 국민들에게 너무나도 달콤한 말들이 아니었을까요?

***

세계사를 공부할 때 히틀러는 결코 빠질 수 없는 인물입니다. 때문에 이미 많은 분들이 히틀러라는 인물의 만행을 잘 알고 계실 것 같습니다. 그러나 히틀러의 탄생 이전 독일의 상황과 그의 만행이 어떻게 성공할 수 있었는지에 대해서는 잘 알려지지 않았죠. 과거 효기심의 조카가 중학생 시절 제2차세계대전에 대해 공부할 때 나눈 대화입니다.

——— "제2차세계대전에서는 그냥 히틀러가 나쁜 놈 아니야?"

이에 효기심은 조카에게 이렇게 얘기했죠.

——— "그는 도대체 왜 악마가 되었고 사람들은 왜 악마를 지지했을까?"

요즘 '인플루언서Influencer'라는 말을 흔히들 사용하고 있다. '영향을 주다'라는 의미를 가진 'Influence'에서 파생된 신조어로, 수많은 SNS 팔로워들을 통해 사회에 크고 작은 영향력을 미치는 사람들을 일컫는 말이다. 현재 가장 대표적인 인플루언서라고 하면 단연 유튜버일 것이다.

인류 역사를 되짚어 보면 현대사회의 인플루언서처럼 대중에게 영향력을 미치는 유명 인사들은 늘 존재해 왔다. 예술가, 종교인, 학자 그리고 정치인들 모두 메시지를 전달하는 매체만 다를 뿐 사회에 영향을 미친다는 점은 현대의 인플루언서들과 일맥상통하는 부분이 있다고 할 수 있겠다.

그런데 과거든 현재든 대부분의 사람들은 인플루언서들이 정확히 어떤 사람인지에 대해서는 알지 못한다. 그들이 어떤 대의를 갖고 있는지, 정말 국가를 위해 활동하는 것인지, 실제로 위대한 사람인지 대중들은 모르고 있으며 딱히 알려고 하지 않는 경우도 있다. 인플루언서들 중에는 실력이며 인품까지 훌륭한 사람들도 있지만, 그렇지 않은 인플루언서가 있는 것도 사실이다. 위대하고 대단하게 보일 뿐 실제로는 실속 없거나, 평소 이미지와는 정반대인 인물들도 있는 것이다. 그런 인플루언서들을 우리는 어떻게 대해야 할까?

우리는 학창 시절부터 현재까지 대부분의 역사를 큰 사건, 그리고 해당 사건을 주도했던 유명한 인물들을 중심으로 배워 왔다. 이는 자칫 잘못하면 역사를 공부하는 학생들에게 큰 오해를 불러일으킬 수 있다. 역사 속 위인들이 실제로 위대한 일을 행했는지, 아니면 반대로 국민들을 악의 구렁텅이로 몰아넣었는지를 고민해 보지 않고, '유명하니까 위대하겠지', '악명 높으니까 악마 같은 사람이겠지'라는 식으로 학생들이 은연중에 고정관념을 가지고 역사를 바라볼 위험이 있다. 마치 유명 유튜버의 말을 듣고, 유명 블로거의 글을 보고 그대로 믿고 따르듯 말이다.

책을 마무리하려는 지금 나는 역사 속 인플루언서들을 '정치인 Politician'으로 부르고자 한다. 정치인은 현대사회에만 존재하는 게 아니다. 아직 민주주의가 전 세계적으로 퍼지지 않았던 고대, 중세, 근대에도 존재했다. 그때나 지금이나 정치인들의 행보에는 변함이 없다. 그들은 항상 국민을 위한다는 말로 자신들을 포장하고, 자기들이 내놓은 정책은 국민을 위하는 정책이라 홍보하며, 자기 자신과 정책에 반기를 드는 자들을 악마로 묘사하기 위해 부단히도 노력한다. 이와 함께, 국민들의 기분이 좋아질 수 있도록 실체도 없는 새로운 도덕, 윤리, 정체성, 즉 '명분'을 만들어 준다. 이로써 우리 사회에는 악마가 탄생하고, 악마를 때려 죽여야 할 이유도 생겼다. 국민들은 악마를 처단할 천사를 찾게 되고, 정치인들이 그 자리에 등장한다.

이 책은 위대한 위인들과 그들의 화려한 업적들을 찬미하지 않는다. 철저히 효기심과 독자 여러분들과 같은 일반인의 눈높이에서 신화를 역사로 바라보려고 노력했다. 제1장에서는 로마제국이 기독교를 공인하고 국교화한 과정에 대해 살펴봤다. 로마제국의 황제라는 정치인들은 기독교 국교화를 통해 기독교인들의 마음을 얻어 냈다. 로마 황제는 기독교를 보호하는 위대한 성인聖人이라 이미지 메이킹을 하려고 했던 것이다. 반면 로마제국을 위협하는 타민족은 감히 기독교 국가인 로마를 무너뜨리려는 이교도이며 악마로 묘사했다. 덕분에 로마제국은 강력한 국력을 얻었으며 역사에 길이 남는 국가로 자리매김하게 되었다. 하지만 로마제국의 수많은 기독교인들은 국경 너머의 사람들을 자신들과 똑같은 인간이 아닌 악마로 여기게 되었고, 로마제국이라는 '국가'를 지켜내기 위해 악마들과 맞서 싸워 목숨을 내던져야 했다.

로마제국은 강했으나, 결국 멸망해 버렸다. 하지만 로마제국은 종교가 정치에 이용될 수 있는 가능성을 보여 주었다. 제2장에서 살펴본 것처럼 이제 권력을 쥐려는 자들이 본격적으로 종교를 이용하기 시작한다. 유럽의 황제가 되려는 자는 교황을 찾았고, 교황은 교황대로 자리를 보전하기 위해 황제를 필요로 했다. 그리하여 그동안 존재하지도 않았고, 실체도 없었던 신성로마제국이 탄생하게 된다. 기독교를 표방하는 성스러운 제국 속에서 국민들은 자부심을 느끼고, 종교인들은 뿌듯함과 더욱 신실한 믿음을 갖게 되었지만, 황제와 교황에게 있어서 신성로마제국이라는 나라와 기독교라는 종교는 권력 유지를 위한 도구 그 이상도 이하도 아니었다.

고일 대로 고여 버린 기독교는 갈수록 노골적으로 정치적인 집단이 되어 버린다. 제3장에서는 이 무렵 기독교가 어떻게 권력을 유지하려 했고 왜 종교개혁을 겪게 됐는지를 살펴보았다. 로마 교황청은 죄를 씻겨 준다는 명목으로 십자군을 정당화하고, 연옥, 면죄부 등 성경에도 없는 개념들을 만들어 내며 교회는 성스럽고 위대하다는 인식을 심어 주었다. 일반 유럽 백성들은 물론이고 각 국가들의 왕과 귀족들까지도 로마 교황의 눈치를 봐야만 할 정도로 교회의 권위와 권력은 커져 갔다. 그만큼 교회의 부패도 가속화되었다. 결국 교황에게 반기를 드는 사람들이 생겨났고, 이해관계에 따라 세력이 나뉘기 시작했다. 그렇게 종교개혁이 벌어지며 기독교는 가톨릭과 개신교로 나뉜다.

제4장에서는 종교개혁 이전에 유럽에서 가장 큰 사건이었던 흑사병에 대해 다뤘다. 전대미문의 팬데믹에 유럽인들은 적절히 대응하기는커녕 상황을 제대로 인지조차 못하고 있었다. 얄궂은 유대인 탓을 하기도 하고, 자신의 등에 채찍질을 하며 전국을 순회하는 등 유럽은 그야말로 혼돈 그 자체였다. 이 순간에도 많은 권력자들은 자기

살 궁리만 했다. 백성들은 어찌할 줄을 몰라 종교적 힘에만 의존하고 있는데, 정작 교회의 고위 사제들은 도망쳐 버리는가 하면, 이 틈을 틈타 재산을 긁어모으는 사제들도 있었던 것이다.

제5장에서는 러시아가 정교회라는 종교를 믿게 된 과정에 대해 다뤘다. 인간은 간혹 자신이란 존재에 대해 뚜렷한 정체성을 부여하려고 하는 경우가 있다. 최근 한국에서 MBTI가 유행하는 것도 비슷한 맥락일 것이다. 그런데 어떤 사람은 자기 자신의 개인적인 모습보다도 '특정 국가의 특정 민족'이라는 것을 더욱 부각시키기도 한다. 권력자들은 바로 이런 사람들을 노리고 있으며, 더욱 많은 이들이 자신을 민족과 국가의 부속물이라고 느끼길 원한다. 국가를 위한다는 명분하에 국민들의 소속감과 애국심을 고취시킬 수만 있으면 너무나도 수월하게 정치에 활용할 수 있기 때문이다. 한국인이라는 정체성도 어쩌면 이런 부분을 상당 부분 내포하고 있을 것이다.

애국심과 관련된 문제는 제6장에서도 계속 이어진다. 과거 폴란드 귀족들은 파벌 싸움만 벌이고 제대로 된 국가 운영은 하지 않았다. 되레 파벌 싸움 때문에 외세를 이용하는 일까지 벌였고, 결국 폴란드의 영토는 모두 주변 국가에 팔려 버렸다. 폴란드 귀족들이 자신들의 권력 보전을 위해 국가를 버렸다고 해도 과언이 아닐 것이다. 한편, 폴란드 백성들은 모국을 지켜야 한다는 애국심을 불태우며 맞서 싸우려 했으나, 오히려 외세가 들어올 명분만 제공하는 꼴이 되고 말았다.

제7장에서는 민주주의 발전에 지대한 영향을 끼친 영국의 민주

주의 발전에 대해 다뤘다. 현대사회에서 민주주의는 존재하는 게 당연하고, 가장 합당한 제도 또는 엄청난 희생으로 이룩한 위대한 사상으로 인식되고 있다. 하지만 적어도 영국에서 민주주의의 발전 과정은 생각보다 위대하지도 고귀하지도 않았다. 권력을 가진 왕과 귀족들이 서로를 견제하는 과정에서 의회가 탄생했고, 서로 자기편을 늘리려다 보니 투표권을 더 많은 사람들에게 나눠 주게 된 것일 뿐이었다.

제8장에서는 핀란드라는 국가의 정체성 형성 과정에 대해 살펴봤다. 정체성이라는 것은 어느 한 집단이 유지되기 위해 반드시 필요하다. 정체성은 구성원들을 응집시킬 구심점과도 같기 때문이다. 하지만 한 국가 또는 민족의 정체성이라는 것은 생각보다 그 실체가 분명하지 않다. 어쩌면 그저 허구일지도 모르겠다는 생각이 들 정도이다. 이걸 명확히 보여주는 사례가 바로 핀란드다. 핀란드인들의 정체성은 20세기 무렵에 탄생했다고 해도 과언이 아니다. 덕분에 나라를 빼앗긴 적도 없는데, 갑자기 '저 민족'과 '우리 민족'으로 편을 가르고 저들로부터 '독립'을 해야 하는 사태가 벌어지게 된다. 국가 및 민족의 정체성이라는 모호한 개념 때문에 다른 사람들을 배척하는 모습이 참 의미 없어 보이게 만드는 역사라고 할 수 있겠다.

제9장에서는 프랑스의 나폴레옹에 대해 다뤘다. 그는 과거나 지금이나 위대한 영웅으로 추앙받고 있다. 이런 인기를 얻을 수 있었던 건 나폴레옹이 단순히 훌륭한 군인이어서가 아니다. 그는 위대한 영웅이 되기 위해 수단과 방법을 가리지 않았다. 언론과 예술의 파급력을 진작부터 알고 있었던 나폴레옹은 전쟁터에도 인쇄기를 가져가고,

예술가와 학자들까지 동원하였다. 그렇게 완성된 영웅이라는 이미지는 그를 황제 자리에 앉히는 데 일조했다. 나폴레옹은 대중을 홀리는 법을 너무나도 잘 알았던 것이다. 아마 지금도 그런 정치인이 전 세계에 널려 있을 것이다.

제10장에서는 통일된 독일제국에 존재하던 유대인 혐오에 대해 다뤘다. 많은 사람들이 히틀러를 욕하지만 히틀러가 합법적인 선거로 당선된 인물이라는 것, 그리고 유대인 절멸 정책을 그냥 갑자기 히틀러가 만들어 낸 게 아니라는 것을 모르고 있다. 유대인 혐오는 로마제국 시절부터 유럽 전역에 퍼져나갔다. 정치인들은 자신들의 권력 유지를 위해 유대인 혐오를 이용하기도 했고, 이는 히틀러가 등장하기 이전 독일에서도 마찬가지였다. 비록 아직 소규모였을지라도 유대인 혐오를 기치로 내건 정당이 창당되고, 실제로 선거에서 당선되는 일이 벌어진 것이다. 민족성, 종교, 국가관 따위를 명목 삼아 특정 사람, 특정 집단을 미워하고 그 '악마들'을 처단해야 한다는 분위기가 이어진다면 현대사회에서도 제2, 제3의 히틀러가 탄생될 수 있다는 점을 시사하고 있다.

혹자는 이 책을 읽으며 '효기심이 극단적일 정도로 정치인들을 혐오하는 것은 아닌가?'라고 생각할지도 모르겠다. 그러나 효기심은 정치인들을 비판적으로 보는 것이야말로 현대사회의 '국민'에게 반드시 필요한 자세이며 태도라고 생각한다. 국민들의 머리끝에 올라가 있는 정치인들이 언제, 어디서, 어떤 방식으로 국가가 망가지든 말든 상관하지 않고 자신들의 권력만을 위한 정치를 할지 모르기 때문이다.

───── '에이… 옛날에나 그랬지. 요즘 세상에 그러겠어?'

라고 생각하는 분들이 계실지도 모르겠다. 그런 독자분들께 효기심은
이 말을 전하고 싶다.

───── "지금이라고 무엇이 다르겠는가?"

　민주주의가 당연시되고 있는 현대사회에서조차 수많은 대중들은
권력자에게 선동당하고 감정에 이끌려 행동하고 있다. 손에 쥐고 있
는 게 종이에서 스마트폰으로 바뀌고, 집에는 자동으로 청소해 주는
로봇 청소기가 생겼을 뿐, 인간에게 달라진 것은 거의 없다. 권력자들
은 우리가 느끼는 감정을 파악하고 파고들며 지지 세력을 만들기 위
한 정치적 설계를 한다. 과거든 현재든 마찬가지다. 우리는 그들에게
속지 않기 위해 노력해야 한다. 상대 진영을 까내리는 것에 혈안이 될
것이 아니라 권력자들이 제대로 정치를 할 수 있도록 견제하고 목소
리를 내며 지적해야 한다. 정작 중요한 것을 뒤로 내팽개치고 우리는
지금 대체 뭘 하고 있는 것인가?
　이 책은 유럽의 권력자들에 대해 쓴 책이다. 하지만 유럽만 그랬
겠는가? 아시아를 포함한 다른 대륙도 마찬가지였다. 다음 책에서는
과거 한반도를 포함한 아시아의 권력자들의 이야기를 다룰 것이다.

(참고문헌)

단행본

김용구. (2006). 세계외교사, 서울대학교 출판부.

니콜라스 V. 랴자놉스키, 마크 D. 스타인버그. (2013). 러시아의 역사. 상. 조호연 옮김. 서울: 까치글방.

맥세계사편찬위원회. (2014). 맥을 잡아주는 세계사 06 영국사. 느낌이 있는 책.

맥스웰-스튜어트, P.G. (2002). 교황의 역사. 박기영 옮김. 갑인공방.

서정복. (2008). 프랑스 혁명. 살림출판사.

앤더슨, P. (1994). 제2부 동유럽. 제3장 프로이센. 함택영 외 공역. 절대주의국가의 계보 (pp. 262-309). 경남대학교 극동문제연구소.

윤승준. (2016). 하룻밤에 읽는 유럽사. ㈜알에이치코리아.

콜브, E. (2021). 지금, 비스마르크. (김희상 역). 서울: 메디치미디어.

한일동. (2018). 전통과 보수의 나라 영국 1 영국 역사. 살림출판사.

Bell, D. A. (2015). Napoleon: A Concise Biography. Oxford University Press.

Biard, M., Linton, M. (2021). Terror: The French Revolution and Its Demons. Polity Press.

Blake R. (1967). Disraeli. St. Martin's Press.

Cawthorne, N. (2013). A Brief History of Robin Hood. Constable & Robinson; Little, Brown Book Group.

Cunliffe, B. (2013). Britain Begins. Oxford University Press.

Davies, N. God's Playground. A History of Poland. The Origins to 1795. Columbia University Press, 2005.

Ekelund Jr, R. B., & Hébert, R. F. (2013). A History of Economic Theory and Method. Waveland Press.

Floud R., & Johnson P. (2008). The Cambridge Economic History of Modern Britain: Volume 1 Industrialisation, 1700 – 1860. Cambridge University Press.

Floud R., & Johnson P. (2008). The Cambridge Economic History of Modern Britain: Volume 2 Economic Maturity, 1860 – 1939, Cambridge University Press.

Fremont-Barnes, G. (2010). Napoleon Bonaparte Leadership, Strategy, Conflict. Osprey Publishing.

Fremont-Barnes G., Fisher T. (2004). The Napoleonic Wars. The Rise and Fall of an Empire. Bloomsbury USA.

Heather, P. (2013). The Restoration of Rome. Oxford University Press.

Kaplan, M. A. (2005). Jewish Daily Life in Germany, 1618-1945. Oxford University Press.

Kirby, D. (2006). A Concise History of Finland. Cambridge University Press.

Lavery, J. E. (2006). The History of Finland. Greenwood Press.

Linton, M. (2013). Choosing Terror: Virtue, Friendship, and Authenticity in the French Revolution. Oxford University Press.

Maddicott J. R. (2004). The Origins of the English Parliament, 924-1327. Oxford University Press.

Milanovic, B. (2015). The Level and Distribution of Income in Mid-Eighteen-Century France, According to Francois Quesnay. Cambridge University Press.

Mustafa, S. A. (2017). Napoleon's Paper Kingdom The Life and Death of Westphalia, 1807 – 1813. Rowman & Littlefield.

McLaughlin, M. (1994). Consorting with Saints: Prayer for the Dead in Early Medieval France. Cornell University Press.

Pavkovic, M. F. (2009). Recruiment and Conscription in the Kingdom of Westphalia: "The Palladium of Westphalian freedom". In D. Stoker, F. C. Schneid and H. D. Blanton (eds.), Conscription in the Napoleonic Era: A Revolution in Military Affairs? (pp. 122-134). London and New York: Routledge Taylor & Francis Group.

Peel, Sir Robert. (January 1899). Sir Robert Peel: In Early Life, 1788–1812; as Irish
   Secretary, 1812–1818; and as Secretary of State, 1822–1827. J. Murray. p.
   223. Retrieved 1 November 2021. [URL] https://books.google.co.kr/books
   ?id=Ww5oAAAAMAAJ&dq=%22such+a+tendency+to+exaggeration+and+i
   naccuracy+in+Irish+reports%22+robert+peel&pg=PA223&redir_esc=y

Sargent A. J. (2004). The Economic Policy of Colbert, Batoche Books.

Loménie de Brienne, Étienne–Charles de. (1788). Compte Rendu au Roi, au
   Mois de Mars 1788, et Publié par Ses Ordres. De l'Imprimerie royale.

Wolfgang Benz, H. (2012). Handbuch des Antisemitismus. Judenfeindschaft
   in Geschichte und Gegenwart. Band 5: Organisationen, Institutionen,
   Bewegungen. De Gruyter Saur.

Абрашкин, А. А. Русские боги. Подлинная история арийского язычества. —
   М.: Алгоритм, 2013. — 320 с.

Грабеньский, В. История Польского Народа. —Мн.: Минская фабрика цветн
   ой печати, 2006. — 800 с.

Данилов, А. А., Косулина, Л.Г. История России: с древнейших времен до кон
   ца XVI века : учеб. для 6 кл. общеобразоват. учреждений. — 7-е изд. —
   М.: Просвещение, 2007. — 256 с.

Двоеслов, Г. Диалоги Собеседования о жизни итальянских отцов и о бессмер
   тии души. — Litres, 2022. — 525 с.

Евгеньева, М. Любовники Екатерины. —М.: Воля, 1990 — 60 с.

Милютенко, Н.И. Святой равноапостольный князь Владимир. —СПб.: Издат
   ельство Олега Абышко, 2008. — 576 с.

Повести временных лет. —СПб.: Наука, 1996. — 667 с.

Погодин, А.Л. История Польши. —М.: Монолит —евролинц—традиция, 2002.
   — 308 с.

Рыбаков, Б.А. Язычество Древней Руси. —М.: Академический Проект, 2013.
   — 806 с.

Филюшкин, А. И. Титулы русских государей. — М.; СПб.: Альянс—Архео,
   2006.

Ющенко, О.И., Хахалкина, Е.В. Германия между двумя мировыми войнами

(1918-1939 гг.): учебно-методический комплекс. — Томск: Томский госу

дарственный университет, 2013. — 288 с.

Kalinka, W. Ostatnie lata panowania Stanisława Augusta: Dokumenta do

historyi drugiego i trzeciego podziału. Cz. 1. — Poznań: Nakładem

Księgarnia Jana Konstantego Żupańskiego, 1868. — 306 s.

Szyndler, B. Racławice 1794. — Warszawa: Bellona, 2009. — 195 s.

Zgorzelska, A. Stanisław August, nie tylko mecenas. — Warszawa: Krajowa

Agencja Wydawnicza, 1996. — 75 s.

논문

권윤경. (2021). 나폴레옹의 기나긴 그림자. 지식의 지평, 30(0), 1-12.

기독교사상 편집부. (2006). [짧은 두레박] 카노사의 굴욕. 기독교사상, 50(1), 103-
103.

김경근. (1997). 전통 속의 근대화 : 19세기 프랑스의 경제 발달 (1815-1914). 서양사연
구, 21(0), 33-64.

김경태. (2003). 러시아 정교의 특성과 정치적 역할. 노어노문학, 15(2), 645-674.

김경현. (2010). 율리우스 카이사르의 신격화: 그리스, 로마 전통의 종합. 서양고대사연
구, 26(0), 251-280.

김기형. (2017). 프랑스혁명기 공포정치에 내재한 혁명가들의 정치적 지향: 극중도
(l'extreme centre) - 푸셰의 파견 의원 임무 수행 및 로베스피에르와의 대립을 중
심으로. 서양사연구, 57(0), 75-116.

김덕수. (1997). 아우구스투스의 프린키파투스의 형성 과정에 관한 연구. 서양사론,
52(0), 181-183.

김덕수. (2014). [아우구스투스 사망 2000주기] 아우구스투스의 유산, '로마의 평화
(Pax Romana)'. 지식의 지평, (16), 202-215.

김민탁. (2020). 정치권력과 전염병의 상관관계에 대한 연구 - 흑사병과 인플루엔자
발생 사례와 포스트 COVID-19 -. 대한정치학회보, 28(3), 49-69.

김병곤. (2018). 영국의 헌정주의와 의회의 우위성. 인문과학연구, 35(0), 47-68.

김병용. (2007). 중세 말엽 유럽의 흑사병과 사회적 변화. 대구사학, 88(0), 159-181.

김봉수. (2011). 다미아니의 교회관과 종교개혁 이전 교회 개혁 운동. 개혁논총, 19(0), 45-79.

김영희. (2016). 마그나 카르타와 영국의 재산법. 가족법연구, 30(1), 259-308.

김용덕. (2010). 폴란드 삼국 분할과 영토 분쟁 연구. 동유럽발칸연구, 24, 231-253.

김용덕. (2019). 18세기 국제 정세 속에서 바라본 폴란드 분할 연구. 동유럽발칸연구, 43(1), 211-233.

김용덕. (2020). 러시아의 대(對)폴란드 식민 통치 정책 연구. 동유럽발칸연구, 44(4), 207-230. 10.19170/eebs.2020.44.4.207

김용환. (2021). 독일 제3제국 시대의 국가권력과 교회의 관계에 대한 연구. 박사학위 논문, 한신대학교.

김은규. (2019). 로마 콘스탄티누스 황제 전·후 시대에 기독교의 유대교 박해 - 평화로 가기 위한 또 하나의 걸림돌. 한국문화신학회 평화의 신학 : 한반도에서 신학으 로 평화 만들기, 269-293.

김응종. (2018). 열월 9일 정변과 공포정치의 청산. 프랑스사 연구, (38), 35-67.

김정훈. (2006). 러시아 정교와 메시아니즘의 성격. 한국시베리아연구, 9, 73-106.

김주식. (1994). 프랑스 절대왕정과 농민 봉기. 사총, 43(0), 247-300.

김충희. (2015). [자료] 프랑스 역대 헌법전 (1). 동아법학, (69), 329-577.

김주한. (2015). 니케아-콘스탄티노플 신경(주후 381년): 헬라어 원문 재구성과 번역. 개 혁논총, 36, 33-63.

김차규. (1997). 클로비스의 개종. 명지사론, 8(0), 96-212.

김차규. (2000). 콘스탄티노플 총대주교좌의 위상 - 콘스탄티누스로부터 유스티니아 누스 시대까지 -. 명지사론, 12(0), 516-540.

김차규. (2003). 동로마 황제와 교황 선출. 인문과학연구논총(25), 157-176.

김차규. (2008). 비잔티움 세계와 서유럽. 인문과학연구논총(29), 21-37.

김태형. (2020). 그레고리오 7세 교황의 개혁. 가톨릭사상, (61), 185-241.

김학이. (2013). 소수자, 소수자를 통한 역사, 소수자의 역사. 역사학보, 220, 245-279.

김현수. (2017). 영국 외교정책의 변화추이, 1860-1914 - 대(對)중국 외교정책 중심으 로 -. 동양학, 67(0), 91-108.

김희영. (1996). 나폴레옹 시대의 독일 민족주의 운동 - 그 성격과 역사상의 위치를 중 심으로 -. 대구사학, 51, 199-226.

나혜심. (2003). 19세기 중엽 독일의 경제 시민과 경제정책 - 프로이센 경제 시민의 관세정책에 대한 논의를 중심으로. 사림(성대사림), 19, 123-168.

나혜심. (2005). 독일 근대사회 형성기의 중앙과 지방: 19세기 라인 - 베스트팔렌 지방 기업가들과 프로이센 정부의 갈등을 중심으로. 서양사론, 87(0), 101-132.

남종국.(2021). 흑사병의 서유럽 전파에 관한 오해와 왜곡: 무시스의 기록을 중심으로. 의사학, 30(3), 465-498.

류석호. (2018). [기획 연재] '신념과 비전의 카리스마' 나폴레옹 리더십. 월간군사, 2018(8), 58-61.

문기상. (1987). 독일 사회민주당과 국가사회주의. 역사교육, 41, 75-108.

박윤덕. (2019). 프랑스 혁명과 민주주의. 역사와 세계, 55, 263-298.

박이랑. (2018). 유대인과 반유대주의. 마르크스21, (26), 150-167.

박준철. (2001). 루터 종교개혁의 정체성 확립. 서양중세사연구, 8(0), 95-112.

박지배. (2018). 모스크바국의 역사 편찬과 '러시아' 만들기: 종교·문화적 충돌의 관점에서. 역사문화연구, 67, 41-78.

박현숙. (2012). 독일제국(1871-1918)의 교회와 국가의 관계. 신학논단, 69, 65-97.

박현정, 김지영. (2014). 춤추는 왕, 루이 14세를 통해 바라본 발레 속의 정치권력. 무용예술학연구, 47(2), 163-184.

박흥식. (2011). 중세 말기 유럽의 성직자와 교회에 미친 흑사병의 영향. 서양사연구, 44(0), 41-82.

박흥식. (2016). 흑사병은 도시 피렌체를 어떻게 바꾸었는가?. 서양사론, 130(0), 96-119.

박흥식. (2019). 흑사병과 성인 공경: 성 로쿠스 현상을 중심으로. 서양사연구, 61(0), 1-31.

박흥식. (2019). 흑사병이 잉글랜드의 성직자와 교회에 미친 영향. 통합연구, 21(1), 7-31.

백용기. (2016). 독일 국민 의식의 형성과 나치의 민족 이데올로기. 신학과 사회, 30(2), 177-218.

백승현. (2008). 종교개혁의 배경에 관한 정치사상적 고찰. 사회과학연구, 34(3), 173-196.

백종국. (1992). 자유무역, 공정 무역과 국제체제 - 19세기 유럽 무역 체제 분석을 통한 한국적 의의 고찰을 중심으로 -. 한국과 국제정치(KWP), 8(2), 265-293.

서문석. (2021). 애덤 스미스의《국부론》과 교양 교육. 교양기초교육연구, 2(2), 53-84.

서정훈. (1986). 19세기 중엽에 있어 영국의 대외 팽창 성격 논쟁 (1830~1860) - 제국 과 자유무역의 관계 -. 역사와 경계, 10, 93-119.

송주호. (2004). 영국, 곡물법 철폐를 둘러싼 논의와 시사점. 세계농업, 41(0), 19-28.

송혜영. (2002). 나폴레옹(1769-1821)의 선전 초상화. 서양미술사학회논문집, 17, 139-169.

안상욱. (2017). 핀란드 외교정책 변화. 유럽연구, 35(4), 65-88.

안상준. (2009). 중세 유럽의 교황 군주제와 십자군. 서양사론, 101(0), 5-32.

안성호. (2011). 동유럽과 러시아간 갈등과 협력의 역사연구 : 폴란드와 리투아니아를 중심으로. 사회과학연구, 28(2), 25-77.

양희영. (2018). 지롱드파 대 산악파 -프랑스혁명과 당파의 탄생-. 서양사론, 138(0), 259-295.

양희영. (2020). 1794년 7월 27일 - '테르미도르 9일'과 로베스피에르의 실각 -. 프랑 스사 연구, (42), 355-391.

원용찬. (2015). 애덤 스미스의 메시지 : 도덕의 손과 보이지 않는 손. 인물과 사상, 2, 126-139.

윤정인, 김선택. (2015). 마그나 카르타와 저항권. 법학논총, 32(4), 23-45.

이경구. (2004). 신성로마제국의 출발점에 관하여. 서양중세사연구, 13(0), 69-98.

이경구. (2007). 신성로마제국의 성격: 교황권과 황제권의 관계를 중심으로. 서양사연 구, 37(0), 5-35.

이동영. (2013). 일반 : 필리오크베(Filioque) 논쟁, 그 쟁점과 해결 방안의 모색. 한국개 혁신학, 37(0), 185-219.

이상동. (2021). 채찍질 고행 - 1260년과 흑사병 창궐 시기(1348-9년) 활동에 대한 비 교사적 접근 -. 사림(성대사림), 75(0), 379-405.

이상동. (2021). 흑사병 창궐과 유대인 학살(pogrom) : 1348~51년 유대인 음모론과 사 회적 대응 . 서양중세사연구, 47, 153-186.

이상일. (2011). 1870년 이후의 빈곤과 자본주의 -영국에서 대불황 전후(前後) 빈곤 담 론의 형성과 변화의 역사. 담론201, 14(4), 105-135.

이성재. (2018). 프롱드 난을 둘러싼 갈등과 통합. 프랑스사 연구, (39), 151-177.

이세희. (1999). 나폴레옹 시대 농민의 생활수준. 프랑스사 연구, (1), 31-59.

이양호. (2009). 아우구스티누스의 역사 이해. 신학논단, 56, 309-337.

이영재. (2004). 교황 Gregory 7세의 서임권 투쟁에 관하여, 10-23.

이영재. (2007). 교황 Gregory 7세의 로마 교회론과 성전(Holy War)관. 서양중세사연구, 19(0), 39-66.

이영재. (2017). 14세기 아비뇽 교황청의 클레멘스 6세에 관한 재조명 - 타락한 교황인가? 아니면 르네상스 교황의 선구인가? -. 숭실사학, 39, 317-348.

이온화. (2011). 독일 초기 낭만주의의 정치적 이상 - 프리드리히 폰 하르덴베르크의 정치적 텍스트를 중심으로. NRF KRM(Korean Research Memory).

이용일. (2004). 독일 농업의 "근대화 위기(Modernisierungskrise)"에 대한 융커의 대응: 농업관세와 외국인 농업 노동자 고용 (1871-1914). 역사와 경계, 52, 275-301.

이용재. (2011). 나폴레옹 보나파르트의 브뤼메르 18일: 최초의 현대판 쿠데타(?). 서양사연구, 45(0), 37-64.

이용재. (2021). 나폴레옹 프로파간다: '구원자' 신화의 탄생. 프랑스사 연구, (44), 209-239.

이정희. (1988). 교황권의 탈비잔티움화. 대구사학, 35(0), 163-189.

이정희. (1989). 교황권과 프랑크 왕국의 동맹. 대구사학, 38(0), 249-283.

이정희. (1990). 교황권의 영토 보유의 기원과 확대 과정. 복현사림, 13(0), 99-142.

이정희. (1999). 교황권의 친비잔틴 정책과 동고트의 대응. 역사교육논집, 24(합권), 43-69.

이종원. (2019). 반유대주의의 원인과 해결 방안. 철학탐구, 54, 1-35.

이지은. (2009). 로마 제정 초기의 황제 숭배. 서양고대사연구, 25(0), 217-250.

이승희. (2014). 콘스탄티누스 황제의 신앙과 종교 정책(306-324년). 서양고대사연구, 38(0), 103-147.

이필은. (2013). 흑사병이 미사 참여에 미친 영향과 교회의 처신 - 14-15세기 영국을 중심으로. 중앙사론, 37, 313-336.

이현경. (2000). 헨리 2세의 사법 개혁과 잉글랜드 코먼로의 성립. 서양중세사연구, 6, 23-41.

임영상. (1999). 동방 정교회의 특성과 교회의 분열. 역사문화연구, 10, 235-259.

임영상. (2000). 동방 정교회의 역사적 전개. 역사문화연구, 12, 631-651.

임일섭. (2016). 개인 이익과 국가 개입에 대한 애덤 스미스의 인식: 오이켄의 애덤 스미스 해석 비판. 질서경제저널, 19(4), 23-42.

장은주. (2009). 겨울 전쟁과 북유럽의 중립 정책 (1938-1944). 세계역사와 문화연구, 20, 99-132.

정병식. (2017). 중세 면죄부 제도와 95개조를 통한 루터의 신학적 비판. 신학과교회,
　　(7), 49-78.

정세진. (2009). 러시아정교의 민족주의에 관한 소고 – 모스크바. 노어노문학, 21(4),
　　667-696.

정세진. (2020). 러시아 역사 속 러시아정교 이해하기 – 기독교 선교를 위한 접근과 함
　　의. 복음과 선교, 49(0), 347-381.

정시구. (2021). 중세 유럽의 흑사병 방역 행정에서의 코로나19 대응 고찰. 한국행정사
　　학지, 51(0), 79-107.

조성훈. (2016). 1873년 금융 위기가 독일 노동자들에 미친 영향. 경제논집, 55(1), 61-
　　85.

조용석. (2019). 30년 전쟁과 베스트팔렌 평화 조약 연구. 신학사상, 184, 323-349.

조용욱. (2016). 근대 영국 자유무역의 특성. 한국학논총, 45(0), 285-325.

조준현. (2010). 독점자본주의를 낳은 공황. 인물과사상, 144, 60-74.

조현미. (2003). 아우구스투스 시기의 황제 숭배 양상에 관한 검토 – 지배 이데올로기
　　적 성격을 중심으로 -. 서양고대사연구, 12(0), 87-121.

최선아. (2016). 독일의 문화 민족주의와 비스마르크의 문화 투쟁. 세계역사와 문화연
　　구, 40, 119-143.

최재수. (2006). 연재 : 바다와 해운 이야기 ; 미국의 1984년 신(新) 해운법 발효와 해운
　　동맹제도의 약화. 해양한국, 2006(7), 170-173.

최종원. (2009). 천국을 향한 약속 어음 -중세 유럽 면벌부 이론의 변화 연구-. 인문연
　　구, 56(0), 165-196.

최치원. (2011). 비스마르크(Otto von Bismarck)의 통일 정치의 이론과 실천 : 그 의미와
　　한계를 중심으로. 의정논총, 6(2), 191-218.

최현미. (2007). 1860년 영, 불 통상조약과 콥던(Richard Cobden)의 역할. 대구사학,
　　88(0), 221-259.

최형식. (2005). 독일유대인의 경제적, 사회적 지위상승과 반유대주의 – 독일 제2제정
　　기 유대인의 직업 구조를 중심으로 -. 사림(성대사림), 23, 225-253.

최형식. (2009). 반유대주의와 독일 유대인의 청년 운동. 역사문화연구, 33, 273-316.

최혜영. (2009). 로마 황제 숭배와 유대-크리스트교와의 갈등. 서양고대사연구, 25(0),
　　251-282.

추태화. (2012). 역사 상황과 교회의 정치권력화에 관한 연구 – 1930년대 독일 교회를

배경으로 -. 신학과 실천, 32, 781-803.

홍태영. (2021). 프랑스 공화국과 공화주의의 탄생: 프랑스혁명 전후 그 구성을 둘러싼 논의들. 한국정치연구, 30(2), 1-29.

황성우. (2017). 러시아의 폴란드 병탄 과정(1772~1795). 동유럽발칸연구, 41(4), 215-245.

황성우. (2020). 타자의 수용: 러시아 정교와 민간신앙의 혼종. 슬라브 연구, 36(4), 81-107.

황성우. (2021). 러시아의 폴란드 지배 정책. 동유럽발칸연구, 45(2), 179-208. 10.19170/eebs.2021.45.2.179

황한식. (2019). 마그나 카르타. 법조, 68(1), 7-41.

Grampp, W. D. How Britain Turned to Free Trade, The Business History Review , Spring, 1987, Vol. 61, No. 1 (Spring, 1987), pp. 86-112.

Hall, S. (2021). A Fancy of Prince Bismarck?: Bismarck's Strategic Aims for the Expulsions of 1885. Central Europe Yearbook. 3, 147-161.

Johnson, S. R. (2022). Decentering the Centralverein German Jews, German Catholics, and Regional Associational Culture in Germany, 1890-1938 (Doctoral dissertation). University of California, Los Angeles, USA.

Zeender, J. (1992). Ludwig Windthorst, 1812-1891. History. 77(250), 237-254.

Ridolfi, L. (2019). Six Centuries of Real Wages in France from Louis IX to Napoleon III: 1250 – 1860. The Journal of Economic History, 79(3), 589-627.

Van Zanden J. L., Buringh E., and Bosker M. (2012). The Rise and Decline of European parliaments, 1188 – 1789. Economic History Review, 65(3) pp. 835 – 861.

Милевич, С.В. Происхождение и родословные связи М. С. Воронцова. // Анна Михайловна Шабанова (1933-2006). К 80-летию со дня рождения : сб. п амяти: биографические материалы и статьи. / отв. ред.: Т. Н. Попова ; ОН У им. И.И. Мечникова, Ист. фак., Кафедра новой и новейшей истории. – Одесса : Одеський нац. ун–т, 2012. С. 74-89.

기사문

권홍우. "2008년 글로벌 위기의 데자뷔, 1873년 공황", 서울경제, 2016.05.09. [URL] https://www.sedaily.com/NewsView/1KW8UZFP5P

권홍우, "프랑스를 멍들인 자유무역협정, 이든 조약", 서울경제, 2016.09.26. [URL] https://www.sedaily.com/NewsView/1L1KEV1DHU"

류회명, "[어린이 역사 논술] 절대군주 루이 14세와 왕권신수설", 경향신문, 2008.12.01. [URL] https://www.khan.co.kr/article/200812011519165

이근식, "자본주의 경제정책의 변천1 : 중상주의", 프레시안, 2011.10.25. [URL] https://www.pressian.com/pages/articles/4188

이종희, "2017 영국 총선과 그림으로 보는 영국 선거사", 머니투데이, 2017.06.13. [URL] https://news.mt.co.kr/mtview.php?no=2017061317037850807

정운찬, "보이지 않는 손은 '돈의 손' 아닌 '신의 손'", 신동아, 2016.05.09. [URL] https://n.news.naver.com/mnews/article/262/0000009268?sid=004

정웅기, "종교인 면세 특권, 그 기원과 현황", 불교평론, 2009.03.31. [URL] http://www.budreview.com/news/articleView.html?idxno=788

허구생, "[경제사 다시 보기] (6) 절대주의와 중상주의…國富 낭비 막아라… 커피·茶를 세금 덩어리로", 한국경제, 2010.06.18. [URL] https://www.hankyung.com/society/article/2010061840411

홍기현, "약인가 독인가… 중상주의 딜레마", 조선일보, 2007.03.30. [URL] https://biz.chosun.com/site/data/html_dir/2007/03/30/2007033000393.html

"'국부론', 과연 제대로 읽고 있나", 한경비지니스, 2015.05.04. [URL] https://n.news.naver.com/mnews/article/050/0000037474?sid=101

Ковалев, П. Крещение Господне: история и традиции праздника. ТАСС, 2022.01.18. [URL] https://tass.ru/obschestvo/13448625?utm_source=google.com&utm_medium=organic&utm_campaign=google.com&utm_referrer=google.com

인터넷 자료

외교부. (2021), 영국 개황. [URL] https://www.mofa.go.kr/www/brd/m_4099/view.do?seq=367639 (접속 일자: 2022.08.05.)

'1188년 레온 법령', 유럽 의회 제도에 관한 가장 오래된 기록물. [URL] https://heritage.unesco.or.kr/ (접속일자: 2022.08.22.)

History of the House of Lords, [URL] https://www.parliament.uk/business/lords/lords-history/history-of-the-lords/ (접속 일자: 2022.08.22.)

Horsley, A.B. Peter and the Popes. Religious Studies Center, Brigham Young University, 1989. https://rsc.byu.edu/peter-popes/pontifex-maximus-days-glory-papal-power (접속 일자: 2022.09.19.)

Johnston, N. The History of the Parliamentary Franchise. [URL] https://commonslibrary.parliament.uk/research-briefings/rp13-14/ (접속 일자: 2022.08.24.)

The History of Parliament: the House of Commons 1820-1832, [URL] https://www.historyofparliamentonline.org/volume/1820-1832/survey/i-england (접속 일자: 2022.08.22.)

The Reform Acts and representative democracy. [URL] https://www.parliament.uk/about/living-heritage/evolutionofparliament/houseofcommons/reformacts/ (접속 일자: 2022.08.22.)

Uffa, J. (22.09.2016). Economy and Occupational Composition. [URL] https://jewish-history-online.net/topic/economy-and-occupational-composition (접속 일자: 2022.09.14)

Карамзин, Н.М. История государства Российского. [URL] http://www.spsl.nsc.ru/history/karam/kar01_09.htm (접속 일자: 2022.09.17.)

Сковроньский, П. Владычица его судьбы. Екатерина и Станислав. [URL] https://novayapolsha.pl/article/vladychica-ego-sudby-ekaterina-i-stanislav/ (접속 일자: 2022.09.19)

* 이 책에 실린 모든 사진들은 저작권 확인을 거쳤습니다. 혹시 저작권 확인이 안 된 사진을 발견하시는
독자께서는 콘텐츠개발본부로 연락 부탁드립니다.

효기심의 권력으로 읽는 세계사: 유럽편

초판 1쇄 발행 2023년 3월 3일
초판 7쇄 발행 2024년 7월 17일

지은이 효기심
펴낸이 김선식

부사장 김은영
콘텐츠사업본부장 임보윤
책임편집 김상영 **책임마케터** 이고은, 양지환
콘텐츠사업8팀장 전두현 **콘텐츠사업8팀** 김상영, 김민경, 임지원
마케팅본부장 권장규 **마케팅2팀** 이고은, 배한진, 양지환 **채널2팀** 권오권
미디어홍보본부장 정명찬 **브랜드관리팀** 안지혜, 오수미, 김은지, 이소영
뉴미디어팀 김민정, 이지은, 홍수경, 서가을
크리에이티브팀 임유나, 박지수, 변승주, 김화정, 장세진, 박장미, 박주현
지식교양팀 이수인, 염아라, 석찬미, 김혜원, 백지은
편집관리팀 조세현, 김호주, 백설희 **저작권팀** 한승빈, 이슬, 윤제희
재무관리팀 하미선, 윤이경, 김재경, 임혜정, 이슬기
인사총무팀 강미숙, 지석배, 김혜진, 황종원
제작관리팀 이소현, 김소영, 김진경, 최완규, 이지우, 박예찬
물류관리팀 김형기, 김선민, 주정훈, 김선진, 한유현, 전태연, 양문현, 이민운

펴낸곳 다산북스 **출판등록** 2005년 12월 23일 제313-2005-00277호
주소 경기도 파주시 회동길 490 다산북스 파주사옥
전화 02-704-1724 **팩스** 02-703-2219
이메일 dasanbooks@dasanbooks.com
홈페이지 www.dasan.group **블로그** blog.naver.com/dasan_books
종이 스마일몬스터 **인쇄** 상지사 **코팅 및 후가공** 제이오엘엔피 **제본** 상지사

ISBN 979-11-306-4214-7 (04900)
       979-11-306-4212-3 (세트)

다산북스(DASANBOOKS)는 책에 관한 독자 여러분의 아이디어와 원고 투고를 기쁜 마음으로 기다리고 있습니다.
출간을 원하는 분은 다산북스 홈페이지 '원고 투고' 항목에 출간 기획서와 원고 샘플 등을 보내주세요.
머뭇거리지 말고 문을 두드리세요.